INDIVIDUAÇÃO E NARCISISMO

Dados Internacionais de Catalogação na Publicação (CIP)
(Câmara Brasileira do Livro, SP, Brasil)

Jacoby, Mario
　　Individuação e narcisismo : a psicologia do si-mesmo em Jung Kohut / Mario Jacoby ; tradução Paulo Ferreira Valério. – Petrópolis, RJ : Vozes, 2023.

　　Título original: Individuation and narcissism
　　Bibliografia.
　　ISBN 978-85-326-6594-2

　　1. Individuação (Psicologia) 2. Narcisismo 3. Psicologia I. Título.

23-161597　　　　　　　　　　　　　　　　CDD-155.2

Índices para catálogo sistemático:
1. Narcisismo : Transtorno de personalidade : Psicologia 155.2

Eliane de Freitas Leite – Bibliotecária – CRB 8/8415

MARIO JACOBY

INDIVIDUAÇÃO E NARCISISMO

A psicologia do si-mesmo em Jung e Kohut

Edição clássica

Tradução de Paulo Ferreira Valério

EDITORA
VOZES

Petrópolis

© 2017 Mario Jacoby/ISAPZURICH.

Tradução do original em inglês intitulado *Individuation and Narcissism – The psychology of self in Jung and Kohut,* publicada por Routledge, membro da *Group Taylor & Francis.*

Direitos de publicação em língua portuguesa – Brasil:
2023, Editora Vozes Ltda.
Rua Frei Luís, 100
25689-900 Petrópolis, RJ
www.vozes.com.br
Brasil

Todos os direitos reservados. Nenhuma parte desta obra poderá ser reproduzida ou transmitida por qualquer forma e/ou quaisquer meios (eletrônico ou mecânico, incluindo fotocópia e gravação) ou arquivada em qualquer sistema ou banco de dados sem permissão escrita da editora.

CONSELHO EDITORIAL

Diretor
Volney J. Berkenbrock
Editores
Aline dos Santos Carneiro
Edrian Josué Pasini
Marilac Loraine Oleniki
Welder Lancieri Marchini

Conselheiros
Elói Dionísio Piva
Francisco Morás
Gilberto Gonçalves Garcia
Ludovico Garmus
Teobaldo Heidemann

Secretário executivo
Leonardo A.R.T. dos Santos

Editoração: Débora Spanamberg Wink
Diagramação: Raquel Nascimento
Revisão gráfica: Nilton Braz da Rocha / Sergio Olivetti da Rocha
Capa: Estúdio 483

ISBN 978-85-326-6594-2 (Brasil)
ISBN 978-1-138-18566-1 (Reino Unido)

Este livro foi composto e impresso pela Editora Vozes Ltda.

SUMÁRIO

Prefácio à edição clássica, 9

Prefácio, 13

Introdução, 19

1 O mito de Narciso, 31

    O conto de Ovídio, 33

    Outras versões do mito de Narciso na Antiguidade, 38

    Evolução do material de Narciso nos períodos medieval e moderno, 41

    Interpretação do mito segundo a perspectiva junguiana, 45

2 Sobre o narcisismo: uma introdução, 70

    Observações a respeito da reformulação freudiana da teoria dos instintos, 70

    A controvérsia entre Freud e Jung, 76

        Diferenças acerca da teoria dos instintos, 76

        Distinção entre "introversão" e "investimento libidinal narcísico", 82

    Narcisismo primário *versus* amor objetal primário, 90

3 O eu e o si-mesmo na psicologia analítica e na psicanálise, 101

   As opiniões de C. G. Jung, 101

   O conceito de Erich Neumann do eixo eu-si-mesmo, 109

   O si-mesmo primário (Michael Fordham), 115

   O conceito psicanalítico do si-mesmo como autorrepresentação, 122

   Constância do objeto, 125

   O eu, 127

   A propósito da psicologia do si-mesmo nas obras de Heinz Kohut, 129

   Comparação entre os vários conceitos do si--mesmo, 142

4 Aspectos do conceito de narcisismo, 157

   Narcisismo como estágio de desenvolvimento, 158

   Narcisismo como forma de relação objetal, 159

   Narcisismo como sinônimo de autoestima, 163

5 Processo de individuação e maturação da libido narcísica, 182

   As ideias de C. G. Jung sobre o processo de individuação, 182

   Autorrealização à luz das opiniões de Kohut sobre o narcisismo, 202

   A questão do sentido para Jung e Kohut, 207

   Crítica da psicanálise à posição de Kohut, 214

6 Algumas metas da maturação narcísica e seu significado para o processo de individuação, 221

   Empatia, 224

   Criatividade, 233

   Humor, 248

   Sabedoria, 261

   Individuação e o relacionamento-tu – si-mesmo e "objeto", 276

7 Formas de transtornos narcisísticos, 292

   A questão do diagnóstico, 292

   A experiência subjetiva do ferimento narcisístico, 305

      Depressão, ostentação e vulnerabilidade, 307

      Influências do si-mesmo ostentoso, 317

      Transtornos no campo da empatia, 324

      O si-mesmo ostentoso e a criatividade, 329

      Raiva narcisística e a "sombra" (em sentido junguiano), 332

   Visões etiológicas e psicodinâmicas dos transtornos narcisísticos, 340

8 Tratamento psicoterapêutico de transtornos narcisísticos da personalidade, 364

   Observações gerais a respeito da abordagem analítica da psicoterapia, 364

   Transferência especular, 387

Transferência idealizadora e fantasia arquetípica, 407

Empatia, contratransferências e problemas narcíseos no analista, 426

O "procedimento dialético" de Jung e a análise da infância, 458

Conclusão, 475

Referências, 479

Índice de nomes e de assuntos, 491

PREFÁCIO À EDIÇÃO CLÁSSICA

Desde a primeira edição inglesa do livro de Mario Jacoby, intitulado *Individuação e narcisismo: a psicologia do si-mesmo em Jung e Kohut*, passaram-se mais de 25 anos; no entanto, este livro fundamental permanece um texto-chave no que tange à psicologia do si-mesmo e à Psicologia Analítica junguiana, bem como à intersubjetividade, ao relacionamento humano, à transferência e à contratransferência.

Contudo, têm-se feito novas descobertas com respeito à psicologia do profundo. Menciono duas delas, porque penso que Mario Jacoby teria prestado atenção a elas e teria incluído ambas em seu livro sobre o narcisismo: a) a psicologia do trauma e especificamente o tratamento do trauma e 2) a nova pesquisa do cérebro e sua influência nos métodos terapêuticos.

Embora *Saudades do paraíso*, o primeiro livro de Jacoby, envolva e amplie o arquétipo do Paraíso, já é um Jacoby genuíno – significando que, de uma ponta a outra, evoca o intento de Jacoby, como escritor, terapeuta e analista, de estar o mais próximo possível das necessidades expressas e não expressas de seu cliente. O valor que o autor atribui à proximidade em relação ao cliente na perspectiva e na diligência terapêuticas levou Mario Jacoby até Heinz Kohut. Nele encontrou um teórico e pragmático agradável, cujas obras permitiram-lhe uma abordagem suplementar da psicologia do desenvolvimento, buscando tornar mais clara a formação de um si-mesmo coeso e conectá-lo com as opiniões da psicologia junguiana. Descobriu nele observações congeniais do distúrbio inicial, a coesão da psique e a configuração narcísea. Dessa forma, sua visão sobre as estruturas psíquicas aprofundou-se: chegou a reconhecer o si-mesmo-objeto como responsável pelo desenvolvimento da coesão psíquica; consequentemente, ele concentrou sua atenção terapêutica no crescimento de um eu maduro e forte.

Naquela época, a psicologia do eu, os fenômenos do desenvolvimento e os transtornos iniciais não tinham estado no foco da psicologia junguiana clássica. Com suas contribuições, Mario Jacoby prenunciou nova compreensão em relação a clientes que eram afetados pela Segunda Guerra Mundial: perda dos pais, exílio, desenraizamento, privação, trauma cumulativo nos primeiros anos decisivos. Em resumo: fatos que impedem um desenvolvimento saudável e são responsáveis por um eixo eu--si-mesmo quebradiço e frágil.

O profundo interesse por Kohut resultou em seu livro *Individuação e narcisismo: a psicologia do si-mesmo em Jung e Kohut* (edição alemã de 1985 e edição inglesa de 1990). Este livro importante e fundamental recebeu nova edição pela Routledge em 2017, pela qual junguianos de todo o mundo e outros psicólogos do si-mesmo ficaram profundamente agradecidos.

Aqui, seu interesse reside em paralelos instrutivos entre os conceitos do si-mesmo de Jung e de Kohut. Também está muito interessado no tópico da transferência do si-mesmo-objeto. A obra de Jacoby sobre o narcisismo realmente traz o conceito junguiano do si-mesmo para dentro da intersubjetividade, do encontro humano – a condição *sine qua non* para um relacionamento terapêutico. O grande talento de Jacoby para a ressonância, a empatia e o relacionamento com os clientes fizeram surgir sua grácil consciência dos fenômenos da transferência e da contratransferência. Ele partilhou esse talento e formou gerações de analistas em treinamento à medida que frequentavam suas aulas, seus seminários e principalmente sua supervisão individual e grupal. Nesse sentido, Jacoby de fato pôs em prática e ampliou a teoria junguiana, o treinamento de Zurique e o campo junguiano em geral, tornando os estagiários mais humanos e levando-os a aproximar-se mais das necessidades dos clientes. Em minha opinião, essa é a principal contribuição de Mario Jacoby.

Além disso, ele é uma importante figura de ligação que une a abordagem clássica de Zurique à análise e à terapia junguianas orientadas do ponto de vista analítico e do desenvolvimento. Com suas habilidades terapêuticas nuançadas e emocionalmente harmonizadas, ele construiu pontes tanto com clientes quanto com o exterior – alcançando-os onde eles mais precisavam de ajuda.

A edição clássica de *Individuação e narcisismo: a psicologia do si-mesmo em Jung e Kohut* certamente continuará a aumentar a influência de Jacoby sobre analistas, terapeutas e estagiários dentro e fora do campo junguiano.

Kathrin Asper
Meilen, janeiro de 2016

PREFÁCIO

Esta obra surgiu da necessidade de reunir e rever diferentes conjuntos de observações, teorias e sistemas terapêuticos. Desde o nascimento de nossa ainda jovem ciência (em geral considerado quando da publicação de *A interpretação dos sonhos*, de Freud, em 1900), tem havido vasta efusão de pesquisa, especulação, teorização, análise e controvérsias, resultando em amplo espectro de escolas e movimentos, todos erguendo bem alto as faixas de suas próprias verdades e sendo hostis às dos outros. Considerando-se que todos os ramos da psicologia do profundo registram aproximadamente as mesmas percentagens de bom êxito e malogro no tratamento, parece-me que é chegado o tempo de maior tolerância. Se as várias escolas analíticas tomassem mais conhecimento umas das outras, todas poderiam ser enriquecidas de forma significativa, uma vez que cada uma delas acumulou experiência e desenvolveu técnicas a partir de sua própria perspectiva teórica particular. Contudo, mesmo presumindo suficiente prontidão para prestar atenção a outras abordagens, há outra dificuldade: as diversas escolas desenvolveram seus próprios vocabulários especializados cujas nuanças só podem ter compreensão adequada por iniciados. Por exemplo: a linha de pensamento extremamente interessante de Heinz Kohut, que ele expressou em 1971 em seu primeiro livro *Análise do Self*, foi apresentada em uma linguagem psicanalítica tão densa e perifrástica que muitos potenciais leitores ficaram desencorajados. Achei necessário ler o livro diversas vezes a fim de realmente captar-lhe as sutilezas, mas dei-me ao trabalho de fazê-lo porque me pareceu que o que Kohut tinha a dizer era instrutivo e estimulante para meu próprio trabalho terapêutico; em muitos aspectos, percebi em sua obra um íntimo parentesco com minha própria abordagem psicológica. Um pequeno número de meus colegas da corrente junguiana leu a obra inicial de Kohut e comentou: "Mas isso é puro Jung!" Alguns deles também acharam ultrajante o fato de Kohut não ter nem sequer mencionado Jung. Entretanto, a maioria dos colegas e estudantes aos quais recomendei o livro de Kohut colocou-o mui rapidamente de lado, afirmando que era simplesmente ilegível.

No momento em que Kohut desenvolveu sua própria terminologia (por volta de 1977) para descrever os vários aspectos de sua psicologia do si-mesmo, sua obra tornou-se um pouco mais acessível. Ainda assim, exige considerável esforço da parte do leitor. Winnicott também usa uma linguagem própria em suas tentativas de expressar as experiências pré-verbais de bebês. Tampouco devemos presumir que a linguagem especializada dos junguianos seja prontamente compreensível para os não iniciados, uma observação que se aplica até mesmo em maior medida à linguagem dos teóricos das relações objetais.

Todas as escolas da psicologia do profundo concentram sua atenção no mesmo objeto – todas elas esperam compreender e interpretar a psique humana. Tal propósito, porém, enfrenta um obstáculo insuperável. Sem envolver-me aqui em ampla discussão epistemológica, gostaria de fazer a seguinte breve observação sobre esse assunto: jamais poderemos alcançar resultados puramente "objetivos" em nossos esforços para tornar a psique humana objeto de nossa compreensão, visto que a psique é, ao mesmo tempo, um elemento ativo de nosso ser subjetivo. Por outras palavras, o subjetivo, a "equação pessoal" do observador, é sempre uma parte de sua tentativa de compreender e explicar; não pode ser eliminada. Por conseguinte, na psicologia do profundo, não há nenhuma verdade demonstrável, universalmente válida; devemos sempre confiar em nosso *Evidenzgefühl* ["tino de evidência"], em nosso senso a respeito de as teorias acerca dos funcionamentos da psique parecerem ou não plausíveis e estarem em harmonia com a experiência. No fim de contas, esse é o único critério fundamental.

Até o presente, nenhuma escola de psicologia logrou, com base em suas descobertas, transmitir um *Evidenzgefühl* que seja inteiramente satisfatório para todos. Com toda probabilidade, isso jamais acontecerá; e se acontecesse, enfraqueceria a motivação para novas buscas e descobertas. Ao mesmo tempo, é bastante questionável se as teorias e técnicas analíticas das várias escolas são realmente tão diferentes entre si quanto suas variadas linguagens especializadas nos levariam a crer. É compreensível que os membros de cada escola de psicologia e suas associações profissionais, ao enfatizarem sua própria terminologia especializada, tentem sublinhar o que é original e único em suas teorias e seus métodos próprios. Entretanto, parece-me que há boa dose de imbricação.

Minha tentativa imediata de integração fundamenta-se no esforço para demarcar o mais precisamente possível a realidade empírica a partir da qual os vários termos técnicos têm sido abstraídos. Minha intenção, portanto, é descrever como é "sentir" determinados tipos de sofrimento psíquico e chamar a atenção para aquelas propriedades da percepção subjetiva que são frequentemente mais veladas do que reveladas pela terminologia técnica. Desse modo, espero dar uma pequena contribuição com vista ao incremento de nossa sensibilidade para a realidade da psique, que acredito ser uma precondição para qualquer psicoterapia.

De antemão, porém, é necessário uma observação geral: ao discutir questões teóricas ou terapêuticas globais, não repetirei a cada vez que um analista pode ser tanto um homem quanto uma mulher, e o mesmo vale para o analisando, cliente ou qualquer pessoa a quem eu estiver me referindo. Simplesmente por razões estilísticas é que desejo evitar o uso constante de "ele e ela" ou "dele e dela" no texto. Espero que o leitor não considere isso um preconceito patriarcal chauvinista.

Neste momento, quero agradecer a todos os psicanalisandos que me deram a permissão para usar sonhos e problemas oriundos de suas análises. Por razões de discrição, alterei deliberadamente todos os dados não relacionados em específico aos problemas descritos. Também desejo agradecer à Dra. Kathrin Asper, à Dra. Verena Kast e à Dra. Sonja Marjasch por sua leitura crítica deste manuscrito. Sou igualmente grato a Tom Kelly por suas úteis sugestões e sua acurada editoração. Minha gratidão especial à Sra. Aniela Jaffé, que examinou cuidadosamente o manuscrito original alemão e prestou-me inestimável ajuda seja em questão de linguagem, seja em questão de conteúdo. Por fim, meus mais afetuosos agradecimentos à minha esposa, Doris Jacoby-Guyot, por sua empatia ao longo de todas as etapas deste projeto e por seu apoio ativo durante suas fases críticas.

Mario Jacoby
Zollikon

INTRODUÇÃO

A palavra "narcisismo", bem como sua forma adjetival "narcisístico", desenvolveu-se a partir do que era originalmente um termo específico da psicologia sexual em um conceito central da psicanálise e, desde então, tornou-se parte integrante do jargão psicológico popular. Conforme amplamente entendido, um narcisista é alguém vaidoso e enamorado de si mesmo. O protótipo de uma mulher narcisista é a rainha do conto de fadas *Branca de Neve*, com sua incessante pergunta: "Espelho, espelho meu, haverá mulher mais bela do que eu?" [lit.: "Espelho, espelho na parede, quem é a mais bela de todas elas?"].

As pessoas normalmente caracterizadas como narcisistas são, portanto, as que admiram somente a si mesmas. Os demais ao redor delas não servem senão a um propósito: fazer eco a essa autoadmiração; é-lhes atribuído o papel de plateia, cuja tarefa é aplaudir incessantemente, atuar como o espelho que reflete de volta a magnificência do indivíduo narcisista. E são implacavelmente abandonados caso não correspondam de forma adequada a tais expectativas. As personalidades narcisistas muitas vezes são capazes de irradiar grande simpatia e atrair admiração, o que, como consequência, suscita a inveja de outros. Assim, tais pessoas com frequência estão envolvidas em rivalidades e intrigas, fazendo uma defesa ciosa de seu *status* de "a mais bela de todas elas". Qualquer aspecto da vida pode ser sacrificado para esse fim. Considerando bem as coisas, então, os "narcisistas" têm má reputação.

Em contrapartida, nestes dias se tem atribuído grande valor a esforços que podem ser incluídos sob o título de "autorrealização". Isso se tornou um termo da moda, exercendo sobre muitas pessoas o magnetismo de um poderoso chamamento. A autorrealização desempenha papel central na literatura de emancipação dos mais variados tipos; é também a meta de ampla variedade de psicoterapias individuais ou grupais que recorrem a experiências corporais, meditação, "criatividade", encontro etc., num esforço para alcançá-la. Entre psicólogos do profundo, C. G. Jung foi o primeiro a tentar demonstrar um impulso inerente nas pessoas a se buscarem e se realizarem, descrevendo sua descoberta com a expressão "o processo de individuação".

Jung viu a verdadeira crise do homem moderno como o perigo de nivelamento e a perda da individualidade. Acertadamente, enfatizou que, embora muitos valores significativos e símbolos religiosos coletivos tenham perdido muito de sua eficácia, a necessidade de um sentido suprapessoal para a vida permanece um fator inerente, arquetípico na psique humana. Em uma crise de valores tal como a que estamos experimentando, há o perigo de que essa autêntica necessidade possa buscar sua realização em ideologias de massa que oferecem uma esperança de salvação coletiva. "Os deuses terríveis mudaram apenas de nome, eles rimam agora com '-ismo'" (OC 7*, § 326). Ele viu o processo de individuação como o único caminho para neutralizar tais funestas tentações:

> O autoconhecimento de cada indivíduo, a volta do ser humano às suas origens, ao seu próprio ser e à sua verdade individual e social, eis o começo da cura da cegueira que domina o mundo de hoje (OC 7/1, p. 5).

Vale a pena observar que, mais recentemente, tem havido um crescente desencanto com os deuses que terminam em "ismo", uma progressiva tendência a buscar salvação na "autorrealização", e um amplo espectro de sistemas a oferecer a promessa daquela experiência do si-mesmo. A busca pelo si-mesmo muitas vezes motiva as pessoas a experimentarem drogas e a envolver-se em muitos

---

* Todas as referências à *Obra Completa* de C. G. Jung aparecem apenas com as iniciais OC seguidas do volume conforme a edição brasileira da Vozes. Quando houver o símbolo §, leia-se "parágrafo", quando houver a simples indicação de página, trata-se de algum trecho com parágrafo não numerado.

cultos religiosos e pseudorreligiosos e em movimentos fundamentalistas. É também o que está por trás da crescente psicologização de muitos aspectos da vida, com seus lados claros e escuros. Não resta dúvida: esta é a era do *Homo psychologicus*!

Em seu livro muito lido, intitulado *A cultura do narcisismo*, o sociólogo e crítico cultural Christopher Lasch ofereceu o diagnóstico sociologicamente fundamentado de que a lógica do individualismo impeliu o empenho por felicidade ao beco sem saída da autopreocupação narcísica: "As estratégias de sobrevivência narcisística agora se apresentam como emancipação das condições repressivas do passado, dando origem, assim, a uma 'revolução cultural' que reproduz as piores características da civilização em colapso que alega criticar" (Lasch, 1979, p. xv).

De acordo com Lasch, o indivíduo narcisista é caracterizado por seu desembaraçado esforço pela felicidade e pelo prazer do eu – e este se tornou o protótipo dominante da sociedade de massa desde a década de 1970. Ademais, diz Lasch, o imaginário homem econômico cedeu o lugar ao homem psicológico em nossos dias, sendo este último "o produto final do individualismo burguês" (Lasch, 1979, p. xvi), com a religião geralmente sendo substituída pelo pensamento terapêutico. Um leitor do livro de Lasch tem a impressão de que o autor caracteriza todo o movimento rumo à subjetividade e à individualidade, que começou neste século com o advento da psicanálise, como fenômeno narcíseo.

Parece-me que, nesse caso, Lasch improvisou um tipo de refogado no qual misturou demasiados ingredientes sob o título de "narcisismo". Mesmo alguém que participa de uma variedade de experiências grupais de fins de semana, que exercita psicoterapia corporal, meditação, análise ou Gestalt-terapia a fim de experimentar seu "verdadeiro si-mesmo", na maioria dos casos, não concordaria – e com razão – em ser rotulado de narcisista. Por outro lado, a ideia de que "um circular narcisístico ao redor do próprio eu" é insalubre com frequência é usada como argumento contra a autoinvestigação terapêutica, em geral por indivíduos urgentemente carentes de psicoterapia.

Todavia, parece que, nestes dias, também os especialistas, ou seja, psicanalistas e psicoterapeutas em geral, recorrem cada vez mais à expressão "distúrbio narcisístico" como diagnóstico, seguindo a tendência da moda: os analistas constatam um crescente número de transtornos narcisísticos da personalidade e começam a buscar suas causas. Talvez de fato tenha havido enorme aumento de tais problemas de personalidade, que costumam surgir do desenvolvimento da primeira infância – ou talvez a teorização sobre o narcisismo tenha intensificado a consciência das pessoas de tais transtornos, que simplesmente eram negligenciados ou diagnosticados de forma diferente em épocas anteriores. O interesse no pano de fundo psicológico daqueles problemas agora diagnosticados como transtornos narcisísticos espalhou-se além dos círculos profissionais para o público em geral, conforme ilustrado pelo sucesso popular dos livros de Alice Miller, particularmente o primeiro, *Prisoners of childhood* (1979 [Prisioneiros da infância; trad. bras.: *O drama da criança bem-dotada*]). Até mesmo as obras de Heinz Kohut, que tratam amplamente desses assuntos, tornaram-se um tanto populares apesar de seu estilo difícil.

As manifestações de transtornos narcíseos, conforme descritos na literatura psicanalista, não são necessariamente cônsonos com a concepção popular anteriormente descrita. De fato, com frequência, parecem ser o exato oposto, envolvendo mais ou menos sérios transtornos na autoavaliação e um ódio a si mesmo avassalador. Pessoas com transtornos narcisísticos, em geral, sofrem por *não* serem "a mais bela de todas elas" e consideram a si mesmas nada mais do que feias e inferiores. Contudo, por trás dos complexos de inferioridade, com frequência paralisantes, de indivíduos narcisisticamente perturbados, encontra-se uma insistência inconsciente sobre a "beleza perfeita" no mais amplo sentido, por exemplo, inteligência total, poder absoluto, gênio brilhante. Uma vez que essas amplas reivindicações não podem ser realizadas, o amor-próprio é de fato perturbado, e o indivíduo sofre de transtornos narcisísticos. Pareceria, então, que não é o narcisismo em si que constitui um distúrbio de personalidade, mas antes o falhanço do narcisismo devido às demandas irrealistas do "si- -mesmo ostentoso" (cf. Kohut, 1971).

Em princípio, a psicanálise tenta usar o termo "narcisismo" de maneira valorativamente neutra. Ao mesmo tempo, faz uma distinção entre narcisismo saudável e narcisismo patológico (Freud, 1914a; Kernberg, 1975). No entanto, todo o conceito de narcisismo, com suas muitas camadas de significado, é necessariamente vago e tem-se encontrado em um estado de constante fluxo desde Freud. Com efeito, parece haver difuso assentimento dentro da psicanálise apenas em dois pontos: primeiro, que o conceito de narcisismo está entre os mais importantes no campo e, segundo, que é muito confuso (Pulver, 1970, p. 319-341). Jung e seus seguidores poucas vezes usam o termo, mas descrevem os dados psíquicos que, conforme mostraremos, poderiam ser vistos como as bases para muitas formas de narcisismo. A escola de psicologia do indivíduo de Adler opera igualmente com termos (p. ex., complexo de superioridade, supercompensação dos sentimentos de inferioridade etc.) que realçam estados psíquicos relevantes para o narcisismo (Adler, 1920). Tudo isso levanta a questão de se não seria melhor eliminar termo tão vago e ambíguo do vocabulário técnico da psicologia e, em vez disso, substituí-lo por palavras mais distintas que caracterizam seus vários componentes. A ideia tem algo de interessante, ainda mais porque o rótulo tornou-se bastante popular e é usado de modo tão unilateral para, em geral, descrever traços de caráter pouco lisonjeiros.

Entretanto, uma vez que o neologismo "narcisismo" era obviamente tão atraente para Freud, o fundador da psicanálise moderna, a ponto de ele instituir uma primeira revisão importante de princípios básicos sob seu ímpeto, não pode ser banido de todo da terminologia psicanalítica tradicional. No entanto, terá constante necessidade de esclarecimento e de revisão. O termo é como uma moeda já bem gasta, quase sem contornos claramente definidos, mas ainda de considerável valor inerente.

Em todo caso, esse conceito assume nova vida sempre que se pensa no belo jovem Narciso do mito, que se apaixonou tragicamente por seu próprio reflexo. Quando essa imagem substitui o termo técnico abstrato, tem o poder de provocar reações na psique, conforme está indicado pelo fato de que o mito de Narciso tem atraído muitos intelectos ao longo da história ocidental desde que foi recontado pela primeira vez por Ovídio. Tem sido alterado, recontado, interpretado e reinterpretado. Logo no primeiro capítulo deste livro, apresentarei algumas observações psicológicas acerca do mito que deu o nome ao fenômeno do narcisismo.

Não obstante a ambiguidade do termo, há um denominador comum a todos os fenômenos rotulados como narcisísticos: de alguma forma, eles sempre envolvem a própria pessoa e não, ou apenas indiretamente, a do "objeto". (Em terminologia psicanalítica, tudo o que é experimentado como não-si-mesmo é denominado "objeto", inclusive todas as pessoas com quem alguém se relaciona e todo o mundo exterior. Considero-o um dos casos menos apropriados da conceitualização psicanalítica, uma vez que pessoas que fazem parte do mundo de relacionamentos de alguém, que deveriam ser experimentadas e reconhecidas como seres humanos autônomos a agir dentro de suas próprias esferas de subjetividade, são etiquetadas como "objetos". Entretanto, de fato é difícil encontrar um sucedâneo para o termo sempre que haja a necessidade de se fazerem afirmações relativamente gerais e abstratas para diferenciar o si-mesmo do mundo dos objetos.)

Os conceitos de "si-mesmo" e de "eu" são também confusos e equívocos, e carecem urgentemente de clarificação. Contudo, em nossa própria tentativa de esclarecimento, no terceiro capítulo, veremos que a questão da natureza do si-mesmo deve, no fim de contas, permanecer sem resposta. Em sua essência, o si-mesmo não é cognoscível. Mas proponho-me a fazer uma análise comparativa, baseada, o mais possível, em aspectos empíricos, das várias opiniões psicanalíticas e junguianas do eu e do si-mesmo, visto que desempenham importante papel na categorização e na avaliação do assim chamado fenômeno do narcisismo. Daí por que tal investigação é de importância prática para o tema deste livro.

Embora Jung, em particular, pareça não se ter interessado pelo narcisismo e pelos transtornos narcisísticos, é de algum interesse histórico o fato de ter exercido fundamental influência indireta sobre a criação do ensaio básico de Freud (1914a), *Sobre o narcisismo: uma introdução*. Essa obra foi originalmente publicada em 1914, pouco depois de Freud e Jung seguirem direções diferentes. Em junho de 1913, Freud havia escrito a Ferenczi, explicando que o ensaio tencionava esclarecer suas diferenças científicas com Adler. Ernest Jones (1958, p. 340), porém, acrescentou com razão: "Mas, naquela época, alguém seria levado a pensar que ele tinha mais em mente a Jung". Entre outras coisas, o ensaio de Freud sobre o narcisismo lida com a opinião reconsiderada de Jung sobre a libido como energia psíquica qualitativamente neutra e com suas ideias sobre a introversão da libido. Trata também, de maneira crítica, de algumas opiniões de Adler. Examinaremos, um tanto demoradamente, nos segundo e quarto capítulos, esse ensaio freudiano – que foi escrito precisamente por volta do tempo em que Freud e Jung, os dois pioneiros da psicologia do profundo, seguiram caminhos diferentes – e suas consequências sobre a evolução do conceito de narcisismo.

É de interesse especial para os seguidores da psicologia analítica de Jung que a pesquisa psicanalítica moderna sobre o narcisismo, em especial a de Heinz Kohut, mostre clara convergência com a posição junguiana. Assim, outro capítulo deste livro será dedicado à instigante questão de se, e em que medida, o conceito de Jung do processo de individuação pode ser colocado em paralelo com as linhas de maturação no narcisismo, conforme postulado por Kohut. Em minha opinião, há, definitivamente, uma convergência não apenas com Kohut, mas também com as posições assumidas por D. W. Winnicott (cf. os capítulos quinto e sexto). Trata-se de um desenvolvimento bem-vindo a partir da perspectiva de progresso na pesquisa da psicologia do profundo e na psicoterapia. Às vezes parece que, aos poucos, vai-se tornando possível superar as diferenças doutrinais dentro das várias escolas de psicologia do profundo. Um pré-requisito para isso, porém, seria suplantar a necessidade de transformar modelos teóricos em artigos de fé e considerar construtos hipotéticos como afirmações sobre a verdade absoluta e irrevogável. Cada modelo serve apenas como uma rede, de malha mais grossa ou mais fina, que apanha determinados "conteúdos", e não é capaz de recolher ou conservar outros. A esta altura, gostaria de sublinhar cada palavra da seguinte formulação, escrita por Jung em 1938:

> No campo da Psicologia podem as teorias ter efeitos extremamente devastadores. Precisamos, com certeza, de alguns pontos de vista teóricos, por causa de seu valor orientador e heurístico, mas devem ser sempre vistos como meros modelos auxiliares, que podem ser abandonados a qualquer momento (OC 17, p. 13).

Conforme já foi mencionado, o escopo principal deste livro é questionar determinados postulados da psicanálise e da psicologia analítica de Jung, examinar suas bases empíricas e desnudar sua realidade experiencial. Visto que minha orientação é em direção à psicologia analítica, minha meta nestas páginas é mostrar sua fertilidade para a discussão atual do narcisismo. Ao mesmo tempo, desejo recorrer a alguns conceitos psicanalíticos mais recentes (Kohut, Kernberg, Winnicott etc.), a fim de distinguir o potencial terapêutico na esfera da abordagem junguiana. Os capítulos sétimo e oitavo, portanto, serão dedicados a uma discussão dos transtornos narcísicos da personalidade e de seu tratamento.

1
O MITO DE NARCISO

Jung muitas vezes dizia que as pessoas inconscientemente "vivem um mito" (cf. Jung & Jaffé, 1963). Da mesma maneira, seria possível dizer que um mito vive dentro das próprias pessoas, em suas consciências, motivando-as a determinadas formas de experiência e de comportamento. Da perspectiva da psicologia analítica, portanto, pode-se expressivamente questionar se podemos falar de uma "pessoa narcisista" quando o mito de Narciso desempenha papel dominante (embora incônscio) na psique de um indivíduo.

Os mitos são expressões de fantasia criativa e, portanto, de grande interesse para a psicologia do inconsciente. Podem ser considerados autorrepresentações dos processos psíquicos – mas representações em forma simbólica que não podem jamais ser inteiramente decodificadas ou interpretadas (Jung & Kerényi, 1951). O fundamento inconsciente do ser não pode ser conscientemente apreendido em sua essência; apenas seus efeitos, que assumem forma simbólica em sonhos e fantasias, manifestam-se em experiência consciente. Faz parte da natureza do símbolo genuíno ser indicativo, transmitir informações que não podem ser totalmente assimiladas em linguagem discursiva. Conforme o expressa Heinrich Zimmer (como citado em von Beit, 1956): "Quem deseja discutir símbolos revela suas próprias limitações e ideias preconcebidas – em especial se está inflamado pelo significado dos símbolos –, em vez de exaurir suas profundidades" (cf. tb. Jacoby et al., 1980).

O que disse o historiador literário W. Emrich a respeito de contos de fada aplica-se também às figuras e aos padrões do mito: eles mostram uma riqueza de significados que jamais pode ser exaustivamente transmitida e têm alcance representativo e simbólico até mesmo em épocas diferentes da sua própria, bem como para outras sociedades e estados de espírito (Emrich, 1964, p. 990ss.).

Se quisermos dedicar-nos à questão de quais possam ser as consequências empíricas quando as pessoas de hoje "concretizam" o mito de Narciso, devemos examinar acuradamente o próprio mito e tentar esclarecê-lo da perspectiva da psicologia do profundo. Tal análise revela a riqueza de significado em um conto que parece ter preocupado as mentes das pessoas ao longo da história da civilização ocidental.

O conto de Ovídio

A versão mais antiga da história mítica nos foi transmitida na *Metamorfose*, de Ovídio (cf. a tradução Innes, 1955, p. 83-87). Esse relato exerceu influência multissecular sobre as versões literárias e as interpretações filosóficas subsequentes. Por conseguinte, iremos discuti-lo com certa profundidade.

Em primeiro lugar, *Ovídio* introduz o vidente Tirésias. A ninfa Liríope deu à luz um filho de excepcional beleza e chamou-o Narciso. Seu pai era o deus do rio Cefiso, que havia arrastado a ninfa para dentro de sua correnteza; ali, encantou-a e engravidou-a. Tirésias, perguntado se Narciso teria vida longa, respondeu: "*Si se non noverit*" – "Sim, se não se conhecer". Depois disso, o destino de Narciso ficou ligado ao da ninfa Eco (que ocorre somente na versão do conto de Ovídio e naquelas dos autores tardios, influenciados por ele). Eco apaixona-se perdidamente por Narciso, que se tornou caçador, mas o sentimento dela não é correspondido, pois "o meigo e jovem corpo dele abrigava um orgulho tão empedernido que [nem moços nem moças] podiam tocá-lo".

Ao examinar algumas das passagens-chave no conto de Ovídio, percebemos sua poesia, o humor fácil na descrição da pobre Eco, a tristeza perante o destino do belo rapaz:

> Certo dia, enquanto tangia tímidos cervos para suas redes, foi visto por aque-

la ninfa tagarela que não consegue ficar silente quando outra pessoa fala, mas ainda não aprendeu, ela mesma, a falar por primeiro. Seu nome é Eco, e sempre replica. Nesse tempo, Eco ainda possuía um corpo, pois não era apenas uma voz incorpórea: no entanto, embora estivesse sempre tagarelando, sua capacidade de fala não era diferente do que é agora. Tudo o que conseguia fazer era repetir as últimas palavras das muitas frases que ela ouvia...

Quantas vezes desejou fazer-lhe propostas encantadoras, aproximar-se dele com brandas súplicas! Mas sua deficiência a impedia e não lhe permitia falar primeiro; ela estava disposta a fazer o que lhe fosse permitido, esperar por sons que ela pudesse ressoar com sua própria voz.

O jovem, por acaso, havia-se desgarrado de seu grupo fiel de colegas, e gritou: "Há alguém aqui?" Eco respondeu: "Aqui!" Narciso ficou quieto, atônito, olhando em volta, em todas as direções, e gritou o mais alto que pôde: "Vem!" À medida que ele chamava, ela gritava em resposta. Olhou para trás de si e, visto que ninguém aparecia, gritou novamente: "Por que te esquivas de mim?" Mas tudo o que ouvia eram suas próprias palavras ecoando de volta. Mesmo assim, persistiu, iludido pelo que presumiu ser a voz de outra pessoa, e disse: "Vem cá, vamo-nos juntar!" Eco respondeu: "Vamo-nos juntar!" Em nenhuma outra ocasião responderia a qualquer som com mais prazer. Para corroborar suas palavras, saiu do bosque e estava prestes a lançar seus braços ao redor do pescoço daquele a quem amava; mas ele fugiu dela, gritando, enquanto o fazia: "Fora daqui com esses abraços! Preferiria morrer a permitir que me toques!" Sua única resposta foi: "A permitir que me toques!" Assim desprezada, escondeu-se nos bosques, ocultando a face, envergonhada, entre a folhagem, e desde aquele dia habita em cavernas solitárias.

Sofrendo as torturas de seu amor rejeitado, Eco é transformada em pedra, restando apenas o som de sua voz. Então, uma das muitas pessoas que Narciso havia desprezado, ergue as mãos ao céu e reza:

"Que ele próprio se apaixone por outra pessoa. [...] Que também seja incapaz de conquistar a quem ama!" Nêmesis ouviu e atendeu a essa justa oração.

Cansado da caçada, Narciso deita-se ao lado de uma fonte pura e intocada de água argêntea:

Enquanto buscava mitigar sua sede, outra sede crescia dentro dele e, à medida que bebia, ficava encantado com o belo reflexo que via. Apaixonou-se por uma esperança quimérica, confundindo uma simples sombra com um corpo real. Enfeitiçado por seu próprio si-mesmo, ficou ali, imóvel, com olhar fixo, como uma estátua esculpida em mármore de Paros. Enquanto estava deitado na margem, olhava fixamente para as estrelas gêmeas que eram seus olhos, suas melenas esvoaçantes, dignas de Baco ou de Apolo, suas bochechas suaves, seu pescoço ebúrneo, sua face amável onde um rubor coloria a brancura de sua tez, admirando todos os traços pelos quais ele próprio era admirado. De modo inconsciente, desejava a si próprio, e ele mesmo era o objeto de sua própria aprovação, buscando e buscado ao mesmo tempo, seu reflexo acendendo a chama com a qual ardia. Quantas vezes, de fato, beijou inutilmente o lago traiçoeiro, quantas vezes deveras mergulhou seus braços na profundidade das águas enquanto tentava envolvê-los no pescoço que via ali! Mas não conseguia segurar a si mesmo. Não compreendia o que estava olhando, mas estava afogueado pela visão e excitado pela própria ilusão que enganava seus olhos.

Nesta passagem, torna-se evidente que, a princípio, o jovem acredita que é algum moço divinamente belo que ele viu e por quem se apaixonou – "amor objetal", como diz a psicanálise. Agora, porém, o conto de Ovídio chega ao ponto decisivo: o reconhecimento de seu reflexo, o conhecimento de que a imagem é a sua própria, é uma parte de si mesmo:

"Ai de mim! Eu mesmo sou o jovem que vejo. Tenho certeza: meu próprio reflexo não me engana. Estou inflamado de amor por meu próprio si-mesmo. Sou eu quem acende as chamas que devo suportar. O que deveria fazer? Galantear ou ser galanteado? Mas então, o que buscarei com meu próprio galanteio? O que desejo, tenho. Minha própria abundância faz-me pobre. Como gostaria de poder separar-me de meu corpo! Esta é uma nova oração para um amante: desejar distante a coisa amada! Agora o sofrimento está exaurindo minha força; resta-me pouco de minha vida – estou eliminado na flor de minha juventude".

Em minha opinião, estas linhas testemunham a habilidade de Ovídio de sondar cautelosamente a experiência de envolvimento tão trágico e, mesmo assim, absurdo, do qual somente a morte pode trazer redenção (ou mudança?). Seja como for, o jovem consome-se de amor, visto que nem mesmo a fome é suficiente para afastá-lo da fonte. Está obcecado por seu próprio reflexo!

> Sua bela tez, com seu rubor róseo, esmaeceu-se, fora-se sua força juvenil e todas as belezas que recentemente cativavam seus olhos. Nada restou daquele corpo que um dia Eco amara.

Contudo, mesmo mais tarde, quando Narciso foi recebido na morada dos mortos, continuou a olhar para si mesmo nas águas do Rio Estige. E de volta à terra, no lugar onde havia morrido, não se pôde encontrar seu corpo em parte alguma.

> Em vez do cadáver, encontraram uma flor com um círculo de pétalas brancas ao redor de um centro amarelo.

Destarte, a morte de Narciso, acompanhando o tema da metamorfose de Ovídio, representa uma transformação. Narciso continua paralisado por seu próprio reflexo no Estige, o rio do Mundo dos Mortos, mas seu corpo foi transformado no narciso.

O texto de Ovídio distingue-se por três temas que podem ser encontrados em sua versão do conto e nas versões de certos autores posteriores que tinham sido influenciados por ele. Em primeiro lugar, há a introdução do vidente cego Tirésias e sua importante profecia de que o jovem gozará de vida longa "*Si se non noverit*" – "Sim, se não se conhecer". Em segundo lugar, há um nexo entre o mito de Narciso e o destino da ninfa Eco, encontrado somente nesta versão. Por fim, existe a divisão bastante significativa do episódio do reflexo em uma fase de erro e ilusão e um estágio de reconhecimento e confirmação.

Outras versões do mito de Narciso na Antiguidade

Cânon, contemporâneo de Ovídio, forneceu-nos outro relato do mito. Nessa versão, Narkissos (Narciso) mata-se na fonte de seu amor infeliz porque acredita que está sendo punido com justiça pelo deus Eros. Ele insultou Eros com seu presumido orgulho, que o levou a rejeitar o amor proposto por um homem chamado Ameínias e a dar-lhe, em vez disso, uma espada, com a qual o requerente rejeitado cometeu suicídio. Isso aconteceu em Tépsias, na Beócia, e desde então, de acordo com Cânon, os habitantes da área prestam o devido respeito a

Eros e acreditam que o narciso seja uma flor que se originou no lugar onde o jovem Narkissos derramou seu próprio sangue. A ênfase principal dessa versão do conto claramente recai sobre o insulto ao deus Eros e sobre a vingança da parte deste último.

No século II d.C., o escritor de viagens Pausânias[1] também menciona a história de Narciso em um de seus livros, em conjunção com sua descrição da Fonte de Narciso, perto de Tépsias. Curiosamente, ele reconta duas versões, porque reconhece que a tradicional não é crível. Parece-lhe altamente improvável, até mesmo estúpido, que um homem adulto seja incapaz de diferençar um indivíduo real, embora desconhecido, e seu próprio reflexo. Também não consegue crer que um jovem possa, em plena consciência, enamorar-se de si mesmo. Como alternativa, Pausânias oferece outra versão: Narciso tinha uma irmã gêmea idêntica, por quem apaixonou-se perdidamente. Quando ela morreu de modo prematuro, ele fez uma peregrinação até à fonte a fim de ver seu próprio reflexo em suas águas. Embora soubesse que estava olhando para uma imagem de suas próprias feições, isso proporcionava-lhe algum alívio de seu sofrimento, pois

---

1. Nascido por volta do ano 115 d.C., Pausânias era também conhecido como "O Periegético" por ter sido o autor de uma *periegese* da Grécia, em dez volumes (a palavra *perihegese* significa literalmente "uma volta", descrição de um país com um relato de sua mitologia, história, arte etc.).

imaginava que o que estava vendo era a imagem de sua irmã.

Essa história tenciona "instruir-nos" a respeito da absurdidade do mito mais antigo. Também introduz o tema do incesto, sem nenhuma moralização. É evidente, havia a necessidade de tornar o mito logicamente plausível, mesmo antes, no século II.

Em Luciano, o sofista e escritor de diálogos satíricos do século II d.C., é que encontramos pela primeira vez a ideia de *vanitas*, ou seja, o orgulho ligado a Narciso. O pensamento é que, tendo em vista a transitoriedade de toda beleza física, é vão (também no sentido de ser fútil) apaixonar-se por feições físicas. É inútil, igualmente, a poesia louvar tal beleza. Clemente de Alexandria, o teólogo grego cristão, no começo do século III, naturalmente secundava a ideia do ponto de vista da moral cristã, advertindo as mulheres da própria vaidade. Seria melhor, dizia, se não ficassem diante de um espelho tentando aperfeiçoar a própria beleza por meios sintéticos, "pois nem mesmo o belo Narciso, conforme nos conta a narração grega, obteve alguma felicidade ao tornar-se observador de sua própria imagem" (Vinge, 1967, p. 36). Clemente sustentava que apenas a beleza espiritual é verdadeira e digna de amor. Essa é a primeira ocasião em que a história de Narciso é usada com o fito de moralizar.

A possibilidade de ver o mito de Narciso como uma alegoria, talvez até simbolicamente, foi explorada desde Plotino e da filosofia do neoplatonismo no século II d.C. De acordo com a intepretação neoplatônica, a alma afunda-se na escuridão espiritual mediante a consagração à ilusão da beleza sensorial; Narciso simboliza a alma em sua forma pleromática ou pura; a submersão na água representa a absorção da alma na matéria, o nascimento da forma materializada da existência que é, ao mesmo tempo, uma ilusão – nomeadamente, a forma materializada da existência. Plotino concentrava-se de tal maneira na espiritualidade que ficava envergonhado de ter um corpo. Essa visão neoplatônica, é óbvio, contribuiu para a anticorporeidade do cristianismo. Uma tentativa de superar tais opiniões indutoras de neuroses ficou reservada à psicoterapia moderna, começando com a psicanálise, estendendo-se em direção a terapias sexuais e orientadas ao corpo.

Evolução do material de Narciso nos períodos medieval e moderno

O desdobramento do tema de Narciso no período medieval e no começo dos tempos modernos fundamentou-se principalmente no relato de Ovídio. Por consequência, o erro de Narciso tornou-se o motivo principal. Foi visto como exemplo de um amor desesperado, uma vítima enganada pela ilusão, exemplo dos perigos do apego à beleza temporal e efêmera e de um homem punido por seu tratamento pouco afetuoso com os outros. Vale a pena observar que, nos primeiros séculos, o mito de Narciso jamais foi interpretado como exemplo de amor-próprio, nem foi entendido como ligado à ideia de autoconhecimento ou ao problema da identidade – o que é estranho, considerando-se que o próprio Ovídio apresentou o assunto ao introduzir a profecia de Tirésias. Durante a Idade Média, como é natural, a história foi compreendida de maneira moralizante, como a representar o castigo pela *vanitas* ou húbris, retaliação contra o homem que, em seu orgulho, ultrapassa os limites estabelecidos pelo Divino. A *vanitas* era vista como inerente ao orgulho de Narciso, o que o impedia de corresponder ao amor dos outros.

Foi Francis Bacon, no início do século XVII, quem por primeiro fez de Narciso um símbolo do amor a si mesmo. Bacon via o fenômeno da autoestima como algo bastante dúbio, mas algo que também tem seu lado positivo, visto que a vaidade e a autoestima podem fornecer o estímulo para ampla série de realizações (Vinge, 1967, p. 182ss.). Igualmente digna de menção é a distorção que Milton faz da aventura de Narciso em *Paraíso perdido*. Ali, Eva, a mãe da humanidade, é quem ama seu próprio reflexo; no entanto, ela compreende que seu amor por Adão é maior do que seu amor por si mesma e por sua beleza. Alguns escritores, tais como Angelus Silesius, interpretaram o elemento da autoestima como autorreflexo e autossuficiência místicas. Narciso foi chamado de "o mais casto de todos os amantes" (por Puget de la Serre, em *Les Amours des Déesses* ["Os amores das deusas"], 1627), e foi até mesmo comparado a Cristo, com Eco a simbolizar a natureza humana (Juana Inés de la Cruz, *El divino Narciso*, 1680).

No final do século XVIII, Herder e os românticos emprestaram novo ímpeto ao desenvolvimento do tema de Narciso. O símbolo do espelho tornou-se muito importante e era usado com frequência. Um dos temas proeminentes do período era o do gênio, a glorificação do grande poder criativo do indivíduo. A alma do artista era vista como um espelho do mundo, justificando, assim, o subjetivismo artístico, apesar do consequente perigo da autoadmiração. O tema do artista como Narciso aflorou primeiramente nas obras de W. A. Schlegel (1798), que dizia: "Os artistas são sempre Narcisos!" Quanto mais a atenção concentrava-se em Narciso e em seu reflexo, mais a história como um todo recuava para o segundo plano. Muitas vezes, inculpa-se o conceito psicanalítico do narcisismo por essa visão restrita, mas de fato ela remonta à tradição romântica, que também recuperou a interpretação neoplatônica. Na obra de F. Creuzer (1819-1912), a alma buscadora encontra mera ilusão em vez da existência, e Eros, insultado por enfatuados orgulho e egoísmo, exige expiação. É também de muito significado o narciso (a flor), vista como símbolo do artista que perdeu seu verdadeiro si-mesmo e só pode reencontrá-lo no mundo onírico da poesia.

Uma torcedura bem conhecida do tema de um homem apaixonado por sua própria imagem especular foi criada por Oscar Wilde em seu livro *O retrato de Dorian Gray* (1890). Narciso/Gray abdica de sua alma para que seu retrato envelheça em lugar de seu corpo físico. O retrato implacavelmente registra os traços de seu estilo de vida excessivo, inescrupuloso, até que ele já não consegue suportar a visão de seu "espelho, espelho meu", e retalha-o com uma faca e, assim, destrói a si mesmo. Uma visão completamente diferente do assunto foi desenvolvida por André Gide em *Le Traité du Narcisse* ["O tratado do Narciso"] (1981), Rilke em *Narziss* (1913) e, por fim, Valéry em *Fragments du Narcisse* ["Fragmentos do Narciso"] (1926). Todos os três escritores viam em Narciso o símbolo do espírito ascético, meditativo, para quem a unificação com outra pessoa apaixonada significaria diminuição e desperdício. Rilke faz Narciso trazer de volta para si mesmo a beleza que irradiara para fora. Esse conceito bastante ascético de Narciso influenciou claramente a denominação da personagem Narciso no romance de Hermann Hesse *Narciso e Goldmund* (1930). A personagem contrastante é Goldmund, cuja vida flui exteriormente para o mundo dos sentidos, em especial o das mulheres (para algumas fontes a respeito do desenvolvimento do tema de Narciso, cf. Frenzel, 1970; Vinge, 1967).

A introdução do termo "narcisismo" como conceito no campo da psicologia sexual (por Havelock Ellis e P. Näcke), assumido pela psicanálise, está, naturalmente, baseada também no mesmo mito. Ellis foi tão longe a ponto de sustentar que as análises anteriores desse tema fornecem evidências de um desenvolvimento progressivo da compreensão moderna de que o narcisismo realmente deveria ser compreendido como uma atração sexual real do indivíduo por si mesmo (Ellis, 1928). E Seidmann chega à conclusão de que, embora o conceito psicanalítico de narcisismo não seja tão concretista, ele também oferece um quadro inexato do mito de Narciso da Antiguidade e, portanto, provoca uma compreensão enganadora e imprecisa do narcisismo (Seidmann, 1978, p. 202-212).

Interpretação do mito segundo a perspectiva junguiana

O mito de Narciso despertou a atenção de alguns escritores junguianos que o abordaram interpretativamente (Berry, 1980, p. 49-59; Kalsched, 1980, p. 46-74; Sartorius, 1981, p. 286; Satinover, 1980, p. 75ss.; Schwartz-Salant, 1979, p. 48ss., 1980, p. 4ss.; Stein, 1976, p. 32-53; foi também publicado um estudo extremamente interessante e relevante de N. Schwart-Salant: *Narcissism and Character Transformation* ["Narcisismo e transformação do caráter"], 1982). Não obstante a similaridade em suas metodologias, há bastante variação no material deles. Isto está de perfeito acordo com a inexauribilidade das imagens míticas e de seu poder de reacender constantemente a imaginação. Apesar de toda a variedade, porém, cada uma dessas intepretações é coerente, clara e persuasiva. Todas essas obras são boas, algumas delas excelentes, e todas demonstram um uso inteligente e sutil das ricas possibilidades interpretativas de uma psicologia do profundo de base junguiana. Em um ponto importante, porém, todos esses autores são concordes: nenhum deles considera o amor de Narciso por seu próprio reflexo e sua consequente morte, em última instância, como mera vaidade; a ênfase deles é sempre sobre a questão mais complexa e profunda da transformação.

Pode parecer redundante de minha parte acrescentar outra tentativa de interpretação a essas obras excelentes, mas o mito é estimulante. À medida que o confronto, surgem constantemente novas questões para as quais tento encontrar respostas apropriadas. Na tentativa de formular tais pensamentos, fundamentarei minhas observações na versão clássica do mito de Ovídio.

Eu também fico imediatamente perplexo com o caráter transformacional do conto. Narciso, no fim de contas, é o filho do deus-rio; ele provém, em outras palavras, do elemento que flui, que está em constante estado de fluxo. A sabedoria do filósofo pré-socrático Heráclito (cerca de 500 a.C.) foi posteriormente condensada na frase *"Panta rhei"* – "Tudo é fluido". O rio é, ao mesmo tempo, uma imagem para a unificação dos opostos de permanência e mudança temporal; no fluxo eterno das coisas, deve ser encontrada a majestosa calma da permanência. Essa ideia é também expressa na famosa linha de Goethe: *"Gestaltung, Umgestaltung, des ewigen Sinnes ewige Unterhaltung"* ("Criação, transformação, eterna manutenção da mente eterna"; Goethe, *Fausto*, Parte 1; cf. tb. Kranz, 1955). Na história de Ovídio, porém, foi o deus do rio, Cefiso, em seu aspecto poderoso e dinâmico, quem violentou a ninfa Liríope, "uma senhora das águas", de modo que ela ficou grávida de Narciso. A figura de Narciso, portanto, brotou de uma necessidade urgente, irresistível do "rio da vida". Por outras palavras, o aspecto da realidade psíquica personificada por Narciso obtém um poderoso impulso instintivo que tem alto valor dentro da economia psíquica total (cf. tb. Schwartz-Salant, 1982, p. 78ss.). Isso pode ajudar a explicar o fascínio que a figura de Narciso exerceu durante tantos séculos, assim como a torrente atual de literatura sobre o fenômeno do narcisismo.

Posteriormente trataremos da profecia de Tirésias no conto de Ovídio e de seu significado. Por enquanto, porém, desejo examinar a questão do que possa significar, em termos psicológicos, o fato de Ovídio apresentar Narciso como caçador quando se torna um jovem de 16 anos. Assim como em outras adaptações da história de Narciso, este aparece primeiramente como caçador (Frenzel, 1970). A princípio, claro, devemos aceitar que o poeta precisava de um contexto apropriado no qual introduzir de modo plausível a apaixonada Eco. E Eco só poderia fazer sentir sua presença se Narciso gritasse por ela em campo aberto – ela precisa de distância e espaço suficientemente grandes para produzir "ressonância"; do contrário, deveria permanecer muda e passar despercebida. Assim, por essas razões concretas, vemos Narciso como um caçador em uma floresta colinosa, chamando seus companheiros e tomando consciência de Eco pela primeira vez. Contudo, o papel do jovem como caçador parece-me importante por outras razões também, contrastando, como o faz, com o Narciso posterior, que está tão arrebatado por seu reflexo no lago a ponto de ficar enraizado no local. Aqui, de igual modo, há transformação – de uma atitude ativa para uma passiva e sofredora.

Nossa questão em torno do que o mito de Narciso significa em termos de experiência psíquica está ligada, pois, ao elemento da caça e de seu simbolismo. O fato de a figura do caçador fazer parte de inúmeros mitos e contos de fadas permite a conclusão de que é uma imagem arquetípica de amplo alcance geral para a psique humana, uma imagem de um tipo de experiência e comportamento relacionados ao caçador (Bel, 1975). A caça baseia-se em um tipo de instinto que a humanidade partilha, pelo menos em nível rudimentar, com outras espécies predatórias. Os diversos tipos de jogos de "pega-pega", nos quais uma criança age como a presa e é "caçada" por outras crianças, parecem-me expressões socializadas desse comportamento instintivo. A palavra "caçar" e seus derivados são usados de muitas formas, com muitos matizes de significados. *O coração é um caçador solitário* é o título de um romance bem conhecido de Carson McCullers (1946); falamos de "caçadores de cabeças" (não apenas como primitivos que tomam as cabeças dos inimigos como troféus mas também como pessoas modernas que trabalham profissionalmente na colocação de pessoal de alto nível), caçadores de fortuna etc.

A questão que surge é se, e até que ponto, o impulso à caça ignora ou até mesmo insulta o deus Eros, cujo domínio é o do amor. As pessoas que estão concentradas e despendem grande quantidade de energias para alcançar determinadas metas, muitas vezes, durante tal atividade, estão fechadas à aproximação amorosa de outros, algo que eles podem não levar em conta, considerando uma perturbação. Pais de crianças adolescentes insistem muitas vezes em que seus jovenzinhos não deveriam ser desviados por "fantasias românticas" de sua caça concentrada por boas notas na escola. Quando visamos deliberadamente a uma meta que exige concentração momentânea ou prolongada, tendemos a sentir como uma perturbação a necessidade de atenção carinhosa do parceiro. Os parceiros de pessoas que perseguem metas desafiadoras – seja na política, seja na indústria, seja nas artes etc. – normalmente poderiam nos contar muita coisa a respeito de como devem relegar a segundo plano suas próprias necessidades de atenção, embora tenham de estar sempre presentes e disponíveis para encorajar, pacificar e assistir seu diligente parceiro. Os relacionamentos amorosos de pessoas que se sentem compelidas a "caçar" reconhecimento especial em alguma esfera particular de empreendimento muitas vezes são designados, corretamente, como narcisistas. Tais indivíduos precisam de seus parceiros como "companheiros de caça", que devem fazer o menor número possível de reivindicações próprias, visto que tais demandas são vistas como "sufocantes", uma limitação da liberdade e exigências egoístas. Conforme diz Narciso: "Fora daqui com esses abraços! Preferiria morrer a permitir que me toques!"

Mais um ponto: Narciso percebe seu reflexo como sendo extraordinariamente belo. De fato, ele já foi amado com intensidade especial por causa desse mesmo traço por sua mãe, Liríope, entre outros. Na história da vida de pessoas com problemas narcisísticos, frequentemente se descobre que foram admiradas, desde tenra idade, por algum traço físico ou de personalidade apreciado ou por algum talento especial. Essa admiração está ligada antes a essa característica particular e não ao ser da criança como um todo, e, via de regra, o traço admirado é algo que alimenta a autoimagem do(s) pai(s) admirador(es). Para usar terminologia psicanalítica, ela está "narcisisticamente investida": meu filho é tão belo, tão talentoso – e faz parte de mim!

No conto de Ovídio, Liríope quer saber algo sobre o futuro de seu amado filho, Narciso, e indaga o vidente Tirésias. Isso também pode ser facilmente interpretado como típico das fantasias inconscientes que amiúde acompanham problemas narcíseos, em linha de pensamento mais ou menos assim: "Sou alguém muito especial, o Destino reserva-me grandes coisas". O problema com tal interpretação é que, nos mitos e nos contos de fadas, uma criança recém-nascida é muitas vezes enviada ao mundo acompanhada por oráculos e profecias (p. ex., Édipo, *Bela Adormecida*, *Os três cabelos de ouro do diabo* etc.) e é sempre alguém "especial". Não parece muito provável que a referência seja sempre a problemas narcísicos. Certamente toda pessoa nasceu com o potencial para uma individualidade especial, que se esforça para chegar à realização no decurso da vida daquela pessoa. E com certeza há o componente narcisístico em todo esforço por autorrealização.

Isso nos leva ao problema da diferenciação entre narcisismo e individuação, do qual trataremos amplamente nos capítulos subsequentes. A esta altura, gostaria apenas de observar que pode ser precisamente o *dom* do senso de "unicidade" que faz a diferença. A percepção de ser especial pode significar: "Sou belo, inteligente, bom, perspicaz, poderoso etc. de forma muito especial". Pode também significar: "Minha percepção de meu próprio valor depende de se esse fato é visto e reconhecido pelos outros; se não for assim, então não tenho valor algum, sou um nada. Minha própria existência depende de minha particularidade ser reconhecida com admiração ou não". Aqui está a descrição de um dos mais flagrantes transtornos narcisísticos.

Por outro lado, há também a necessidade de sondar a particularidade, a "unicidade" da própria natureza individual da pessoa, com seus aspectos específicos de luz e sombra, e concretizar o máximo possível as próprias potencialidades. Nesse caso, a unicidade está ligada mais ao próprio sentido de identidade e menos a fantasias de grandeza, já cônscias, já incônscias.

A raiz comum dessas diferentes formas do senso de unicidade jaz na experiência do bebê de sua própria onipotência mágica. Se um senso mais realista de autoestima será possível na adultidade ou se será perpetuado um disruptivo "si-mesmo ostentoso" (Kohut) depende em grande parte de até que ponto o processo de maturação é estimulado pelo ambiente da criança (cf. Winnicott, 1965). Mais adiante, voltaremos a esses assuntos.

No mito, agora aparece uma figura que é a um tempo amorosa e ansiosa por amor. De todas as pessoas, a ninfa Eco é quem ama Narciso – Eco, que não pode, ela mesma, tomar nenhuma iniciativa, mas está restrita à ressonância e à repetição. É fácil pensar que Narciso não poderia desejar parceira mais apropriada. Ressonância admiradora é algo muito desejável para aquelas pessoas que costumam ser consideradas narcisistas, embora achem extremamente difícil suportar a autonomia e as necessidades das pessoas que lhes estão próximas. Em geral, é identificada com Narciso aquela pessoa que deseja que suas palavras sejam de tal importância que criem um eco, de preferência um eco amoroso-admirador (a isto é que Kohut chama de "libido narcisista-exibicionista"). Entretanto, o eco das próprias afirmações pode também ser experimentado como um rude despertar, uma enorme decepção do amor-próprio. Um exemplo seria o orador público que se torna consciente de seu estilo de oratória pobre e tartamudeante somente quando ouve seu "eco" sob a forma de uma fita gravada. Em todo caso, Eco está intimamente ligada à questão da autovalorização, e é muito necessária para a conservação do que Kohut denomina "equilíbrio narcisístico". Despertar um eco positivo é bom para o eu.

Eco, no entanto, não é nem criativa nem nova; tudo o que pode oferecer é ressonância. Ao amar, ela dá confirmação. Contudo, se Eco ama de forma demasiadamente possessiva, tenta forçar seu amado a tornar-se viciado naquela ressonância – o que, de fato, costuma fazer parte de problemas narcisísticos. Em termos de mito, ela quer que Narciso pertença-lhe, que seja incapaz de viver sem ela. Na história, entretanto, Narciso rejeita Eco. Isso desperta a interessante questão de por que Narciso evita o abraço de Eco e em vez disso – em consonância com a vontade de Nêmesis – apaixona-se por seu próprio reflexo. *Qual a diferença entre Eco e reflexo?* Nêmesis, aquela que distribui o destino, é quem compele Narciso a olhar para seu próprio semblante, a olhar fixamente para seu próprio reflexo. Aqui entra em jogo a profecia de Tirésias: "*Si se non noverit*". E, de fato, de início Narciso não se reconhece na poça d'água – o que é muito interessante do ponto de vista psicológico. Leva algum tempo até que a consciência de si mesmo torne-se possível. Assim, o episódio do reflexo envolve não apenas o amor-próprio mas também uma crescente autoconsciência.

Há algum questionamento a respeito de se a psicoterapia e a análise, que visam ao autoconhecimento e à busca pelo si-mesmo, podem realmente ser consideradas complacência em um tipo de chafurdice narcisística – uma acusação que não raro se ouve. Os cínicos podem dizer que, assim como há mulheres e homens que vendem seus serviços para satisfazer as necessidades sexuais de outras pessoas, assim há analistas que fazem o papel de bons e simpáticos ouvintes para satisfazer as necessidades narcisísticas dos outros, e serem muito bem pagos por isso! Um analista junguiano, porém, não tem nenhuma dificuldade em rejeitar a acusação de que a análise gira em torno do eu insaciável. A resposta óbvia é que a análise não gira em torno do eu, mas centra-se no si-mesmo e, assim, não é nem narcisista em si mesma, nem encoraja o narcisismo. O que Jung quer significar com o si-mesmo, naturalmente, é o centro da personalidade, o núcleo interior de uma pessoa "com seu destino individual e social" (OC 7/1, p. 12) –, e a preocupação com aquele núcleo fundamental do ser muitas vezes parece fomentar uma relativização das exigências do eu.

Marie-Louise von Franz (1980, p. 187) escreveu que "o que vemos no espelho, exposto a nós pelo si-mesmo, é [...] a única fonte de autêntico autoconhecimento; tudo o mais é apenas ruminação narcisística do eu acerca de si mesmo". Aqui, também, o termo "narcisístico" é usado como de costume para significar a autorreflexão no sentido da fixação do eu. As palavras de Von Franz sublinham a importante distinção feita na psicologia junguiana entre o eu e o si-mesmo, a que será dedicado um capítulo posterior deste livro.

De qualquer maneira, a imagem mítica do Narciso definhando perante seu próprio reflexo nas águas da fonte pode ser interpretada em muitos níveis. Na versão de Ovídio, ela se torna o ponto decisivo de transição no qual Narciso enfim se torna consciente de que seu belo amado na água é seu próprio reflexo. Isso me parece ser bastante relevante para transtornos narcísicos da personalidade, visto que as pessoas com tais problemas, de modo característico, embora de forma inconsciente, veem seus ambientes como reflexos de si mesmas. No nível puramente cognitivo, é óbvio, elas são perfeitamente capazes de distinguir entre elas mesmas e outras pessoas, mas, no nível emocional (e, em geral, de modo inconsciente), experimentam os outros como partes de seu próprio mundo interior.

Jung enfatizava várias vezes que, enquanto permanecerem inconscientes, em geral conteúdos psíquicos se manifestarão primeiramente na forma de projeções. Quantas vezes, sem o sabermos, é a nós mesmos que amamos ao amarmos o outro – e quantas vezes odiamos em outras pessoas traços que nós mesmos não conseguimos admitir que temos. Com frequência, porém, um encontro de amor pode levar, em última instância, ao autoconhecimento, tornando possível uma expansão do consciente e, assim, a capacidade de distinguir entre o "mundo-do-eu" e o "mundo-do-tu".

Para Narciso, chegar à consciência significa reconhecer que o amado não é outro senão ele próprio ("diferenciação entre autorrepresentação e representação objetal", em linguagem psicanalítica; cf. capítulo terceiro). Ele não pode libertar-se da imagem, do reflexo de si mesmo, do seu si-mesmo.

Nesse contexto, é significativo que, no uso cotidiano, as palavras "reflexo" ou "reflexão" podem significar "o retorno da luz ou de ondas sonoras de superfícies", bem como "consideração mental; contemplação; conseguintemente, uma conclusão alcançada depois de muita reflexão" (*Webster's New Collegiate Dictionary*, 6. ed.). Von Franz cita muitos exemplos para mostrar como objetos refletivos sempre haviam tido uma propriedade numinosa para as pessoas (Von Franz, 1980, p. 182ss.); os reflexos sobre a superfície da água, por exemplo, são contados entre nossas experiências primordiais. Em suas profundezas impenetráveis, a água tem sido sempre vista como lugar do desconhecido e do misterioso e, desse modo, uma imagem vigorosa do inconsciente:

> A simbolização do inconsciente pela água, com sua superfície especular, está baseada, naturalmente, na análise final, em uma projeção. Contudo, é espantoso o quanto as analogias são significativas. Assim como não podemos "ver" nas profundidades das águas, de igual modo as áreas mais profundas do inconsciente

nos são invisíveis; podemos apenas tirar conclusões indiretas a respeito delas. Na superfície, porém, na área limiar entre a consciência e o inconsciente, imagens oníricas aparecem espontaneamente, não apenas parecendo dar-nos informações sobre as profundezas, mas também *espelhando* nossa personalidade consciente, embora não de forma idêntica, mas antes em uma forma mais ou menos alterada. O espelhamento é sempre mediante a imagem simbólica que tem um lugar em ambos os mundos (Von Franz, 1980, p. 184-185).

Parece-me que o reflexo que Narciso percebe como tal "tem um lugar em ambos os mundos", ou seja, dado que é composto de partes conscientes e inconscientes, constitui um símbolo de sua totalidade humana.

A possibilidade de relacionar à ideia e à imagem de si mesmo, de fazer-se o objeto de reflexão é a base de toda tomada de consciência mais elevada – e é sempre experimentada como algo ambíguo e questionável. O mito bíblico do Paraíso expressa essa ambiguidade, apresentando a consciência dos opostos (bem e mal) e da autorreflexão ("e perceberam que estavam nus") como o "pecado" primordial que provoca a mortalidade e a perda do Paraíso (cf. Jacoby, 1985). O resultado é o conhecimento da finitude, do si-mesmo e "do lugar do homem no cosmo" (Scheler, 1949), um conhecimento que evidentemente não é desejado por Deus e, no entanto, de modo paradoxal, é insistentemente desejado por Ele. Talvez a profecia de Tirésias, que adverte da autoconsciência, conforme relatada por Ovídio, aluda ao mesmo contexto psicológico.

O destino mítico de Narciso, petrificado por seu próprio reflexo, poderia ser interpretado como representação do interminável drama humano da autopercepção, da busca pela essência da natureza humana em sua forma introvertida. Ao refletir sobre mim mesmo, ao voltar minha atenção para o que está "em mim" e o que brota "de mim", posso compreender – por trás das especificidades de minha própria personalidade – algo do que significa ser humano. Creio que é o que acontece com Freud em sua corajosa autoanálise e especialmente com Jung, que, agindo de modo introspectivo, descobriu um aspecto da natureza humana universal. Trabalhando com linhas subjetivas e introvertidas, Jung penetrou no que ele designou de "psique objetiva", porque em sua própria subjetividade mais íntima ele experimentou o mundo do "inconsciente coletivo", com suas imagens relativamente autônomas, capazes de ser experimentadas pela consciência do eu como "objetos internos".

Em sua obra autobiográfica *Memórias, sonhos, reflexões*, Jung narra um sonho que teve, o qual, em minha opinião, pode ser considerado uma variação do tema de Narciso:

Nesse sonho de outrora eu caminhava por um atalho; atravessava uma região escarpada, o sol brilhava e tinha sob os olhos, à minha volta, um vasto panorama. Aproximei-me de uma capelinha, à beira do caminho. A porta estava entreaberta e entrei. Para meu grande espanto não havia nenhuma estátua da Virgem, nem crucifixo sobre o altar, mas simplesmente um arranjo floral magnífico. Diante do altar, no chão, vi, voltado para mim, um iogue, na posição de lótus, profundamente recolhido. Olhando-o de mais perto, vi que ele tinha o meu rosto; fiquei estupefato e acordei, pensando: "Ah! Eis aquele que me medita. Ele sonha e esse sonho sou eu". Eu sabia que quando ele despertasse eu não existiria mais (Jung & Jaffé, 1963, p. 355, na trad. bras., p. 78).

Para nossos propósitos, é especialmente interessante que Jung reconheça que o iogue tem seu próprio rosto, mas pertence a uma figura diferente, numinosa. O iogue é "totalmente outro", no entanto, é ele próprio e, assim, símbolo do si-mesmo, conforme Jung deseja que o conceito seja compreendido: "A personagem do iogue representava, de algum modo, minha totalidade pré-natal inconsciente e o Oriente longínquo – como acontece frequentemente nos sonhos – um estado psíquico oposto à consciência e que nos é estranho" (Jung & Jaffé, 1963, p. 355/*Memórias...* 78).

Vale a pena observar a crescente consciência de Jung de que sua existência depende da meditação do iogue que, por sua vez, tem o próprio rosto de Jung. Ao olhar para o iogue e reconhecer que partilham um rosto comum, Jung torna-se consciente de que sua realidade empírica é dependente do si-mesmo. O que o medita – ou seja, o que o forma nas especificidades de sua individualidade humana – tem seu próprio semblante. Isso é uma reminiscência do conceito bíblico de que Deus fez o homem "à sua própria imagem". Se Deus me criou à sua imagem, então eu deveria ser capaz, em troca, de reconhecer traços de mim mesmo em Deus.

Aqui se poderia assumir a óbvia posição de que toda essa profundidade religiosa é, na verdade, "nada mais do que narcisismo". Com efeito, é nosso próprio "semblante" – a ser compreendido como visão – que "sonha" e concebe tudo o que sabemos acerca de Deus e do fundamento primordial de nossa existência.

Contudo, ao escolher o termo "si-mesmo" para esse elemento que regula o eu empírico, Jung indica que ele está ligado ao infinito (o iogue), de um lado; entretanto, ao mesmo tempo, traz um rosto pessoal, "medita" sua individualidade específica e, portanto, pode ser experimentado como "seu" si-mesmo. Obviamente, pode-se entender que tudo isso tenha elementos "narcisísticos", caso se opte por usar tal rótulo para todos os impulsos de autoafirmação, o que costuma acontecer na psicanálise. Entretanto, em conexão com o sonho apenas citado, Jung faz algumas observações tão significativas para o tema dos transtornos narcisísticos que desejo recapitulá-las brevemente aqui:

> Para o homem a questão decisiva é esta: Você se refere ou não ao infinito? Tal é o critério de sua vida. Se sei que o ilimitado é essencial então não me deixo prender a futilidades e a coisas que não são fundamentais. Se o ignoro, insisto que o mundo reconheça em mim certo valor, por esta ou aquela qualidade que considero propriedade pessoal: "meus dons" ou "minha beleza" talvez. Quanto mais o homem acentua uma falsa posse, menos pode sentir o essencial e tanto mais insatisfatória lhe parecerá a vida. Sente-se limitado porque suas intenções são cerceadas e disso resulta inveja e ciúme. Se compreendermos e sentirmos que já nesta vida estamos relacionados com o infinito, os desejos e atitudes se modificam (Jung & Jaffé, 1963, p. 356-357/*Memórias*..., p. 81).

Aqui Jung acrescenta algo extremamente importante:

> Mas só alcanço o sentimento do ilimitado se me limito ao extremo. A maior limitação do homem é o Si-Mesmo; ele se manifesta na constatação vivida: "sou apenas isso!" Somente a consciência de minha estreita limitação no meu Si-Mesmo me vincula ao ilimitado do inconsciente. É quando me torno consciente

disso que me sinto ao mesmo tempo limitado e eterno. Tomando consciência do que minha combinação pessoal comporta de unicidade, isto é, em definitivo, de limitação, abre-se para mim a possibilidade de conscientizar também o infinito. Mas somente desta maneira (Jung & Jaffé, 1963, p. 357/*Memórias*..., p. 81-82).

Jung está falando aqui da possibilidade de uma sábia atitude consciente que pode ajudar a lidar com aqueles sintomas agora considerados importantes componentes de transtornos narcisísticos. Kohut, igualmente, parece-me, está apontando na mesma direção quando escreve a respeito do amadurecimento da "libido narcisística" que pode ajudar o indivíduo "a reconhecer a finitude de sua existência e a agir de acordo com essa dolorosa descoberta" (Kohut, 1966, p. 454). Jung também descreve de forma precisa aqueles traços e sintomas mais evidentes na análise terapêutica de indivíduos com problemas narcisísticos: possessividade, necessidade de prestígio, descontentamento, sensação de estar sendo reprimido, inveja e ciúmes. Em geral, tais psicanalisandos acham impossível, durante muito tempo, realmente aceitar que "eu sou apenas isso"; qualquer limitação de suas reivindicações inconscientes à perfeição implica para eles que os outros consideram-nos completamente desprezíveis, e então veem a si mesmos em conformidade com isso.

Mas é importante que a profunda verdade dessa intuição junguiana não seja considerada uma amostra de sabedoria doutrinal a ser pregada ao analisando em tom moralizante. De fato, quando isso acontece, há o perigo de permanecer apenas um sermão moral ineficaz, ou se tornará uma exigência idealizada tanto para o analista quanto para o analisando, o que, em última instância, servirá apenas para encobrir o distúrbio básico. Sentimentos de inveja mesquinha, de possessividade e de melindre pessoal não se coadunam bem com o ideal de viver "ligado ao infinito" e, portanto, em geral são negados e reprimidos – especialmente quando o analista conta com tal atitude consciente "madura" de si mesmo e de seu analisando. Dessa forma, estar "ligado ao infinito" pode tornar-se um sistema defensivo ostentoso que tende a obstaculizar a superação e a aceitação autêntica de tais sentimentos demasiado humanos – mas desvalorizados. Esse é um problema complexo, que discutiremos detalhadamente no quinto capítulo.

Então, como o sonho de Jung com o iogue difere do episódio mítico do reflexo de Narciso? Em seu sonho, Jung compreende quase de imediato que o iogue é outro e ao mesmo tempo ele mesmo, ao passo que Narciso, diante de seu reflexo, só lentamente se torna consciente de que os traços que ele vê são os seus próprios e consegue identificar o reflexo como "ele mesmo". Em seguida, há a juventude da figura de Narciso; é a beleza do adolescente que ele vê na água especular. No entanto, pode-se dizer também que seu autoencontro foi causado por um poder superior, simbolizado por Nêmesis. Quer seja visto como castigo ou vantagem, quer como tragédia ou transformação, o fascínio de uma pessoa pelo próprio reflexo baseia-se em uma necessidade mais elevada. É a juventude de Narciso, porém, que empresta a seu conto sua paixão e sua intensidade particulares – um clima contrastante com a calma iluminada do iogue meditativo na capela. Psicologicamente falando, o episódio de Narciso parece-me sugerir a fase juvenil da vida, com sua intensa necessidade de buscar e encontrar identidade. A imagem subjetiva do si-mesmo e do mundo durante esse período costuma ter uma característica utópica, com poucos limites reconhecidos, e há um impulso para expandir a experiência, um anseio por um mundo de oportunidade ilimitada. A dimensão da própria personalidade ainda é desconhecida, o que muitas vezes inspira uma fase de experimentação no serviço da busca por identidade, e fantasias de grandeza alternam-se com incômodo desânimo. Reflete-se sobre os enigmas do mundo e do si-mesmo, talvez se discuta acaloradamente noite afora com amigos, contra os quais se sente a necessidade de medir-se e comparar-se. Dessa forma, usando as reflexões do mundo exterior, tenta-se rastrear o próprio senso do si-mesmo.

Às vezes os jovens sentem necessidade de masturbar-se diante de um espelho ou de tentar ver a si mesmos através dos olhos de seu parceiro enquanto fazem amor. Mediante tal identificação, eles estão, em essência, a observar e a amar a si mesmos. O anseio pela experiência do si-mesmo é, portanto, com frequência um motivo para usar drogas que "expandem a mente".

Tudo isso parece indicar que a intensa preocupação de muitos jovens consigo mesmos é parte importante do processo de descoberta de sua própria identidade, um aspecto apropriado dessa fase de desenvolvimento – é, em outras palavras, provocado por Nêmesis (ou Destino). A difusão do narcisismo, tão lamentada, é evidentemente um sinal de que encontrar a própria identidade está se tornando cada vez mais difícil e complexo nesta época de pluralismo e de relaxamento geral das normas comportamentais.

Contudo, mesmo quando estão envolvidos verdadeiros transtornos narcíseos no sentido da psicopatologia, o mito de Narciso pode ensinar-nos que a necessidade "narcisística" de amor-próprio e de auto-observação deveria ser afirmada desde o início. O fascínio pelo próprio si-mesmo não deveria ser tratado nem por professores, nem por psicoterapeutas com frases moralizantes como "Você deve pensar nos outros" ou "Isso é apenas vaidade" etc. Embora tais reações espontâneas sejam, às vezes, difíceis de suprimir, na maioria das vezes são inúteis e costumam evocar apenas uma consciência culposa, com a defesa agressiva que a acompanha. A fixação na autorreferência ou, no melhor dos casos, na autorreflexão não pode ser desviada; ao contrário, é importante que seja experimentada e aceita. No mito, é transformada por meio da morte de Narciso e pelo surgimento do narciso no local.

Se alguém é propenso a ver o jovem Narciso como a personificação de uma autofascinação intensa e exclusiva, sua morte pode ser considerada "redenção" ou "libertação". Desde a Antiguidade, o narciso tem sido associado à morte. Não se sabe se à flor "Narkissos" realmente foi dado o nome da figura mítica com esse nome, ou vice-versa, mas a palavra grega *narke* ("torpor" – raiz de *narkotikos*, "narcótico") parece ter desempenhado um papel importante em sua etimologia, embora, talvez, apenas no entendimento popular (visto que o sufixo parece indicar uma origem não grega) (Von Beit, 1956, p. 395-396; nota de rodapé). Em todo caso, esse narciso floresce no local da morte de Narciso, o que poderia ser interpretado psicologicamente como a significar que a obsessão com o próprio reflexo chega ao fim e é substituída por um sinal à tonalidade afetiva da lembrança memorizadora de eventos passados. Seria quase possível pensar na ideia de Freud, expressa em sua *Conferência introdutória*, de que a meta da análise é transformar em memória a repetição inconsciente, compulsiva de conflitos da infância (Freud, 1917, p. 444).

Mas qual é a importância do motivo segundo o qual Narciso permanece paralisado em seu reflexo mesmo no Mundo dos Mortos? Em termos psicológicos, o Mundo dos Mortos tem a ver com o inconsciente, para cujo nível o incidente do reflexo deslocou-se. Talvez se possa dizer que a função reflexiva tenha se tornado um potencial permanente no inconsciente, que pode ser estimulado e ativado a qualquer momento pelo tom sentimental de determinadas associações (simbolizadas pelo narciso). Também se pode dizer, no entanto, que o problema narcísico jamais pode ser resolvido em sua totalidade; mesmo quando tenha aparentemente desaparecido do quadro, continua a viver no inconsciente, de onde pode fazer-se sentir de modo doloroso na próxima oportunidade conveniente.

Tanto Kalsched (1980) quanto Sartorius (1981), em sua interpretação do mito, veem a transformação de Narciso como representação seja da "interioridade", seja da constelação do si-mesmo interior que se tornou independente do reflexo externo. Nesse contexto, penso que é profundamente significativo que Narciso evite o abraço de Eco. Se ele tivesse se unido a ela, sua capacidade de mudar, de ser transformado, teria desaparecido; o resultado teria sido uma aventura amorosa narcisística com seu próprio eco, seguida de estagnação. Devemos contentar-nos com "ressonância empática" (nas palavras de Kohut), o que é muito importante para o próprio senso do si-mesmo, mas ela jamais pode ser o sentido e o propósito da existência humana. Mesmo em parcerias, não é exatamente salutar para o autoconhecimento e a maturidade quando um parceiro faz o papel do eco admirador do outro. O resultado de tal acordo é "conluio narcisístico" (Willi, 1975).

O fascínio pelo próprio reflexo, em outra perspectiva, abriga a possibilidade de experimentar e perceber mais coisas, inclusive diferentes, sobre si mesmo. Tomem-se, por exemplo, os autorretratos de grandes pintores, tais como Rembrandt – obras que dificilmente podem ser tachadas de narcisísticas. A motivação de tais esforços criativos é a necessidade de autodescoberta.

Parece-me, pois, que nosso mito lida com o impulso humano por autoconhecimento e autorrealização, com a admoestação "Torne-se quem você é!" – e, assim, implica a possibilidade de transcender as formas mais acanhadas de problemas narcisísticos.

2
SOBRE O NARCISISMO: UMA INTRODUÇÃO

Observações a respeito da reformulação freudiana da teoria dos instintos

Tendo indicado alguns motivos básicos no tópico do narcisismo por meio do mito de Narciso, agora examinaremos um documento curto, mas central na obra de Sigmund Freud, que teve influência decisiva no desenvolvimento posterior da psicanálise. Trata-se do ensaio *Sobre o narcisismo: uma introdução*, publicado pela primeira vez em 1914. Começa da seguinte forma:

> O termo "narcisismo" vem da descrição clínica e foi escolhido por P. Näcke, em 1899[2], para designar a conduta em que

---

2. Na terceira edição dos *Três ensaios* (orig. out. de 1914), Freud corrige-se e escreve em uma nota de rodapé que o termo "narcisismo" foi cunhado não por Näcke, mas sim por Havelock Ellis (Freud, 1905/1915, p. 218; nota). O texto citado é da p. 14 do volume 12 de *Obras completas*, de Sigmund Freud, publicado em 2010 pela Companhia das Letras, com tradução de Paulo César de

> o indivíduo trata o próprio corpo como se este fosse o de um objeto sexual, isto é, olha-o, toca nele e o acaricia com prazer sexual, até atingir plena satisfação mediante esses atos (Freud, 1914a, p. 73; vol. 12, p. 14).

Visto dessa maneira, o narcisismo teria "o significado de uma perversão que absorveu toda a vida sexual da pessoa" (Freud, 1914a, p. 73). Contudo, havia chamado a atenção de observadores psicanalíticos "o fato de que [...] uma alocação da libido que denominamos narcisismo poderia apresentar-se de modo bem mais intenso" (Freud, 1914a, p. 73). Eles haviam observado que "características isoladas da conduta narcisista são encontradas em muitas pessoas sujeitas a outros transtornos, como os homossexuais, segundo Sadger" (Freud, 1914a, p. 73). Freud, então, expressou a conjectura de que o narcisismo poderia "reivindicar um lugar no desenvolvimento sexual regular do ser humano" (Freud, 1914a, p. 73). (Aqui ele tem em mente o "narcisismo primário" do bebê, de que trataremos em breve.) Em resumo, pois, o narcisismo não é necessariamente uma perversão, mas deve também ser visto como "o complemento libidinal do egoísmo do instinto de autoconservação, do qual justificadamente atribuímos uma porção a cada ser vivo" (Freud, 1914a, p. 14-15). Por

---

Souza. Os textos citados da obra de Freud serão sempre os desta coleção [N.T.].

outras palavras, a "porção" é o que deve ser visto como sã autoestima.

As reformulações de Freud, posto que parecessem necessárias, eram confusas, porque ameaçavam turvar a cuidadosa distinção entre instintos do eu (fome, sede, autopreservação) e instintos sexuais (libido). Isso levantava objeções ao dualismo pulsional anteriormente postulado, que era visto como a fonte de todos os conflitos que levam às neuroses. Tomando por base as seguintes observações, Freud sentiu-se forçado a abordar uma "alocação narcísica da libido", ou seja, um "investimento libidinal do eu": em primeiro lugar, havia o fato de que os pacientes esquizofrênicos sofriam, de um lado, de megalomania e, de outro, de um desvio de seu interesse do mundo exterior, das pessoas e das coisas. Assim, tornavam-se inacessíveis à influência da psicanálise e, na opinião de Freud, não podiam ser curados pelos esforços dela. Bem assim é o hipocondríaco, que presta cuidadosa atenção às mínimas flutuações em seu estado físico, retira a libido do mundo exterior e direciona-a ao eu. Observações semelhantes, escreveu Freud, poderiam ser feitas com crianças, pessoas idosas e os gravemente enfermos, bem como na dinâmica dos relacionamentos amorosos normais. Mesmo o estado de sono, observou ele, deve ser considerado retração narcísica da libido do mundo objetal para a própria pessoa, para o exclusivo desejo de dormir.

A pressuposição era que cada indivíduo tem determinada quantidade de libido disponível. Quando um pouco dessa libido é investido em uma pessoa amada (um "objeto", no jargão psicanalítico), perde-se considerável porção do amor-próprio:

> A dependência do objeto amado tem efeito rebaixador (do amor-próprio); o apaixonado é humilde. Alguém que ama perdeu, por assim dizer, uma parte de seu narcisismo, e apenas sendo amado pode reavê-la (Freud, 1914a, p. 98; trad. bras.: p. 31).

Esse é o motivo pelo qual, em um relacionamento amoroso, a reciprocidade é tão importante para a conservação do amor-próprio, do "investimento libidinal do eu".

Por mais mecanicistas que possam parecer, as observações de Freud a esse respeito podem ser verificadas de muitas maneiras. No decurso da análise, por exemplo, muitas vezes se torna evidente que os psicanalisandos experimentam suas fantasias de transferência erótica ou sua sensação de dependência como humilhantes. Quantas vezes o analista ouve palavras acusatórias no sentido de que "O sr. sabe tudo a meu respeito, mas eu nada sei a seu respeito. O sr. é o centro de meus sentimentos e pensamentos, mas para o sr. eu não passo de outro caso".

Assim, Freud não podia deixar de observar o fenômeno do amor-próprio exagerado ou insuficiente e buscar uma explicação para isso, ainda que não se encaixasse completamente em sua teoria dos instintos. Com Ernest Jones, ficamos sabendo por que os psicanalistas de então percebiam a inovação de Freud como um problema teórico difícil: "Com efeito, se o próprio eu era acometido libidinalmente, então parecia que deveríamos considerar sua característica mais proeminente, o instinto de autopreservação, como uma parte narcisística do instinto sexual" (Jones, 1958, p. 339). Nesse caso, o conflito na raiz das neuroses já não seria entre os instintos do eu e o instinto sexual (libido), mas antes entre a libido *narcisística* e a libido *objetal*. Seria um conflito entre duas formas diferentes do instinto sexual, o que significaria que a sexualidade seria vista como a única raiz do conflito psíquico. Até aquela época, Freud e seus seguidores tinham se defendido com razão contra a acusação de que a psicanálise reconduzia tudo à sexualidade; eles ressaltavam que o ponto focal das neuroses reside no conflito entre impulsos sexuais e não sexuais, ou seja, entre a libido e os instintos do eu. No entanto, se o instinto de autopreservação agora devia ser compreendido como componente narcisístico do instinto sexual, isso justificaria a alegação de que a psicanálise nada conseguia ver na alma humana senão a sexualidade.

Freud recusou-se categoricamente a aceitar isso, insistindo que o narcisismo é apenas "o complemento libidinal do egoísmo do instinto de autoconservação" (Jones, 1958, p. 339; nota), enquanto o próprio instinto de autopreservação é alimentado pela energia não sexual. Entretanto, sentia dificuldade cada vez maior em definir os componentes não narcisísticos do eu. Seu idealismo de pesquisador, tão ansioso por premissas racionais, compreensíveis, claras e logicamente consistentes, estava a causar-lhe visível desconforto. Devido à sua probidade científica, sentiu-se obrigado a escrever:

> É certo que noções como a de uma libido do Eu, energia dos instintos do Eu e assim por diante não são particularmente fáceis de apreender nem suficientemente ricas de conteúdo; uma teoria especulativa das relações em jogo procuraria antes de tudo obter um conceito nitidamente circunscrito como fundamento. Acredito, no entanto, ser justamente essa a diferença entre uma teoria especulativa e uma ciência edificada sobre a interpretação da empiria. Esta não invejará à especulação o privilégio de uma fundamentação limpa, logicamente inatacável, mas de bom grado se contentará com pensamentos básicos nebulosos, dificilmente imagináveis, os quais espera apreender de modo mais claro no curso de seu desenvolvimento, e está disposta a eventualmente trocar por outros. Pois essas ideias não são o fundamento da ciência, sobre o qual tudo repousa; tal fundamento é apenas a observação (Freud, 1914a, p. 73-74; trad. bras.: p. 13).

Apesar disso, Freud estava muito descontente com os resultados de seu ensaio. Escreveu a Abraham: "O

Narcisismo foi um trabalho difícil, e traz todas as marcas de uma deformação correspondente" (cf. Jones, 1958, p. 340). E mais uma vez: "O fato de você aceitar o que escrevi sobre o narcisismo me toca profundamente e nos une de forma ainda mais íntima. Tenho um forte sentimento de contrariedade por sua insuficiência" (Freud, 1914a, p. 341).

Talvez precisamente porque se sente nele a luta pela compreensão de inter-relacionamentos complexos, considero que essa obra de Freud é um tesouro de várias intuições sobre a natureza do que desde então tem sido conhecido como narcisismo[3]. A partir disso tudo, tentarei sublinhar principalmente aquelas linhas de pensamento que se revelaram básicas para o desenvolvimento ulterior da teoria psicanalítica. Ao mesmo tempo, tentarei mostrar como tais fenômenos observados por Freud e por psicanalistas são compreendidos em termos da psicologia analítica de Jung.

A controvérsia entre Freud e Jung

Diferenças acerca da teoria dos instintos

Conforme já foi mencionado, o ensaio de Freud *Sobre o narcisismo: uma introdu*ção foi, entre outras

---

3. Na verdade, o termo narcisismo foi introduzido na psicanálise em 1908 por Sadger, pelo que Freud deu-lhe o devido crédito. Rank também escreveu sobre o assunto (Rank, 1911, p. 401-426). Cf. tb. Pulver (1970, p. 319-341).

coisas, uma tentativa de lidar com as modificações teóricas propostas por Jung e Adler[4]. Depois de seu rompimento com Jung, Freud sentiu a necessidade de defender sua teoria dos instintos – que ele também esperava aplicar à *dementia praecox* ["demência precoce"] (esquizofrenia) – contra as opiniões de Jung. Em sua opinião, a "megalomania", que costuma encontrar-se nessa enfermidade, não era uma criação nova, mas antes "uma ampliação e uma explicitação mais evidente" do narcisismo primário da primeira infância, com sua sensação infantil de onipotência. O fato de esse "narcisismo secundário" tornar-se agudo em esquizofrênicos foi atribuído por Freud à retirada da libido do mundo exterior e de seu deslocamento para o eu, ocasionando, assim, "uma conduta que podemos chamar de narcisismo" (Freud, 1914a, p. 11).

---

4. Há boa quantidade de documentação mostrando que tais controvérsias não apenas eram levadas a cabo em nível científico, mas também estavam associadas a intensas emoções e conflitos pessoais. Alguns exemplos: (a) Freud, *History of the Psycho-Analytical Movement* (OC. Vol. XIV). Segundo o próprio testemunho de Freud, esse ensaio foi escrito enquanto ele estava "fumegando de raiva" (carta a Ferenczi, de 12 de janeiro de 1914, como citado em Jones, 1958, p. 341); (b) *The Freud-Jung Letters* (Freud & Jung, 1974); (c) Jung e Jaffé (1963), *Memórias, sonhos, reflexões*, capítulo "Sigmund Freud". Também não faltam tentativas de interpretação psicológica do conflito, as quais, a depender da escola à qual o autor pertence, decidem-se a favor de um ou de outro dos dois pioneiros. Houve até mesmo uma tentativa parcialmente bem-sucedida de examinar o relacionamento entre Freud e Jung a partir do ponto de vista privilegiado da teoria do narcisismo de Kohut (Homans, 1979).

Jung, por outro lado, considerava a característica mais marcante dessa doença a perda da realidade por parte do paciente, o que não poderia ser atribuído exclusivamente à energia sexual (cf. Frey--Rohn, 1974, p. 160).

> No entanto, na esquizofrenia, falta muito mais à realidade do que jamais poderia ser atribuída à sexualidade no sentido estrito da palavra. A *fonction du réel* ["função da realidade"] está ausente de tal maneira que inclui a perda de determinadas forças instintivas que não podem supostamente ter caráter sexual (Jung como citado em Frey-Rohn, 1974, p. 160).

Por conseguinte, foi mesmo o fenômeno da esquizofrenia, a envolver comportamento narcisístico de uma variedade particularmente pura, na visão de Freud, que provocou a diferença entre os dois homens. Nesse contexto, Jung postulava forças instintivas de natureza não sexual, relativizando, assim, o caráter exclusivamente sexual da libido. Alfred Adler, bem assim, já havia negado a primazia dos instintos sexuais e proposto a ambição pelo poder como a força fundamental na psique – uma opinião pela qual Jung sentia determinada simpatia.

Em toda essa confusão sobre a teoria dos instintos, Jung deparou-se com a ideia de conceber a libido como energia psíquica não específica que, a depender da situação e da necessidade psíquica, pode manifestar-se como instinto sexual, instinto de autopreservação ou ambição pelo poder, mas também como interesses espirituais, desejo de aprender, impulso para a autorrealização etc. Dito de outra forma, ele propôs uma visão puramente quantitativa da libido, análoga ao conceito de energia física. De acordo com a formulação de Liliane Frey-Rohn, Jung "propôs (como Schopenhauer) compreender a libido como vontade sem nenhuma especificação, um tipo de impulso vital contínuo que poderia encontrar expressão no afeto, no amor, na sexualidade, bem como nas ideias intelectuais" (Jung como citado em Frey-Rohn, 1974, p. 160).

Entre outras coisas, essa visão da energia psíquica deu a Jung maior liberdade para lidar com as teorias das neuroses. Ele já não se via forçado a presumir que toda neurose era provocada por conflitos reprimidos entre os instintos do eu e a libido sexual, um ponto de vista que o afligia sempre mais porque demasiado estreito, levando-se em conta a grande diversidade da vida e das imagens psíquicas. Destarte, após sua ruptura com Freud, a busca de Jung por uma nova abordagem psicoterapêutica começou com sua primeira tentativa de abster-se de empregar quaisquer postulados teóricos (Jung & Jaffé, 1963, p. 194). Em seguida, de pouco em pouco, experiências e hipóteses de sua lavra começaram a aglutinar-se em uma série de opiniões acerca da psique humana e de sua terapia.

O que mais incomodava Freud a respeito de Jung era seu afrouxamento do íntimo nexo entre o conceito de libido e o de sexualidade, especialmente o "infantilismo da sexualidade":

> Todas as modificações que Jung empreendeu na psicanálise derivam da intenção de eliminar o que é chocante nos complexos familiares, a fim de não reencontrá-lo na religião e na ética. A libido sexual foi substituída por um conceito abstrato, do qual se pode afirmar que é misterioso e inapreensível para os sábios e os tolos igualmente. O complexo de Édipo tem sentido apenas "simbólico", nele a mãe significa o inatingível, ao qual se deve renunciar no interesse da civilização; o pai assassinado no mito de Édipo é o pai "interior", do qual é preciso liberar-se para se tornar independente. Outras partes do material de ideias sexuais certamente sofrerão reinterpretações similares no decorrer do tempo. No lugar do conflito entre tendências eróticas em desacordo com o Eu e afirmadoras do Eu, surge o conflito entre a "tarefa da vida" e a "inércia psíquica"; a consciência de culpa neurótica equivale à repressão por não cumprir sua tarefa de vida[5] (Freud, 1914b, p. 62; trad. bras.: vol. 11, p. 228-229).

---

5. O que Jung denominou "tarefa de vida" naquela época deve ter sido um pressentimento intuitivo do que mais tarde ele descreveu como o processo de individuação, a tarefa do autodesenvolvimento.

Nesse debate em torno da compreensão adequada, há uma passagem particular em *Sobre o narcisismo: uma introdução* digna de atenção especial. Trata-se da seção na qual Freud admite que a hipótese de instintos do eu e instintos sexuais separados (ou seja, a teoria da libido) repousa não principalmente em base psicológica, mas acima de tudo em evidências da biologia. Ele declara sua propensão a descartar essa hipótese "se a partir do trabalho psicanalítico mesmo avultar outra suposição, mais aproveitável, acerca dos instintos". Em seguida ele acrescenta o seguinte: "Pode ser que – em seu fundamento primeiro e em última instância – a energia sexual, a libido, seja apenas o produto de uma diferenciação da energia que atua normalmente na psique" (Freud, 1914b, p. 79; trad. bras.: p. 15). Parece-me que essa frase está em harmonia com a opinião de Jung a respeito da energia psíquica. Contudo, Freud imediatamente acrescenta: "Mas tal afirmação não tem muito alcance. Diz respeito a coisas já tão remotas dos problemas de nossa observação e de que possuímos tão escasso conhecimento que é ocioso tanto combatê-la quanto utilizá-la" (Freud, 1914b, p. 79; trad. bras.: p. 15).

No decorrer do desenvolvimento subsequente da psicanálise, escritores posteriores muitas vezes citaram tais passagens como atestantes da genialidade de Freud em prever ulteriores desdobramentos (Köhler, 1978, p. 1.001-1.158), visto que, com base na pesquisa recente, os psicanalistas agora presumem um impulso instintual indiferenciado no bebê, o qual é diferenciado em libido e agressão somente mediante a experiência agradável e desagradável com "objetos".

Distinção entre "introversão" e "investimento libidinal narcisístico"

Outro ponto de debate entre Freud e Jung girava em torno da introdução de Jung do conceito de introversão da libido. Freud reconhecia a utilidade do conceito, mas sentia que deveria ser reservado para descrever estados psíquicos de histéricos e de neuróticos obsessivos que, até o ponto em que sua doença prolonga-se, desistiram de sua relação com a realidade. Entretanto, tal indivíduo, diz Freud, ainda conserva "relações eróticas com pessoas e coisas" na fantasia:

> isto é, por um lado substituem os objetos reais por objetos imaginários de sua lembrança, ou os misturam com estes, e por outro lado renunciam a empreender as ações motoras para alcançar as metas relativas a esses objetos (Freud, 1914a, p. 74; trad. bras.: p. 11).

Assim, para Freud, a "introversão" significa um investimento libidinal dos objetos da fantasia que outrora foram pessoas ou coisas reais, que foram substituídas por pessoas ou coisas imaginárias.

Em contrapartida, na esquizofrenia (que na época serviu reiteradamente para Freud como prova de suas ideias sobre o narcisismo), a libido, tendo sido retirada das pessoas e das coisas do mundo exterior sem terem sido substituídas por outras na fantasia, é canalizada para o eu. Esse redirecionamento da libido para o eu é o mais evidente possível na "megalomania", que Freud considerava típica da esquizofrenia. Assim como o estar apaixonado muitas vezes resulta em superestimação da pessoa amada, também o investimento no próprio eu traz considerável grau de autossuperestimação: "A megalomania pode perfeitamente ser comparada à conhecida superestimação sexual do objeto na vida amorosa" (Freud, 1917, p. 415; trad. bras.: vol. 13, p. 549).

Para Freud, a introversão não era, em si, sinal de neurose, mas realmente a fomentava:

> Desejamos estabelecer que introversão designa o afastamento da libido das possibilidades de satisfação real e o superinvestimento das fantasias toleradas até então como inofensivas. Um introvertido ainda não é um neurótico, mas se encontra numa situação instável; ele desenvolverá sintomas no próximo deslocamento de forças, a não ser que encontre outras saídas para sua libido represada. O caráter irreal da satisfação neurótica e a negligência da distinção entre fantasia e realidade, por outro lado, já se encontram determinados pela permanência

no estágio da introversão (Freud, 1917, p. 374; trad. bras.: p. 496-497).

Em relação ao receio de Freud de que a introversão poderia fomentar a neurose, é preciso observar que Jung concedeu à introversão um lugar muito especial na economia psíquica e desejava "legitimá-la" como tipo de atitude normal. Não obstante, ele também considerava que uma atitude unilateralmente introvertida não era benéfica para a saúde psíquica (OC 6, § 967). Em anos posteriores, ele continuou a enfatizar que ambas as formas de atitudes (introversão e extroversão) são necessárias na vida de uma pessoa, posto que uma delas seja, de modo geral, inerentemente "superior" (desenvolvida de modo mais forte) e deixe seu sinete em uma personalidade. No entanto, a unilateralidade de qualquer tipo reclama compensação.

De importância para os problemas do narcisismo, Freud também afirmou (embora não até 1917): "Supomos que, em condições normais, a libido do eu pode ser transformada, de maneira desimpedida, em libido objetal e que esta pode ser novamente acolhida pelo eu" (Freud, 1917, p. 416; trad. bras.: vol. 13, p. 550-551). Freud também viu que essa flexibilidade entre libido do eu e libido objetal, essa capacidade de alterar o rumo do investimento libidinal – presumindo que seja apropriado para a situação –, faz parte da vida psíquica normal.

Além da irritação de Freud pela modificação feita por Jung no conceito da libido, há outro ponto envolvido aqui que o exasperou. Queixou-se de que Jung usou a palavra "introversão" de maneira indiferenciada, não fazendo distinção alguma entre a libido investida nos objetos da imaginação (que Freud via como introversão verdadeira) e a libido que investe o próprio eu e é, assim, chamada "narcísica".

Essa distinção, conforme proposta por Freud, levanta alguns pontos muito importantes – quer para o desenvolvimento da psicologia analítica subsequente à ruptura de Jung com Freud, quer para o desenvolvimento posterior da psicanálise. Um exame mais acurado da diferenciação de Freud entre investimento libidinal dos objetos da imaginação (introversão) e o investimento libidinal do próprio eu (narcisismo) ressalta a indistinção de seu conceito inicial do eu. A retirada da libido do eu não leva somente ao amor-próprio na forma de megalomania; faz parte também de processos normais como dormir e sonhar. Talvez as figuras que aparecem nos sonhos devessem ser contadas como "objetos da imaginação", o que mais uma vez turvaria a distinção entre introversão e libido do eu. Outro ponto: na época (ou seja, em 1916-1917), o conceito de ego ainda parecia ser idêntico, para Freud, à autoimagem da pessoa ou à ideia de si mesmo. Posteriormente, Freud achou necessário desistir dessa equação do eu e da autoimagem, quando apresentou sua teoria estrutural do "aparato psíquico" com suas instâncias do id, do ego e do superego (Freud, 1923a). Àquela altura, o eu era visto meramente como um elemento dentro da estrutura psíquica geral. Como consequência, tornou-se cada vez mais claro que a psicanálise carecia de um termo para denotar aquelas ideias ou imagens relacionadas à totalidade da própria pessoa. Essa é a razão por que Hienz Hartmann, em 1950, propôs introduzir o termo "si-mesmo" na psicanálise (Hartmann, 1964). Tal como usada hoje na teoria psicanalítica, a palavra refere-se principalmente ao que é também conhecido como "autorrepresentação" – a imagem de mim mesmo que trago dentro de mim, já consciente, já inconscientemente. Examinaremos o uso psicanalítico do "si-mesmo" e seus desdobramentos em um capítulo posterior.

Portanto, foi principalmente Heinz Hartmann quem observou que Freud muitas vezes usava o termo "eu" como a significar a mesma coisa que "si-mesmo" (Hartmann, 1964, p. 127ss.) e que, em particular em seus escritos anteriores a 1923, a palavra "eu", conforme usada por ele, em geral significava "si-mesmo". Para melhor fazer justiça ao pensamento de Freud, alguns psicanalistas contemporâneos (Köhler, 1978) propuseram que o termo "eu", habitualmente usado – de modo muito particular em *Sobre o narcisismo: uma introdução* –, fosse substituído pela palavra "si-mesmo".

Jung considerava a distinção proposta por Freud entre introversão e narcisismo inviável pelas seguintes razões: para Jung, a introversão significava um voltar-se para a vida interior; mesmo em seu pensamento inicial, expôs a questão de se a introversão poderia realmente permitir uma pessoa experimentar apenas "objetos de memória". Com efeito, era verossímil que, em sua própria "megalomania", os esquizofrênicos experimentavam conteúdos inconscientes que pareciam substituir a perda da realidade exterior por alguma outra realidade – e Jung achava que, para tais processos, a ideia de Freud de um investimento libidinal narcísico do eu era tanto enganadora quanto inapropriada.

Várias experiências que Jung teve durante seu trabalho na clínica psiquiátrica de Zurique trouxeram-lhe algumas intuições bastante inovadoras a esse respeito:

> Num doente mental observei a seguinte alucinação: o doente vê no Sol um membro ereto. Quando balança a cabeça para um e outro lado, o pênis solar também oscila numa e noutra direção, e *daí se origina o vento*. Não consegui compreender esta estranha alucinação até vir a conhecer as visões da liturgia de Mitra (OC 5, § 151).

Naquele antigo documento, fala-se a respeito de um "tubo" que pende do sol, "que oscila ora para leste, ora para oeste, e talvez produza o vento correspondente" (OC 5, § 152-153). É, conforme Jung comenta, o "lugar de origem do vento" (OC 5, § 154). Para Jung, essa experiência foi um singular exemplo impressionante entre muitos que demonstravam como uma afirmação mítica – nesse caso, a do falo do sol – "se repete sob condições que não apresentam qualquer possibilidade de transmissão". Ele continua:

> O paciente era um pequeno comerciário com escolaridade não superior ao curso secundário. Criara-se em Zurique e nem com o maior esforço de imaginação consegui conceber de onde o paciente teria tirado a imagem do falo solar, do movimento de vaivém da cabeça e da origem do vento (OC 5, § 223).

Essa e outras experiências semelhantes levaram Jung à conclusão de que o inconsciente não poderia consistir somente em objetos de memória, mas também devia ser visto como um "lugar" onde a fantasia criativa podia abrir suas asas. Muitos exemplos levaram-no à visão cada vez mais clara de que as imagens dos sonhos e fantasias modernos e espontâneos poderiam muitas vezes ser compreendidos como paralelos a mitos antigos, que seus temas eram frequentemente semelhantes aos deles em espantosa medida. Isso fez surgir a possibilidade de que a criação de mitos de povos arcaicos e antigos esteja baseada no mesmo poder criativo da psique de determinados produtos atuais da fantasia em sonhos e visões. Deve haver, pois, uma predisposição humana específica para produzir imagens e ideias paralelas – isto é, aquelas "estruturas" universais da psique que posteriormente Jung denominou "arquétipos do inconsciente coletivo" (OC 5, § 224)[6].

Com esse passo conceitual, abriu-se para Jung um cosmo psíquico interior. Os "objetos de memória" de Freud tornaram-se, para ele, os conteúdos do "inconsciente pessoal", que contém material esquecido e reprimido, e o que foi subliminarmente percebido (o "pré-consciente" de Freud). Nas camadas mais profundas do inconsciente, porém, encontram-se as influências do inconsciente coletivo, com aqueles fatores reguladores e ordenadores que Jung, depois, chamaria de "arquétipos". Naturalmente, Jung também reconhecia a esfera da consciência, com sua relativa liberdade de decisão cujo centro ele denominou de "eu". Desse modo, em um estágio inicial, o eu tornou-se para Jung apenas uma parte da personalidade total. O fato de que Jung, conforme já vimos, tenha compreendido a libido como, em essência, uma energia psíquica

---

6. A expressão atual "inconsciente coletivo" apareceu pela primeira vez em 1917, no ensaio de Jung *A psicologia dos processos inconscientes*, em que é "uma descrição não apenas das arcaicas, mas também universais e onipresentes profundas camadas da psique" (Frey-Rohn, 1974, p. 122).

neutral, que não tem de ser necessariamente de natureza sexual, foi mais um motivo por que não podia apoiar a distinção proposta por Freud entre introversão e investimento libidinal narcísico. Para Jung, a introversão significava uma atitude na qual a atenção da consciência é direcionada para o processo da vida psíquica interior de uma pessoa. Mais adiante, examinaremos até que ponto a introversão, compreendida dessa forma, tem também – ou pode assumir sob determinadas condições – um componente narcisista.

Narcisismo primário *versus* amor objetal primário

A explicação de megalomania feita por Freud já nos introduziu no conceito do narcisismo primário. Baseia-se na observação dos "povos primitivos", com os quais Freud lida em *Totem e tabu* (Freud, 1912a). Em *Sobre o narcisismo: uma introdução*, escreve ele:

> Encontramos neles traços que, isoladamente, podem ser atribuídos à megalomania: uma superestimação do poder de seus desejos e atos psíquicos, a "onipotência dos pensamentos", uma crença na força mágica das palavras, uma técnica de lidar com o mundo externo, a "magia", que aparece como aplicação coerente dessas grandiosas premissas (Freud, 1914a, p. 75; trad. bras.: p. 11).

Freud formula uma hipótese não comprovada até agora e continua a estender essas observações até à primeira infância: "Esperamos encontrar uma atitude análoga face ao mundo externo nas crianças de nossa época, cujo desenvolvimento é para nós mais impenetrável" (Freud, 1914a, p. 75; trad. bras.: p. 11). O que ele estava apresentando aqui era a ideia de um investimento libidinal primário e elementar do eu como o início de todo desenvolvimento psíquico – como oposto ao narcisismo secundário, no qual o investimento narcísico do eu assume o lugar à custa de um amor objetal que, dado o grau de maturação psíquica, seria concebível. Mas só poderíamos falar de narcisismo primário quando pelo menos uma percepção rudimentar do próprio si-mesmo (como o eu) já tivesse vindo à luz, visto que o próprio Freud afirmou: "A pessoa se comporta como se estivesse enamorada de si mesma" (Freud, 1912a, p. 89; trad. bras.,: vol. 11, p. 92-93). A fase anterior à do narcisismo primário é chamada de "autoerótica" por Freud, nisso que é caracterizada por uma falta total do eu; contudo, ele usa a mesma palavra ("autoerotismo") para manifestar a "atividade sexual" durante a fase do narcisismo primário.

Ao explicar o narcisismo primário, Freud várias vezes recorre à familiar analogia da ameba. Ele fala daquelas criaturas viventes mais simples, compostas de um nódulo de protoplasma pouco diferenciado; elas desenvolvem extensões de si mesmas (pseudópodes), para as quais permitem fluir sua substância vital, mas são capazes de retirá-las novamente, forçando-se a voltar a uma massa informe. Freud usa essa imagem para ilustrar a ideia de que o eu é capaz de enviar libido para objetos, embora a quantidade principal permaneça no eu. Ele também pressupõe que, em condições normais, a libido do eu pode ser transformada, de maneira desimpedida, em libido objetal, e esta pode mais uma vez ser acolhida pelo eu. Apesar das várias revisões em sua psicologia ao longo dos anos, Freud parece ter conservado essa opinião sobre a libido durante toda a sua vida. Surge inesperadamente, junto à analogia da ameba, em sua última obra póstuma, *Compêndio de psicanálise* (Freud, 1938, p. 150). Também ali Freud entende que todo o montante de libido disponível seria inicialmente armazenado no eu e refere-se a este estado como "narcisismo absoluto, primário. Ele dura até o eu começar a investir de libido as ideias de objetos, a transformar a libido narcísica em libido objetal" (Freud, 1938, p. 149ss.; trad. bras.: vol. 19, n. 2). Ao longo da vida, segundo essa opinião, o eu permanece o grande reservatório de libido – com apenas uma exceção: "Apenas no estado de completo enamoramento o montante principal da libido é transferido para o objeto, de certo modo o objeto se põe no lugar do eu" (Freud, 1938, p. 151; trad. bras.: vol. 19, n. 2).

Seja como for, o narcisismo primário era um estado "em que o eu infantil bastava a si mesmo" (Freud, 1921, p. 110; trad. bras.: vol. 15, p. 52). "O bebê lactante ainda não separa seu Eu de um mundo exterior, como fonte das sensações que lhe sobrevêm" (Freud, 1930, p. 66-67; trad. bras.: vol. 18, p. 12). Por outras palavras, nesse estágio, o bebê ainda não estabeleceu nenhuma fronteira do eu; portanto, experimenta a si mesmo e a seu ambiente como uma coisa só. Essa é, indubitavelmente, a experiência primordial do "sentimento oceânico" sobre o qual Freud escreve (Freud, 1930, p. 72; trad. bras.: vol. 18, p. 10 e passim). E o restabelecimento desse sentimento oceânico, na forma de um narcisismo ilimitado, é muitas vezes desejado ao longo da vida: "O desenvolvimento do eu consiste num distanciamento do narcisismo primário e gera um intenso esforço para reconquistá-lo" (Freud, 1914a, p. 100; trad. bras.: vol. 12, p. 33).

Em 1937, com base em diversas observações que fez, Michael Balint sentiu-se compelido a criticar e a relativizar o conceito de narcisismo primário que, na época, era geralmente aceito dentro do movimento psicanalítico. Em lugar de narcisismo primário, apresentou o novo conceito de amor objetal primário. Em sua opinião, a fase mais primária da vida emocional não é narcísica, e sim orientada ao objeto: "Mas esta relação objetal precoce é passiva. Sua meta, em resumo, é: serei amado e satisfeito, sem estar sob nenhuma obrigação de dar algo em troca" (Balint, 1937, p. 82). Esse é e permanece para sempre, diz Balint, o escopo final de toda luta erótica: "É uma realidade que nos força a caminhos sinuosos. Um desvio é o narcisismo: se não sou nem suficientemente amado pelo mundo nem recebo gratificação bastante, devo amar e gratificar a mim mesmo" (Balint, 1937, p. 82). Com essa afirmação, Balint reconhece o fenômeno do narcisismo secundário. Em seguida, expressa a visão de que, na infância, o impulso primário é continuar a viver como parte de uma "unidade dual", que ele refere com as seguintes observações: há um instinto de preensão entre os primatas, e os bebês primatas gastam os primeiros meses de vida extrauterina agarrados ao corpo da mãe. A criança humana, da mesma forma, quer continuar a viver como um componente da unidade mãe-filho (a unidade dual), mas, em nossa civilização, é forçada a se separar do corpo maternal cedo demais. Consequentemente, desenvolve "alguns sintomas substitutivos", tais como "muitos fenômenos de sucção e erotismo manual, e, por fim, mas não menos importante, a tendência geral a agarrar-se a algo em momentos de perigo ameaçador". "Em todas essas ocasiões", Balint continua, "estamos diante de um comportamento ativo por parte do bebê, mesmo com uma atividade direcionada a um objeto. Deve-se também mencionar o fato de que, ao contrário do que diz a linguagem comum, a criança não é chupada, mas de fato chupa ativamente" (Balint, 1937, p. 83).

Balint tenta fortalecer essa teoria de amor objetal primário que, em última instância, deve ser visto como unidade mãe-filho, com aquilo a que ele se refere como algumas "banalidades clínicas" adicionais, das quais selecionarei algumas observações particularmente importantes para as teorias modernas sobre o narcisismo. Uma pressuposição básica de Balint, no entanto, é que as teorias anteriores tinham considerado o narcisismo primário "sem nenhum objeto por definição". Contudo, a analogia da ameba de Freud, parece-me, indica que a libido é enviada a objetos e, em seguida, retraída mais uma vez para o eu – por outras palavras, o eu é de fato o "centro do mundo", mas outras pessoas importantes certamente fazem parte desse mundo.

Uma acurada observação que Balint faz é que, apesar de se supor que uma atitude narcisística possa tornar uma pessoa bastante independente do mundo exterior, em geral os narcisistas são "quase paranoico-hipersensíveis, irritáveis; neles, o mais leve estímulo desagradável pode provocar grandes explosões – dão a impressão de uma instabilidade ansiosa e dolorosamente contrabalançada. O mesmo vale para o comportamento de crianças desde o começo" (Balint, 1937, p. 88). De igual modo relevante aqui, diz Balint, é o fato de pessoas narcisistas serem tão difíceis de contentar. "O que quer que se tente fazer por elas, por mais atencioso que se tente ser, é sempre errado, elas jamais têm o suficiente" (Balint, 1937, p. 88). Isso, também adverte ele, é contrário à teoria freudiana do narcisismo primário, que levaria a contar com certa indiferença em relação ao mundo por parte delas. No entanto, está intimamente ligado à avidez insaciável da libido infantil, a respeito da qual Freud escreve (Freud, 1931, p. 234).

Os argumentos de Balint parecem ser persuasivos ao extremo, em especial tendo-se em vista o desamparo do bebê e sua dependência do cuidado de outra pessoa. É também um fato que os "outros relevantes" geralmente têm exagerada importância para a sensação de contenção e de bem-estar da pessoa narcisista.

Descobertas psicanalíticas mais recentes tornaram irrelevante a controvérsia entre Balint e Freud. Chegou-se à conclusão de que, bem no início da fase pós-natal, não há nenhuma divisão entre eu e objeto. O bebê, nessa fase, não tem a identidade do eu que o separaria da mãe e do mundo exterior. "Si-mesmo" e "objeto" como alvos do investimento libidinal ainda estão misturados (cf. Hartmann, 1964; Jacobson, 1964; Mahler et al., 1975 etc.). Margareth Mahler e colaboradores, porém, acham útil conservar o conceito freudiano de narcisismo primário, mas diferenciam-no em duas fases:

(a) a fase de *autismo normal* durante as primeiras semanas de vida extrauterina, uma situação semelhante ao estado pré-natal e caracterizada pela incapacidade do bebê de perceber a mãe como o "objeto de satisfação de necessidade": nesse estágio, a inerente indiferença do bebê em relação a estímulos externos protege-o de estimulação extrema, a fim de facilitar o crescimento fisiológico;
(b) a fase de *simbiose normal*, que começa aproximadamente no segundo mês: é caracterizada por uma situação na qual o bebê comporta-se "como se ele e sua mãe fossem um sistema onipotente – uma unidade dual dentro de uma fronteira comum" (Mahler et al., 1975, p. 44).

Mahler e colaboradores consideram a fase simbiótica como parte do narcisismo primário, visto que a unidade dual é investida narcisisticamente. A mãe (ou a figura da mãe) faz parte do "si-mesmo" do bebê, e vice-versa. Deve-se presumir que o bebê percebe-se como totalmente entrosado com seu ambiente. Essa fase costuma ser descrita com a imagem mítica do Paraíso (cf. Jacoby, 1985), e foi-lhe atribuída o nome de "realidade unitária" por Erich Neumann, um dos mais inovadores pensadores na escola da psicologia analítica de Jung. Ele comentou:

> Só se pode fazer justiça à realidade física dessa fase formulando-a paradoxalmente. Se se fala de amor-próprio sem objeto, deve-se também falar de amor-a-

-todos sem sujeito, assim como de ser-totalmente-amado sem sujeito e sem objeto. No estado completamente instintual da extensão pré-eu universal, na qual o mundo do bebê, a mãe e o próprio corpo são indiferenciados, a conexão total é tão típica quanto o narcisismo total (Neumann, 1966, p. 108).

Alhures escreve Neumann: "Essa é a razão por que essa fase está associada ao 'sentimento oceânico' que reiteradamente dá o ar da graça mesmo em adultos, quando a realidade unitária complementar irrompe ou substitui a realidade consciente cotidiana por sua polarização em sujeito e objeto" (Neumann, 1973, p. 15).

Independentemente de tentar reconstruí-la a partir de observação direta de bebês (cf. Mahler et al., 1975; Spitz, 1965) ou a partir da análise de crianças mais velhas ou de adultos, a primeira fase do desenvolvimento psíquico não pode ser plenamente revelada e descrita com precisão científica. Ninguém pode recordar com exatidão as fases de sua própria infância. Entretanto, à menção da frase "mãe-filho", determinadas ideias à tonalidade afetiva parecem surgir na maioria das pessoas. Saliente entre elas é o pensamento de que o estado de infância é a verdadeira epítome da felicidade, a ponto de que repetidamente desejamos voltar a ela. Conforme já foi mencionado, até mesmo Freud presumia que há um impulso dinâmico na psique para restaurar o narcisismo primário (Freud, 1914a, p. 100).

Balint, por outro lado, acha que a meta final de todos os instintos, que é fundir-se com o objeto ("alcançar a unidade eu-objeto"), praticamente comprova a teoria do amor objetal primário (Balint, 1952, p. 84-85). O adulto, afirma ele, chega o mais perto possível desse objetivo fundamental no orgasmo.

Em um livro anterior, tentei retratar essa forma de experiência primordial – ou antes, as ideias que os adultos têm a respeito dela – conforme expressa nas imagens míticas do Paraíso (Jacoby, 1985). É claro, isso não significa que um bebê que possa estar vivendo em uma "realidade unitária" paradisíaca, em um estado de perfeita harmonia e livre de conflito, seja capaz de fantasiar tais imagens complexas como as do mito do Paraíso. O que está envolvido aqui são formulações simbólicas que, retroativamente, emprestam expressão linguística e conceitual a experiências infantis pré-linguais e pré-conceituais – ou expressam ideias adultas. O próprio mito bíblico do Jardim do Éden nos diz que não podemos "conhecer" a existência paradisíaca. De fato, assim que nos tornamos conscientes da polaridade bem-mal e entramos na autoconsciência, o paraíso pré-consciente desaparece. (Seria preciso observar aqui, no entanto, que depende naturalmente da pessoa que desempenha o papel maternal se a realidade unitária é experimentada pelo bebê mais como paraíso do que como inferno!)

Contudo, qualquer que seja a terminologia usada para descrever as primeiras fases da existência extrauterina e nossas especulações adultas acerca da experiência infantil, está claro, hoje, que se tornou irrisória a querela em torno de se é o narcisismo primário ou o amor objetal primário que caracteriza a experiência inicial do bebê. Enquanto o narcisismo primário envolve e inclui a figura maternal inicial, o amor objetal primário deve ser considerado narcisístico porque a figura maternal ainda não foi experimentada pelo bebê como objeto, uma pessoa separada do si-mesmo da própria criança.

Essa fase de fusão indiferenciada do si-mesmo e do objeto é, em minha opinião, mais bem caracterizada pela expressão mais poética de Neumann, "realidade unitária", do que pelo termo narcisismo primário. Aconteça o que acontecer, veremos, o bom êxito dos processos subsequentes de diferenciação e separação determina se, posteriormente na vida, impulsos narcisísticos podem ser integrados de maneira produtiva na personalidade geral, ou se eles se farão sentir de algum modo como influências disruptivas.

3
O EU E O SI-MESMO NA PSICOLOGIA ANALÍTICA E NA PSICANÁLISE

As opiniões de C. G. Jung

Freud escolheu o termo "narcisismo" para caracterizar um estado em que, conforme observara, a libido é canalizada não apenas para o amor objetal, mas também para o eu. Heinz Hartmann compreende o narcisismo como "a investida libidinal do si-mesmo" (Hartmann, 1964, p. 127). Em todo caso, todos os fenômenos chamados narcisísticos envolvem interesse emocional na própria pessoa, quer o termo usado seja "eu" (Freud), quer seja "si-mesmo" (Hartmann). Conforme observamos anteriormente, em seu documento principal sobre o narcisismo, Freud usou o termo "eu" para o que, na verdade, queria indicar como a representação da própria pessoa de alguém, que na psicanálise dos dias atuais é geralmente incluída sob o título de "si-mesmo".

Para nossa discussão neste ponto, parece necessário esclarecer e distinguir os vários conceitos correntes de eu e de si-mesmo hoje. Ao fazê-lo, tentaremos enfatizar a experiência viva da qual aqueles conceitos foram abstraídos. Nesse caso, há razão histórica justificada para começar a discussão com as ideias de Jung em vez de com as de Freud, como se faz normalmente. Foi apenas depois de sua ruptura com Jung que Freud começou a elaborar sua teoria do eu, descrevendo suas ideias mais importantes sobre o assunto em *O ego e o id* (Freud, 1923a). Para Jung, porém, o conceito de uma totalidade da personalidade era importante até mesmo em seu período pré-psicanalítico (cf. Frey-Rohn, 1974, p. 68).

Entretanto, as experiências que, em última análise, levaram Jung à concepção ou à hipótese de um princípio unificador na psique humana aconteceram somente depois de sua separação de Freud, naquela fase decisiva de sua vida que Ellenberger denominou de sua "enfermidade criativa" (Ellenberger, 1970, p. 447). Em suas memórias, Jung descreve como, durante os anos 1913-1918, ele confrontou a corrente de imagens que brotavam de seu inconsciente, observando suas fantasias e seus sonhos espontâneos, traduzindo-os o melhor que podia em palavras e imagens e, ao mesmo tempo, tentando encontrar o significado deles, sua importância psicológica. Tal como Jung depois o formulou, essas intensas experiências, que lhe tornaram avassaladoramente clara "a realidade da psique", foram "a matéria-prima para a obra de uma vida inteira" (Jung & Jaffé, 1963, p. 225).

Para nossos propósitos aqui, dois pontos são de importância especial. Primeiro, há a maneira pela qual Jung enfrentou o perigo de ser submerso pela inundação de imagens, a princípio, de aparência caótica que abriam caminho à força do seu inconsciente para o consciente. Ele estava bem ciente do risco de sua consciência ser inundada e perder o controle da realidade, havendo possibilidade de chegar ao ponto da psicose. Naquela situação, sua família e sua profissão foram de grande ajuda, um apoio "extremamente imprescindível", oferecendo-lhe uma vida normal no mundo real como contrapeso "à singularidade do meu mundo interior" (Jung & Jaffé, 1963, p. 214).

Jung tomou nota de suas fantasias e seus sonhos com disciplina férrea, traduzindo-os para a linguagem da consciência e tentando compreender-lhes o significado. Ocasionalmente, também expressou-os de modo vívido, em imagens coloridas. Considerava uma de suas principais tarefas perceber quais seriam as consequências de sua compreensão do significado dessas imagens – tanto para seu estado psíquico pessoal quanto para o campo da psicologia do profundo em geral. Dito de outra forma, estava preocupado em integrar as imagens do inconsciente na vida do indivíduo. A propósito de tal situação naquela época, Jung escreveu:

> Mas havia em mim uma força vital, elementar, quase demoníaca, e desde o início tencionara encontrar o sentido daquilo que vivera nessas fantasias. O sentimento de obedecer a uma vontade superior era inquebrantável, e sua presença constante em mim me sustinha – tal um fio condutor – no cumprimento da tarefa (Jung & Jaffé, 1963, p. 201).

Essa era, sem dúvida, uma batalha pela sobrevivência, a batalha do eu para conservar seu senso de identidade pessoal e continuidade temporal, sua função de teste de realidade e determinado grau de liberdade para tomar decisões. O eu foi confrontado com imagens autônomas do inconsciente com seu enorme fascínio – um tipo de revelação subjetiva, que Jung chamou de "experiência primordial" –, e todas as forças disponíveis deviam ser concentradas a fim de integrar tais imagens em sua experiência consciente.

Foi somente anos mais tarde, em uma conferência em 1916 e em um ensaio publicado em 1928 (OC 7/2), intitulado *O eu e o inconsciente*, que Jung tornou públicas, pela primeira vez, as conclusões científicas de sua experiência pessoal.

O segundo ponto envolve a descoberta de Jung de que os conteúdos inconscientes percebidos pela consciência só aparentemente são uma salgalhada obscura e caótica. A partir do momento em que começou a confrontar aqueles conteúdos e a procurar compreendê-los e aceitá-los o melhor que pôde, pareceu-lhe pressentir no segundo plano – ou seja, em seu inconsciente – a atividade de um fator organizador, ordenador. Ele reconheceu que todos os fenômenos que se manifestavam em sonhos e fantasias podiam ser vistos no contexto de um significativo processo de mudança, especificamente, uma transformação na direção de uma completude de sua própria personalidade.

Muitas figuras de sonhos e da imaginação simbolizam tipicamente potencialidades humanas de experiência e de percepção, fenômenos que Jung caracterizaria como arquétipos no futuro (cf. OC 8/2). Em todo caso, tornou-se muito claro para Jung que ele não estava a lidar com uma confusão caótica de fantasias dissociadas e de fragmentos de imagens, pois todos esses conteúdos inconscientes estavam imbuídos de uma tendência a transformar paulatinamente a personalidade na direção de sua autorrealização (ou, conforme ele designou, individuação). Por outras palavras, Jung sentiu-se obrigado a apresentar a hipótese de que somente o eu é capaz de organização e de iniciativa deliberada, mas que há também um centro até então oculto (ou seja, inconsciente) na psique humana, um elemento ordenador, a que ele denominou o si-mesmo, em contraste com o eu.

Jung obteve essa visão do si-mesmo a partir dos seguintes aspectos de sua própria experiência: ao resistir à investida do inconsciente, conforme observamos, sentiu que estava "obedecendo a uma vontade superior", que ele também percebeu como uma "força demoníaca" em si mesmo. Essa vontade superior, porém, não é idêntica a seu inconsciente, uma vez que, ao mesmo tempo, servia para sustentar o ponto de vista de seu eu consciente.

Experiências de uma "vontade superior" ou de uma "força demoníaca" são elementos na fenomenologia da religião. Elas constituem, assim, uma ponte para a psicologia da religião de Jung, a qual repousa em observações centrais de que símbolos do si-mesmo não podem, em última análise, ser distintos dos símbolos da deidade e de que experiências do si-mesmo podem ter um caráter numinoso (cf. OC 11). Em suas memórias, Jung também descreve:

> Desde o início, concebera o confronto com o inconsciente como uma experiência científica efetuada sobre mim mesmo e em cujo resultado eu estava vitalmente interessado. Hoje, entretanto, poderia acrescentar: tratava-se também de uma experiência tentada comigo mesmo (Jung & Jaffé, 1963, p. 202).

Ou seja, embora ele ativamente mantivesse uma atitude do eu em relação a seu confronto com o inconsciente, ao mesmo tempo algo estava a acontecer-lhe, cujo resultado ele não podia controlar, mas que, afinal, revelou-se ser um significativo processo de centralização (daí seu conceito do si-mesmo como o centro ordenador de toda a personalidade).

Em 1920, Jung formulou as seguintes definições teóricas do eu e do si-mesmo:

> Entendo o "eu" como um complexo de representações que constitui para mim o centro de meu campo de consciência e que me parece ter grande continuidade e identidade consigo mesmo. Por isso, falo também de complexo do eu. [...] Enquanto o eu for apenas o centro do meu campo consciente, não é idêntico ao todo de minha psique, mas apenas um complexo entre outros complexos. Por isso, distingo entre eu e si-mesmo. O eu é o sujeito apenas de minha consciência, mas o si-mesmo é o sujeito do meu todo, também da psique inconsciente. Neste sentido o si-mesmo seria uma grandeza (ideal) que encerraria dentro dele o eu (OC 6, § 796).

O si-mesmo, portanto, expressa a unidade e a totalidade da personalidade. A dificuldade reside no fato de que conhecemos apenas aquela parte de nossa personalidade que nos é conscientemente acessível. É um fato da vida, muitas vezes impressionante, que, apesar de nós costumarmos pensar que nos conhecemos, em muitas situações nos tornarmos repentinamente um enigma para nós mesmos. O que sei a respeito de mim mesmo jamais é a totalidade de quem eu sou. Termos como "autorrealização" ou "encontrar a si mesmo" implicam que a consciência, com seu centro no eu, esforça-se por descobrir a experimentar algo do si-mesmo. Em todo caso, o si-mesmo deve ser considerado uma entidade que transcende a consciência e, portanto, desafia a descrição total. Em teoria, pois, é significativo puramente como hipótese. No entanto, é da maior importância no campo da experiência existencial, visto que ali percebemos os efeitos que nos permitem deduzir a existência daquela entidade que transcende a consciência.

Jung estava muito preocupado com os modos pelos quais o eu enfrenta e luta com os conteúdos do inconsciente e, assim, alcança a experiência do si-mesmo supraordenado. Voltaremos a essa questão quando discutirmos o processo de individuação. Contudo, dado que o si-mesmo contém todos os aspectos "da personalidade originária, presente no germe embrionário" (OC 7/1, § 186), o desenvolvimento da consciência centrada no eu tem a mais alta prioridade. Nos escritos de Jung sobre o confronto do inconsciente, um eu firme geralmente é considerado um pré-requisito, e ele adverte de assumir tal empreendimento sem ele. Todavia, Jung escreveu muito pouco a respeito de como a consciência do eu desenvolve-se e de como o si-mesmo, como o fator ordenador no desenvolvimento psíquico, estimula e guia o amadurecimento apropriado do eu. Dois analistas junguianos tentaram preencher aquelas lacunas, cada um a seu modo: Erich Neumann, em Tel Aviv, e Michael Fordham, em Londres. Ao pensamento deles nos voltaremos agora, brevemente.

O conceito de Erich Neumann do eixo eu-si-mesmo

Em princípio, Neumann também parte da pressuposição de que o bebê constitui uma entidade psicofísica e que o "centro diretor" da totalidade torna-se visível durante a maturação do bebê, com suas necessidades e atividades correspondentes. Ele diferencia os conceitos de "totalidade" ou "integridade" e "si-mesmo" a ponto de compreender a integridade como unidade da psique, ao passo que vê o si-mesmo como o centro diretor que guia os processos psíquicos rumo à totalidade. Com o auxílio do si-mesmo como centro diretor, "o todo torna-se um sistema autocriativo em expansão" (Neumann, 1949, p. 287).

Já assinalamos que Neumann usava o conceito de "realidade unitária" infantil como sua resposta à controvérsia sobre se a primeira fase extrauterina deva ser considerada um estado sem objeto do narcisismo primário ou se as relações objetais postuladas por Balint são primárias. Diz Neumann:

> Nessa fase, o que existe é uma unidade primária composta da mãe e do filho. No processo de tornar-se ela mesma, a criança emerge dessa unidade com a

> mãe para transformar-se num sujeito apto a confrontar o mundo como "tu" e como objeto. [...] Mas essa realidade que abrange mãe e filho não é apenas uma realidade psíquica, é também uma realidade unitária, na qual aquilo que nossa consciência discriminante chama de "dentro" e de "fora" é idêntico para a criança. [...] Essa unidade, da qual depende a existência da criança, consiste em uma identidade biopsíquica entre corpo e mundo, no qual criança e mãe, corpo faminto e seios que aplacam a fome, tudo é uma única e mesma coisa (Neumann, 1973, p. 11-12).

Nesse campo da realidade unitária, da qual bebê e mãe participam, o si-mesmo, no sentido de Jung, é ativo como centro orientador do desenvolvimento da personalidade. Contudo, visto que a realidade unitária é somente uma "ilusão" da criança, enquanto a "realidade objetiva" é, na melhor das hipóteses, aquela de duas pessoas aparentadas, devemos ao mesmo tempo falar de um duplo aspecto do si-mesmo e de sua esfera de operações. Há, em primeiro lugar, aquele aspecto a que Neumann chama "si-mesmo corporal" do bebê. Com essa expressão, ele quer significar a "totalidade delimitada e única" da constituição física e psíquica do indivíduo, a constelação genética e a individualidade, tudo o que já está presente na unidade biopsíquica. O si-mesmo corporal dirige a vida e os processos de amadurecimento da criança por meio de suas necessidades vitais, expressas fisicamente. Ao mesmo tempo, porém, a mãe (ou a figura materna) é inevitavelmente atraída para as necessidades vitais autodirigidas e pelos processos psíquico-físicos:

> Tanto na condição uterina como na pós-uterina, a criança fica protegida pelo continente circular da existência materna, pois para a criança a mãe é, reunidos numa única entidade, si-mesmo, tu e mundo. A relação mais precoce da criança com a mãe tem um caráter único porque nela – e quase que exclusivamente nela – a oposição entre o autodesenvolvimento automórfico e a relação com o tu, que enche de tensão a existência humana, normalmente não existe (Neumann, 1973, p. 14-15).

Quando Heinz Kohut, conforme veremos, chama paradoxalmente a figura materna de "si-mesmo-objeto" (si-mesmo e objeto em uma só unidade!), creio que está descrevendo a mesma situação. O si-mesmo-objeto é experimentado como parte do si-mesmo infantil.

De acordo com Neumann, durante o primeiro ano da fase pós-uterina, há um surgimento gradativo do "si-mesmo total", no qual o "si-mesmo corporal e o "si-mesmo relacional" (presentes na mãe) tornam-se uma só coisa.

> Ao longo do desenvolvimento da criança, o si-mesmo encarnado na mãe da relação primordial, ou, para formulá-lo de

maneira mais cautelosa, o aspecto funcional do si-mesmo encarnado na mãe, que na relação primordial torna-se experiência formativa para a criança, deve gradualmente "deslocar-se" para o interior da criança (Neumann, 1973, p. 18).

Dessa forma, tendo emergido das fronteiras do relacionamento primordial, a criança começa a experimentar-se como um indivíduo distinto da mãe. Dado que as atividades do si-mesmo como centro diretor são progressivamente percebidas de dentro da própria pessoa da criança, podemos também falar desse desenvolvimento como o começo do senso de autonomia do indivíduo. Essa é tanto a origem quanto o fundamento do eu, com suas funções de consciência, o que seria inconcebível sem determinado grau de diferenciação entre opostos como eu e tu, exterior e interior etc.

Gradativamente, pois, um eu desenvolve-se como o centro da consciência. Esse eu faz parte da totalidade psíquica; graças a suas funções da consciência e de uma quantidade de energia disponível como "livre-arbítrio", ele goza de certo grau de "liberdade de decisão" (Portmann, 1958) e de autonomia. Se o desenvolvimento avança imperturbado, ali se forma o que Neumann denomina de "eu integral", porque tem a capacidade de assimilar e de integrar fatores positivos e negativos "de tal maneira que a unidade da personalidade fica preservada e não dividida em partes antagônicas" (Neumann,

1973, p. 58). Em todo caso, o eu é "descendente" do si-mesmo (o centro diretor da totalidade da psique) e, se as coisas forem bem, conserva uma relação vital com ele. Para descrever a relação entre o si-mesmo total e o eu como o centro da consciência, Neumann cunhou o termo "eixo eu-si-mesmo". O "eu integral" é sempre, portanto, a expressão de um eixo eu-si-mesmo positivo, "sendo o si-mesmo o solo no qual a psique está enraizada" (Neumann, 1973, p. 56). Em outra parte, Neumann detalhou da seguinte maneira: "O eixo eu-si-mesmo é o centro de um complexo de processos paralelos e opostos que ocorrem entre o centro diretor da totalidade, por um lado, e a consciência e o centro do eu, por outro" (Neumann, 1973, p. 45). "Falamos do eixo eu-si-mesmo porque o desenvolvimento psíquico e os processos que ocorrem entre os centros correspondentes do eu e do si-mesmo são tais que os dois centros e os sistemas às vezes se afastam e, às vezes, se aproximam um do outro" (Neumann, 1973, p. 47). Há, pois, uma ênfase constantemente em mudança. Em termos práticos, podemos entrever um esforço concentrado das funções do eu (p. ex., resolver problemas matemáticos) em um polo extremo do eixo – o polo do eu, representando o estado mais brilhante da consciência focada. Entretanto, ninguém pode manter concentração nesse nível durante muito tempo; sobrevêm a fadiga e, com ela, a ruptura da concentração por pensamentos e fantasias desfocados. O eu tem a capacidade especial de suprimir temporariamente, por meio da concentração, aqueles pensamentos, sentimentos e impulsos que possam ser disruptivos de uma tarefa imediata, apesar do fato de tais conteúdos também fazerem parte da totalidade psíquica. Com a crescente fadiga, aqueles conteúdos até então suprimidos podem entrar na consciência – ou seja, o ponto focal do eixo desloca-se em direção ao si- -mesmo, criando uma mudança no relacionamento do eu e do inconsciente: no sono, o polo do eu é temporariamente suspenso, por assim dizer.

Podemos também entrever esse processo de maneira diferente: pode-se dizer que o polo do si-mesmo chega mais perto do polo unilateral do eu, tentando restaurá-lo para a totalidade biopsíquica do indivíduo, a fim de obter "alívio" ou "equilíbrio" mediante suas rupturas da concentração. Essa intenção do si-mesmo frequentemente pareceria ser a causa dos lapsos e dos sintomas neuróticos, tomados como sinais de alienação ou distanciamento excessivos do eu em relação ao si- -mesmo. A coisa importante (para ficar com essa imagem, por enquanto) é a resistência à tração do eixo e a mobilidade desimpedida dos dois polos relativamente intactos. O eixo eu-si-mesmo positivo expressa-se em uma sensação de estar em harmonia com a própria totalidade, afirmação da própria natureza, com seus lados de luzes e de sombras – um estado que também pode ser chamado de autoconfiança realista.

Assim, um eixo eu-si-mesmo firme significa uma atitude saudável de confiança até mesmo em relação aos lados inconscientes e, portanto, incontroláveis do próprio si-mesmo, uma atitude que depende em grande parte da probabilidade de ter sido infundido um sentimento de "confiança primordial" (cf. Erikson, 1950/1963) durante o relacionamento pós-uterino mãe-filho. Por trás de casos de um eixo eu-si-mesmo avariado, Neumann vê corretamente transtornos mais ou menos sérios daquele relacionamento primordial. Esse ponto reaparecerá mais adiante em nossa discussão, visto que Neumann usa o termo "narcisismo" em conexão com tais transtornos. Neste capítulo, também compararemos o conceito do eixo eu-si-mesmo de Neumann e o conceito de "si-mesmo bipolar" de Kohut. Em primeiro lugar, porém, devemos examinar brevemente os conceitos do si-mesmo e do eu desenvolvidos por Michael Fordham dentro da moldura da psicologia analítica pós-junguiana.

O si-mesmo primário (Michael Fordham)

A observação de que o bebê, após o nascimento, é uma criatura não apenas fisicamente separada de sua mãe, mas também separada em termos de aspectos psíquicos da experiência, ação e reação, levou Michael Fordham a apresentar outra perspectiva sobre a ideia original de Freud de um narcisismo primário. Em sua opinião, os bebês dão a todo observador uma compreensão intuitiva para a qual a palavra "narcisismo" é muito apropriada. "Ele (o bebê) parece autônomo, autocentrado ou de algum modo íntegro e, poder-se-ia dizer, enamorado de si mesmo" (Fordham, 1976, p. 50). Contudo, por uma série de razões, Fordham prefere a ideia de um si-mesmo primário ao conceito de narcisismo primário.

O si-mesmo primário é a totalidade psicossomática do bebê, que deve ser entendida como "uma entidade em si mesma, da qual se podem derivar os processos maturativos" (Fordham, 1969, p. 29). Fordham compreende essa entidade primordial ou original como "a base sobre a qual repousa a noção de identidade pessoal e da qual a individuação procede" (Fordham, 1969, p. 29). "A concepção do si-mesmo como uma entidade primária, a soma dos sistemas parciais e a introdução da ideia de que poderiam deintegrar-se do si-mesmo e depois reintegrar-se podem tornar compreensível a possibilidade de tratar a criança pequena como uma unidade separada de seus pais" (Fordham, 1969, p. 100).

A observação do bebê como uma criatura independente e integral já não se aplica, porém, tão logo haja desconforto devido à fome e manifeste-se o impulso para satisfazer essa necessidade. Por essa razão, Fordham vê a situação de alimentação como, em certo sentido, um distúrbio da unidade do bebê por meio de "descargas deintegradoras". Uma vez que a necessidade de alimento, contato corporal e calor do bebê tenha sido satisfeita, o processo de reintegração recomeça; o bebê torna-se novamente contente e autossuficiente e pouco a pouco volta a dormir. Esse é um exemplo simples daqueles processos nos quais partes do si-mesmo deintegram-se e depois se reintegram a ele uma vez mais. O bebê, em nosso exemplo, aprendeu ao mesmo tempo que situações de tensão podem mudar-se em gratificação de alívio de tensão; experimentou qual é a sensação de algo que, do ponto de vista adulto, pode ser o mamilo, a mão, a pele ou o contato visual. Consequentemente, a deintegração torna possível a "experiência de vida" que serve aos fins de diferenciação e de maturação; essa experiência é, em seguida, reintegrada ao si-mesmo. Deintegração e reintegração são, assim, a base dos processos de amadurecimento organizados no si-mesmo. Fordham vê ampla evidência para fatores organizacionais inerentes no si-mesmo, sendo estes a base dos primeiros padrões de comportamento infantil; essa opinião é confirmada por Bowlby (1969), Tinbergen (1951) e Spitz (1960). Dessa perspectiva, a mãe não ensina ao bebê suas necessidades e a gratificação delas; ao contrário, ela satisfaz as necessidades que são inerentes ao si-mesmo do bebê.

Naturalmente, a figura da mãe é atraída para as atividades do si-mesmo infantil como parte de seu próprio mundo. "Não há nenhum seio 'lá fora', e o bebê só pode experimentar sua mãe ou, antes, as partes dela que ele contata, como autorrepresentação" (Fordham, 1969, p. 113). À medida que o desenvolvimento avança, a deintegração do si--mesmo também implica a diferenciação de impulsos simples em componentes opostos, pelos quais a criança progressivamente divide sua experiência em objetos "bons" e "maus", a depender de se eles oferecem satisfação ou descontentamento. "A natureza resultante do objeto é 'tudo ou nada': a satisfação é deliciosa e o desgosto catastrófico" (Fordham, 1969, p. 115). Aqui se pode ver a proximidade do bebê ao estado de entidade total; essas são expressões totais, que em primeiro lugar referem-se somente aos assim chamados "objetos parciais", tais como o "seio bom", quando oferece satisfação, e o "seio mau", quando é retirado ou ameaça asfixiar a criança. É apenas na segunda metade do primeiro ano de vida que amadurece, pouco a pouco, sua capacidade de perceber a mãe como uma pessoa separada que tem características tanto "boas" quanto "más". Por meio dessa transição, a criança também se torna vagamente consciente de sua própria dependência da mãe, o que, por sua vez, é a base para sua nascente capacidade de experimentar a si mesma como entidade autônoma.

O bom êxito desse desenvolvimento, diz Fordham, depende em parte da "dispensação empática de cuidado da mãe ao seu bebê". Ele enfatiza – e posteriormente ouviremos afirmação semelhante de Kohut – que a mãe está predisposta a tratar seu bebê como uma pessoa, ou seja, instintivamente faz contato com o si-mesmo infantil, dando-lhe realidade física e psíquica. Ao mesmo tempo, de acordo com Fordham, "ela também precisa restabelecer o sentimento de que ele é parte dela própria" (Fordham, 1969, p. 116) – o que a criança, de fato, era no período pré-natal. No melhor dos casos, isso dá à mãe a possibilidade não apenas de cuidar do bebê como uma pessoa distinta, mas também de sentir-se empática com a situação dele. "A unidade do si-mesmo é, assim, substituída pela unidade mãe-bebê" (Fordham, 1969, p. 116). Fordham escreve mais adiante: "Cuidando com carinho e empatia do filho, a mãe cria a base para a sensação de confiança da qual nasce a noção de identidade individual em um ambiente seguro e confiável" (Fordham, 1969, p. 116). Isso nos aproxima do que E. H. Erikson denominou "confiança primordial" (Erikson, 1950/1963).

Dessa forma, o si-mesmo primário, como a entidade original, levou a uma identidade simbiótica com a mãe mediante a deintegração. Deve-se recordar aqui que Margaret S. Mahler e colaboradores também observaram durante as primeiras semanas pós-natais o que ele chama de uma fase "autista normal", que precede a simbiose mãe-filho (Mahler et al., 1975). A partir desta, gradativamente se desenvolve uma consciência rudimentar da mãe como uma pessoal integral, com atributos bons e ruins, e do si-mesmo e de sua dependência. A essa altura, podemos falar do começo do eu como o centro da consciência, o qual agora assume um papel principal na integração ulterior, um assunto de que não podemos continuar a tratar na atual circunstância.

Na opinião de Michael Fordham e de sua escola de psicologia analítica londrina, portanto, o si-mesmo é uma totalidade presente no nascimento, que progressivamente se diferencia em configurações arquetípicas separadas no inconsciente e um centro de consciência, o eu. Os vários centros arquetípicos que agem no inconsciente, as imagens deles e as funções mais ou menos cônscias do eu sempre permanecem partes do si-mesmo (cf. Lambert, 1981, p. 194). Aqui, Fordham envolve-se em controvérsia com as inconsistências lógicas nas definições do si-mesmo oferecidas por Jung e Neumann. Ele argumenta da seguinte maneira: se o si-mesmo é compreendido como a totalidade, então deve-se concluir que os arquétipos do inconsciente coletivo e o eu são partes do si-mesmo. Se assim for, porém, não podemos, então, falar do si-mesmo como um arquétipo, como o faz reiteradamente Jung, pois isso significaria que é apenas um entre muitos outros arquétipos, e cessa de ser a totalidade da psique. Ainda mais ilógico, segundo esse raciocínio, é a ideia de Neumann do eixo eu-si-mesmo, o qual implica que o si-mesmo é um polo do eixo contra o polo do eu, oposto mas equivalente, e, assim, não pode ao mesmo tempo ser a totalidade da psique (Fordham, 1963, p. 12-38).

Do ponto de vista da experiência psíquica, porém, é fato que a dinâmica dos fatores organizadores no si-mesmo pode ser experimentada pelo eu; e que o eu, em vários aspectos, sente-se como sendo ordenado e orientado por uma autoridade autônoma, interior. É também necessário que o eu se diferencie do si-mesmo a fim de não cair no que pode ser, em algumas circunstâncias, uma perigosa presunção. Fordham reconhece as experiências do si-mesmo que o eu é capaz de ter, as quais podem estar ligadas a ideias e imagens da divindade; contudo, ele reserva-lhes a expressão "arquétipo central da ordem", que ele compreende como um "sistema parcial no si-mesmo".

Parece-me que a dificuldade teórica reside na incerteza de dever ou não considerar o si-mesmo a totalidade da personalidade ou apenas o centro no qual processos psíquicos manifestos são "organizados". Jung usa o termo "si-mesmo", de forma bastante livre, em ambos os sentidos, enquanto Neumann diferencia entre os termos "si-mesmo" e "totalidade", definindo o si-mesmo como o centro dirigente de uma totalidade criativamente em expansão. Em essência, Fordham, creio, está visando aos mesmos problemas, mas usando uma terminologia complementar à de Neumann: ele compreende o si-mesmo como a totalidade psicossomática e designa o centro diretor como o arquétipo central que, em sua opinião, pode ser considerado o fator que organiza o inconsciente. O arquétipo central de Fordham exerce papel maior no desenvolvimento do eu do que outros arquétipos; está relacionado à experiência de totalidade do eu e, consequentemente, expressa-se em ampla gama de símbolos da totalidade (cf. Fordham, 1963, p. 36).

Eu sugeriria que aquilo considerado o arquétipo central por Fordham é aquele aspecto do si-mesmo que se manifesta de alguma forma à experiência consciente. Entretanto, qualquer que seja a terminologia que escolhamos, conforme Jung enfatizou repetidamente, é da própria natureza do si-mesmo não poder ser definido de forma clara pela consciência. O conceito com o qual me sinto mais confortável é o de que o si-mesmo é um fator ordenador central irrepresentável, que é a base do equilíbrio psíquico e, em última instância, do desenvolvimento e da evolução psíquica.

O conceito psicanalítico do si-mesmo como autorrepresentação

Conforme já observamos, o conceito do si-mesmo foi introduzido na psicanálise em 1950 por

Heinz Hartmann. Tornara-se necessário que a psicanálise fizesse a distinção entre o eu como um elemento na teoria estrutural (em contraste com o id e o supereu) e a locução "mim mesmo" como pessoa empírica. O que se quer denotar quando Hartmann (ou um psicanalista em geral) usa o termo "si-mesmo" é a assim chamada "autorrepresentação" como oposta a uma "representação objetal" (cf. Hartmann, 1964, p. 127)[7]. Nesses termos, meu "si-mesmo" é a maneira pela qual empiricamente experimento a mim mesmo, as ideias – conscientes ou inconscientes – que tenho acerca de mim mesmo. Por conseguinte, a autorrepresentação é o modo segundo o qual eu-como-pessoa sou representado em minha própria mente – em contraste com representações de pessoas ou de coisas que não são eu mesmo, ou seja, "objetos" (no sentido junguiano, isso pode ser definido como "experiência subjetiva e introspectiva do eu, ou seja, do 'si-mesmo próprio'" – cf. Gordon, 1980, p. 254).

As teorias psicanalíticas do desenvolvimento fornecem descrições dos processos extremamente complexos que conduzem da fusão inicial de autoimagens parciais e imagens objetais a autorrepresentações e representações objetais mais ou menos

---

7. Deve-se observar, porém, que Hartmann usa o termo "si-mesmo" com referência à pessoa total, corpo e partes corporais do indivíduo, assim como à organização psíquica geral. No que se segue, no entanto, lidaremos com as ideias mais ou menos cônscias do indivíduo acerca de si mesmo, ou seja, aquela autorrepresentação psíquica de tal pessoa.

bem circunscritas, experimentadas tanto emocional quanto cognitivamente (cf. Jacobson, 1964). Margaret Mahler sugere que uma percepção estável da própria unidade e dos limites do si-mesmo é conquistada por volta do terceiro ano de vida – é claro, contanto que tal desenvolvimento aconteça sem perturbações. A imagem interior do próprio si-mesmo, ou seja, a autorrepresentação, deriva de duas fontes:

> Primeiro, de uma consciência direta de nossas experiências interiores, nossas sensações, nossos processos emocionais e de pensamento, nossa atividade funcional; e, segundo, de autopercepção e introspecção indiretas, ou seja, da percepção de nosso si-mesmo corporal e mental como objeto (Fenichel, 1945 como citado em Jacobson, 1964, p. 20).

A percepção indireta é influenciada em grande parte pelo "comportamento especular" das primeiras figuras do ambiente infantil do indivíduo – uma pressuposição decisiva para a compreensão do narcisismo à qual continuaremos a retornar no curso deste estudo. Conforme Jacobson observa, e com razão, por esse motivo nossas autorrepresentações jamais podem ser estritamente "conceituais", visto que "permanecem sob a influência de nossas experiências emocionais subjetivas até mesmo mais do que as representações objetais" (Jacobson, 1964, p. 20). Em outras palavras, minha ideia de mim mesmo pode estar mais ou menos de acordo com a realidade e ser flexível o suficiente para estimular-me a uma autocrítica construtiva. Mas também pode conter uma imagem de mim mesmo distorcida, ostentosa ou subestimada, hesitante ou instável, caso em que minha autopercepção e certamente minha autoavaliação serão um tanto disturbadas. Isso seria uma fonte dos transtornos narcíseos que discutiremos mais adiante.

Constância do objeto

De modo simultâneo à formação de uma autorrepresentação relativamente unificada, dá-se o começo do que os psicanalistas chamam de "constância do objeto":

> No estado de constância objetal, o objeto de amor não será rejeitado ou trocado por outro caso não possa mais proporcionar satisfação; quando esse estado predomina, o objeto ainda é desejado e não rejeitado (odiado) como insatisfatório por estar ausente (Mahler et al., 1975, p. 110).

Em termos práticos, a crescente constância do objeto – que, de acordo com Maher, não parece acontecer antes do terceiro ano – significa que "a mãe pode ser substituída durante sua ausência física, pelo menos em parte, pela presença de uma imagem interna confiável que permanece relativamente estável" (Mahler et al., 1975, p. 110), e isso independe da necessidade instintual ou do desconforto interno. "Com base nessa aquisição, a separação temporária pode ser estendida e mais bem tolerada" (Mahler et al., 1975, p. 110).

Essa constância objetal, oriunda de um complexo processo que envolve todos os fatores do desenvolvimento psíquico, implica igualmente para um adulto a capacidade de conservar imagens dos "outros relevantes" mesmo quando não estão fisicamente presentes. "Longe dos olhos, longe do coração" é um adágio apropriado para pessoas que não alcançaram o grau de maturidade que produz a constância objetal. Esse estado de ser, que tendemos a dar por descontado e é a base de todas aquelas virtudes que caracterizamos como lealdade e confiança no mais amplo sentido, repousa sobre uma linha complexa e vulnerável de desenvolvimento da qual não podemos tratar aqui em muitos detalhes. No entanto, deve-se observar que o conceito de constância do objeto também inclui a capacidade de manter o atributo que distingue nossos sentimentos em relação aos outros relevantes, apesar de hesitações ocasionais. Isso implica certo grau de confiabilidade emocional, que é o fundamento para a conservação de relações humanas.

No processo analítico, portanto, é imensamente importante que o analista não esteja sujeito a flutuações extremas em seus sentimentos em relação a um psicanalisando. Tais flutuações apenas alimentam a ansiedade sentida por muitos clientes de que o analista pode não ser o mesmo em relação a eles na próxima sessão, que pode "abandoná-los" – em si, um problema de constância objetal. Somente em uma atmosfera de estabilidade ativa é que processos maturativos podem florescer, estimulando a diferenciação das autorrepresentações e das representações objetais.

O eu

Na visão psicanalítica, a instauração nem que seja de uma identidade rudimentar, de um sentimento do si-mesmo em contraste com tudo o que é "não si-mesmo", não é idêntica ao desenvolvimento do eu, embora lhe esteja intimamente associada. É difícil dar uma definição do que se compreende com o termo "eu" na teoria estrutural de Freud e nos desdobramentos subsequentes. No sentido mais amplo, pode ser compreendido como a representação do princípio de realidade na psique, que exige ampla série de funções. Heinz Hartmann enfatiza esse aspecto das funções do eu: "Não absolutamente apenas a 'consciência' ou o 'sentimento' do próprio si-mesmo. Em análise, o eu é um conceito de ordem bem diferente. É uma subestrutura da personalidade e é definido por suas funções" (Hartmann, 1964, p. 114).

As funções do eu que foram mais exaustivamente investigadas pela psicanálise em primeiro lugar são aquelas de suas defesas (em geral inconscientes) contra aquelas forças instintivas vistas como danosas ou perigosas do ponto de vista da realidade (A. Freud, 1973). Hartmann ressaltou, porém, que nenhum analista jamais tentou compilar uma lista completa das funções do eu, visto que tal lista seria muito longa. Uma divisão tosca em funções "organizadoras" e "inibidoras" pode ser útil. Entre as funções organizadoras estariam as tendências coordenadoras e integradoras no pensamento e na ação, juntamente com a capacidade diferenciadora da consciência. Freud considerava a ação orientada para uma meta como uma função do eu, em contraste com mera descarga motora. Quanto ao pensamento, Freud considerava-o uma ação de experimentação levada a cabo com pequenas quantidades de energia psíquica. O eu tenta incluir "teste de realidade" em suas operações. Contudo, entende-se que tanto o pensar quanto o agir teriam um elemento inibidor destinado a retardar a descarga; isso favorece uma forma de ajustamento mais precisa e mais segura ao "introduzir um fato de crescente independência em relação ao impacto imediato dos estímulos atuais" (Hartmann, 1964, p. 115). O controle é uma função importante do eu. Hartmann também afirma que "outra série de funções que atribuímos ao eu é o que chamamos de o caráter de uma pessoa" (Hartmann, 1964, p. 115).

De tudo o que foi mencionado, podemos colher o seguinte: as funções do eu, caso devam ser ajustadas à realidade, exigem diferenciação não apenas cognitiva mas também afetivo-emocional do si-mesmo e do não-si-mesmo, da própria experiência e da dos outros, da autorrepresentação e da representação objetal. Jacobson salientou acertadamente que o estabelecimento do sistema do eu começa com a descoberta do mundo de objetos e da crescente diferenciação entre ele e o próprio si--mesmo físico e psíquico de uma pessoa (Jacobson, 1964, p. 19). Isso nos ajuda a compreender que muitos escritores psicanalíticos entendem o si-mesmo como um "conteúdo do eu". É a imagem do meu si-mesmo, com sua tonalidade afetiva, percebida – de forma consciente ou inconsciente – por meu eu que, então, "funciona" na vida de acordo com essa imagem (Kernberg, 1975).

A propósito da psicologia do si-mesmo nas obras de Heinz Kohut

Seja como for, o eu é um conceito de teoria estrutural psicanalítica, conforme elaborado por Freud, e caracterizado por certo grau de abstração. Isso estava em consonância com o contínuo desejo de Freud de explicar e iluminar o pano de fundo da experiência psíquica ao tentar encaixar cada instância específica de experiência na teoria psicológica geral. Em sua opinião, somente tal procedimento constituía "ciência". Seu interesse científico estava focado não na qualidade e nas nuanças da experiência como tal – que são acessíveis ao estranho apenas por meio da empatia –, mas antes no contexto funcional subjacente de um mecanismo psíquico. Isso não é negar a Freud um alto nível de empatia e de capacidade introspectiva, algo que claramente desempenhou papel importante em seu trabalho como analista (cf. Cremerius, 1982). Na análise final, ao cabo das contas, muitas de suas descobertas psicanalíticas estavam baseadas em intuições muito diferenciadas dentro de seus próprios estados interiores. No entanto, do ponto de vista científico, sua preocupação principal era descobrir e descrever os mecanismos que estão por trás de determinada experiência e que servem como sua fonte e seu fundamento.

Contrastando com essa abordagem, Heinz Kohut baseia seus métodos investigativos na empatia e na introspecção. Sua meta é localizar em si mesmo as experiências da introspecção de seus clientes. Desse modo, ele é capaz de chegar a um relacionamento empático com eles. Para ele, a compreensão psicológica deve derivar da atitude introspectivo-empática, ou pelo menos estar em consonância com ela.

O recurso consistente a uma abordagem empática levou-o à conclusão de que vários fenômenos essenciais que ele sutilmente percebeu durante o trabalho analítico, em grande medida com pessoas com transtornos narcisísticos, não podiam ser classificados sob o sistema teórico tradicional da psicanálise. Ele se sentiu forçado a introduzir uma nova visão do si-mesmo, diferente das formulações psicanalíticas anteriores:

> Nós (psicanalistas) devemos aprender a pensar alternativamente, ou mesmo simultaneamente, em termos de dois esquemas teóricos; [...] devemos, em assonância com o princípio psicológico da complementariedade, reconhecer que uma compreensão dos fenômenos encontrados em nosso trabalho clínico – e além – exige duas abordagens: uma psicologia na qual o si-mesmo é visto como o centro do universo psicológico e uma psicologia na qual o si-mesmo é visto como um conteúdo do mecanismo mental (Kohut, 1977, p. XV).

Deve-se observar aqui que a introdução de um conceito do si-mesmo como "o centro do universo psicológico" tem consequências muito importantes para qualquer perspectiva psicológica. Envolve nada menos do que a introdução de uma psicologia da "Ganzheit" – de uma psicologia da totalidade psíquica – na psicanálise. Mas, independentemente de sua proximidade em relação ao conceito do si-mesmo de Jung, parece-me que essa nova visão de Kohut tem também seus antecedentes dentro do campo psicanalítico. Há, acima de tudo, D. W. Winnicott, cuja descrição de processos psíquicos está também baseada na mais sutil empatia com a experiência de seus clientes. Por razões terapêuticas, ele achou necessário descrever o que denominava de "falso si-mesmo", enquanto afirmava que "faz pouco sentido formular a ideia de um Verdadeiro Si-Mesmo [...] porque ela nada mais faz do que juntar os detalhes da experiência da vida" (Winnicott, 1965, p. 148). Em outro ponto, ele diz:

> O bebê começa pela existência, não pela reação. Aqui está a origem do Verdadeiro Si-Mesmo. [...] O gesto espontâneo é o Verdadeiro Si-Mesmo em ação. Somente o Verdadeiro Si-Mesmo pode ser criativo, e somente o Verdadeiro Si-Mesmo pode sentir-se real (Winnicott, 1965, p. 148).

Contudo, Winnicott jamais estruturou inteiramente suas opiniões sobre o si-mesmo, mas deu-lhes suportes teóricos detalhados. Por consequência, Kohut é considerado o fundador de uma nova teoria psicanalítica do si-mesmo, e essa teoria trouxe uma psicologia da "Ganzheit" para dentro da psicanálise. Ela leva em consideração o fato de que, embora um indivíduo possa parecer um campo de batalhas de pulsões e impulsos mutuamente hostis, em essência ele se experimenta como uma pessoa integral. Kohut escreve:

> Sempre que observamos uma pessoa que se empenha pelo prazer ou persegue propósitos vingativos ou destrutivos (ou que está em conflito a respeito de tais escopos ou a eles se opõe), é possível discernir um si-mesmo que, embora inclua impulsos (e/ou defesas) em sua organização, tornou-as uma configuração

supraordenada cuja importância transcende a da soma de suas partes (Kohut, 1977, p. 97).

Dessa perspectiva, aqueles impulsos que a psicanálise havia anteriormente considerado primários, com suas fatídicas linhas de desenvolvimento, estão subordinados a um autoconhecimento. A experiência clínica de Kohut ensinou-lhe, por exemplo, que o que ele antigamente teria visto como fixação de um impulso no nível oral no caso de graves transtornos de personalidade, muitas vezes deve ser entendido como um fenômeno secundário, visto que não é

> nem geneticamente o foco primário da psicopatologia, nem dinâmico-estruturalmente o foco que está mais situado no centro. O si-mesmo da criança é que, em consequência das reações empáticas bastante disturbadas dos pais, não se estabeleceu de maneira firme, e é o si-mesmo debilitado e propenso à fragmentação que (na tentativa de reassegurar-se de que ainda está vivo, mesmo que exista absolutamente) se volta de maneira defensiva para metas de prazer mediante a estimulação de zonas erógenas e, em seguida, secundariamente, leva à orientação pulsional oral (e anal) e à escravização do eu a escopos pulsionais relacionados às zonas do corpo estimuladas (Kohut, 1977, p. 74).

No mundo psicanalítico, quer seja completamente nova, quer não, parece-me que essa perspectiva é da maior importância, em especial do ponto de vista psicoterapêutico. Por trás de compulsões orais, tais como o alcoolismo ou a compulsão alimentar, muitas vezes existe a necessidade de obter a sensação de sentir-se vivo. Um gosto excessivo por doces é frequentemente interpretado como uma gratificação substitutiva de necessidades sexuais no nível oral; em minha experiência, porém, costuma também refletir uma ânsia por "tornar a vida mais doce", especialmente nos casos em que o indivíduo não consegue encontrar nada que valha a pena em si mesmo, quando tudo parece seco e vazio, e não há ninguém cujo cuidado possa dar ao indivíduo um sentimento de autoestima.

Se, como afirma Kohut, o si-mesmo deve ser visto como o fato central, organização na vida psíquica, parece relevante perguntar se um si-mesmo rudimentar pode ser observado desde o nascimento ou se, em primeiro lugar, devem-se dar determinados passos do desenvolvimento. As opiniões de Kohut sobre o assunto parecem permitir dupla resposta.

De um lado, em resposta a essa questão, Kohut pressupõe que o ambiente humano de um bebê reage mesmo ao mais tenro bebê "como se ele já tivesse formado tal si-mesmo" (Kohut, 1977, p. 99). Por outro lado, porém,

> devemos pressupor – com base na informação disponível por meio do tra-

balho de neurofisiologistas – que o bebê recém-nascido não pode ter nenhuma consciência refletiva de si mesmo, que ele não é capaz de experimentar a si mesmo, ainda que vagamente, como uma unidade, coesa no espaço e duradoura no tempo, a qual é um centro de iniciativa e um recipiente de impressões (Kohut, 1977, p. 99).

Por outras palavras, o bebê parece incapaz de experimentar subjetivamente a si mesmo como um "si-mesmo", embora as pessoas, em seu ambiente, tendam a vê-lo como uma pessoa em miniatura. No sentido biológico, é certo que o bebê é uma entidade; mas no sentido psicológico, de acordo com Kohut, ainda não há fantasias que possam ser formuladas de modo distinto, conforme a escola de psicologia de Melanie Klein presume que existam. Kohut acredita que a experiência do bebê na fase mais precoce da vida pode ser expressa somente em termos de tensão e de seu aumento ou sua diminuição.

Mesmo assim, existe a questão de se não devemos supor a existência de um "si-mesmo virtual" no nascimento, um si-mesmo *in statu nascendi* ["em estado de nascença"]. O bebê, incapaz de perceber a si mesmo como unidade coesa, desde o princípio encontra-se entretecido em um ambiente que o experimenta como se já "tivesse" um si-mesmo. Consequentemente, diz Kohut, no melhor dos casos, o "outro cuidador" do bebê antecipa a autoconsciência posterior dele. Durante as atividades de cuidados da criança, a mãe (ou mãe substituta) relaciona-se de vários modos com as partes do corpo do bebê (com suas percepções sensoriais), com a sensação de que todas essas partes do corpo pertencem ao si-mesmo total do seu filho. Ela denomina as partes individuais do corpo e diferencia os movimentos separados do bebê, mas repetidamente relaciona-se com a criança como um todo. Não apenas tudo isso serve para satisfazer as necessidades instintuais do bebê, como também, ao mesmo tempo, a atenção está sendo dada, o que Kohut – como Winnicott antes dele – caracteriza como "espelhamento". A atenção e o cuidado empáticos fornecem ao bebê um espelho, por assim dizer, no qual ele pode progressivamente chegar a reconhecer e experimentar a si mesmo como uma entidade total, um si-mesmo.

A figura da mãe, que cumpre essa função de espelhamento, é chamada por Kohut de "si-mesmo-objeto". Ele usa esse termo paradoxal para denotar pessoas no ambiente do bebê que são experimentadas como se fossem partes do seu próprio si-mesmo. Como é natural, esse é o caso da primeira infância, quando "eu e tu", si-mesmo e objeto, não podem ser discriminados nem cognitiva nem emocionalmente. Nesse sentido, a designação "si--mesmo-objeto" pareceria bastante apropriada[8].

---

8. Em sua obra posterior, Kohut expande de maneira considerável seu conceito do si-mesmo objetal (cf. sexto capítulo, p. 285ss.

Como consequência da falta inicial de limites para o si-mesmo, o bebê experimenta a si mesmo e a seu ambiente como vastos e todo-poderosos – algo que Freud descreveu como a "onipotência do pensamento". O bebê experimenta sua mãe, por exemplo, tanto quanto o faz com a própria mão. Contudo, mesmo quando vai se desenvolvendo um reconhecimento cognitivo da mãe como uma pessoa separada de si mesmo, o bebê experimenta-a emocionalmente – desde que ela pareça estar presente apenas para o bem-estar da criança – como pertencente a seu si-mesmo. Na linguagem da psicologia pulsional, ele está investido da "libido narcisística".

Duas linhas cruciais de amadurecimento são essenciais para a formação ulterior de um si-mesmo coerente como a base para nossa percepção de nós mesmos como um "centro independente de iniciativa e receptor de impressões", constituindo uma "unidade coesa no espaço e duradoura no tempo". Primeiro, há o importante pré-requisito de que a onipotência mágica da criança e suas atividades "exibicionistas" espontâneas sejam recebidas pela mãe (como si-mesmo-objeto) com prazer e espelhamento empático. "O brilho nos olhos da mãe" é uma expressão que Kohut repete nesse contexto. Os desencantos gradativos e inevitáveis das necessidades ilimitadas da criança possibilitam que as fronteiras cristalizem-se vagarosamente, compondo a possibilidade de que as fantasias de onipotência e a fome de admiração enfim possam amadurecer em ambições apropriadas e em autoestima realista. Sob condições excelentes, a figura materna especular (como si-mesmo-objeto) será gradualmente internalizada. Dito de outra maneira, a empatia maternal mais favorável lança o fundamento para o desenvolvimento de uma autoestima saudável, a qual permite que o indivíduo capte seu apropriado "lugar ao sol" e defenda-o sem ambição obsessiva, mas também sem inibição, vergonha ou sentimento de culpa por ser "visto" ou por expor-se. Parece-me que a necessidade de ter *status*, de ser bem reconhecido neste mundo, de gozar de prestígio remete, de alguma forma, àquele "brilho nos olhos da mãe".

Todos nós carecemos de reiterado reconhecimento de nossa existência e de nosso valor; conforme o formula propositadamente Eric Berne, precisamos de certo número de "unidades de carinho". Kohut compara de modo certeiro a reação emocional com o oxigênio de que nossos sistemas físicos tão vitalmente precisam (Kohut, 1977, p. 253). Entretanto, quando há excessiva dependência de constante reconhecimento e admiração, quando há um vício virtual em interminável "alimentação" narcisística, então é óbvio que os limites de um narcisismo sadio foram ultrapassados. O que temos, então, ao contrário, é um indício de que a autoestima do indivíduo é instável e perturbada, de que há tendência à vulnerabilidade narcísea, pela qual a coerência do si-mesmo é às vezes experimentada como estando ameaçada.

Como consequência, aquela linha de amadurecimento do si-mesmo, que tem sua origem na necessidade de espelhamento empático do "si-mesmo-objeto-mãe", é o que normalmente é considerada narcisística. Trata-se de uma medida essencial de autoconfirmação.

No entanto, de acordo com Kohut, algo mais também acontece durante a formação do si-mesmo. Não apenas o si-mesmo nascente quer realmente ser admirado pelo si-mesmo-objeto, *mutatis mutandis* ele experimenta também o si-mesmo-objeto (mãe ou pai) como onipotente e perfeito. Contudo, visto que nesse estágio o bebê pouco consegue diferenciar o si-mesmo-objeto de si mesmo, a perfeição do primeiro também significa a perfeição do último. Em resumo, há uma fusão com o si-mesmo-objeto idealizado, o qual é percebido como todo-poderoso e perfeito. O desencanto paulatino quanto ao fato de que nossos pais da vida real não são nem onipotentes e onniscientes, nem perfeitos, no fim de contas, pode produzir uma "internalização transmudante", criando estruturas que formam a matriz para o desenvolvimento de ideais. O processo de emancipação gradual em relação ao si-mesmo-objeto, o "outro cuidador" tão necessário, em primeiro lugar, para a sobrevivência e, depois, para a regulamentação da autoestima, de modo que a criança possa sentir que é "completa", termina somente com a internalização dos valores parentais no supereu – a "idealização do supereu", conforme o formula Kohut – e o declínio do complexo de Édipo (Köhler, 1978, p. 1.021).

Em outras palavras, o sentimento de autoestima também pode ser gerado e conservado mediante um processo no qual, a partir da fusão infantil com o si-mesmo-objeto idealizado, são formados ideais que ao indivíduo parecem dignos de que se engaje por eles. Exemplos óbvios desse processo são pessoas que se dedicam completamente a tarefas que percebem como dignas e significativas, que estão inteiramente absortas em uma questão (ou causa ou empreendimento) vista como "maior" e "mais elevada". Via de regra isso não é feito, de modo consciente, para melhorar a autoestima ou o prestígio, mas antes por dedicação a algo suprapessoal – uma ideia científica, artística, religiosa ou social – que confere sentido à vida do indivíduo. Tais ideais mostram suas origens em si-mesmos-objetos idealizados, nisso que às vezes são personificados na forma de indivíduos admirados ou de figuras de liderança de todo tipo. Parece que a dedicação a ideais suprapessoais, pelo contrário, nada tenha em comum com o que geralmente se compreende com o termo narcisismo. Não obstante, esse processo também serve para preservar o equilíbrio narcíseo – que Kohut também caracteriza como a coerência do si-mesmo. Em resumo, a coerência do si-mesmo também pode surgir por meio da fusão com o si-mesmo-objeto idealizado e pode ser mantida mediante a formação de ideais.

Na opinião de Kohut, existe uma transformação gradual do si-mesmo "ostentoso" arcaico e dos ideais "onipotentes" arcaicos. No caso de um desenvolvimento sadio, o que assume o lugar deles são ambições realistas e ideais maduros, respectivamente. Ele entende que o si-mesmo resultante no fim desse desenvolvimento é bipolar: um polo que opera com ambição pulsional e o desejo de admiração, e um segundo polo que opera com metas e ideais significativos. A "tensão gradual" entre esses dois polos é regulada pelo campo dos talentos e habilidades. Idealmente, esses dois pontos do si--mesmo trabalham juntos, de modo que impulsos poderosos e espontâneos sejam mantidos dentro de limites realistas e voltados para metas consideradas tanto significativas quanto dignas. No fim de seu livro *A restauração do Self*, Kohut escreve:

> Minha investigação contém centenas de páginas que tratam da psicologia do si-mesmo – contudo, jamais atribui um significado inflexível ao termo "si-mesmo", nunca explica como a essência do si-mesmo deveria ser definida. Mas eu admito esse fato sem arrependimento ou vergonha. O si-mesmo […] como toda realidade […] não é cognoscível em sua

essência. Não podemos, por introspecção e empatia, penetrar o si-mesmo *per se*; somente suas manifestações psicológicas percebidas introspectiva e empaticamente estão abertas para nós (Kohut, 1977, p. 310-311).

Essa afirmação deixa claro que as opiniões de Kohut sobre o si-mesmo são bastante próximas das ideias de Jung a respeito do assunto. Parece útil, a esta altura, arriscar algumas observações comparativas.

Comparação entre os vários conceitos do si-mesmo

Para começar, façamos uma revisão dos pontos centrais sobre os quais se baseiam os vários conceitos do si-mesmo.

De acordo com Kohut, dentro da psicanálise é necessário distinguir entre a ideia psicanalítica tradicional do si-mesmo em sentido estrito e a nova visão do si-mesmo – introduzida por ele – como o centro do universo psíquico. A primeira, desde a obra de Heinz Hartmann, tem ficado essencialmente confinada à autorrepresentação (isto é, como nossa própria pessoa é representada em nossa própria autoimagem) em contraste com representações de objetos. Autores psicanalíticos (Hartmann, 1964; Jacobson, 1964; Mahler et al., 1975, e outros) consideram o si-mesmo – no sentido da autorrepresentação – um conteúdo do eu, ou do mecanismo psíquico que consiste de id, eu e supereu.

Kohut, contudo, introduziu um conceito mais amplo do si-mesmo. Essa nova visão torna possível compreender o desenvolvimento da personalidade e de seus transtornos do ponto de vista de uma potencial totalidade da personalidade que poderia desenvolver-se em condições ambientais favoráveis. Muito tempo antes de Kohut, D. W. Winnicott sugeriu uma visão semelhante de uma maneira mais intuitiva, mas jamais a expandiu teoricamente em uma psicologia do si-mesmo. Seguidor de Winnicott, M. R. Khan, em obra de 1974, na qual não menciona Kohut, fala de duas maneiras pelas quais o terapeuta relaciona-se com o cliente: uma, a maneira psicanalítica clássica, é a interpretação das comunicações verbais do ponto de vista do conflito estrutural (eu, id e supereu) e da transferência; a ordem está ligada à ideia de Winnicott de "sustentação" ["holding"] na qual o "verdadeiro si-mesmo" desenvolve-se sem precisar de demasiada proteção da parte das funções defensivas de ajustamento do "falso si-mesmo". Khan escreve:

> Mediante uma sustentação psíquica, afetiva e ambiental da pessoa do cliente na situação clínica, eu faço avançar determinadas experiências que não posso prever ou programar, não mais do que o consegue o cliente. Quando estas se tornam realidade, são surpreendentes, tanto para o cliente quanto para mim, e liberam novos processos bastante inesperados no cliente (Khan, 1974, p. 295).

Os processos sobre os quais Khan escreve estão obviamente implicados nos fatores organizadores do si-mesmo como centro do universo psíquico. O eu não prevê nem programa tais processos; antes, são experiências surpreendentes para o eu.

Isso nos aproxima muito das opiniões de C. G. Jung, para quem o si-mesmo é um fato experiencial muito "superior" à consciência centrada no eu. Na opinião de Jung, o si-mesmo é a inteireza da psique de uma pessoa, englobando seja o consciente, seja o inconsciente. A mesma opinião é sustentada por Michael Fordham, o qual, quando trata do si-mesmo primário do bebê, vê a consciência como sua disposição inerente. Para Jung, o si-mesmo é, ao mesmo tempo, o centro psíquico irrepresentável, o arquétipo central, que afeta o desenvolvimento psíquico, a mudança e o equilíbrio. Erich Neumann propende para essa última visão, porque ela sugere o si-mesmo somente como o centro diretor dentro da totalidade da personalidade. Fordham prefere reservar o termo "arquétipo central da ordem" para essa função e considera esse arquétipo central como apenas "parte do si-mesmo".

Do ponto de vista científico, o si-mesmo é uma hipótese cuja existência não pode ser provada. Contudo, ele se faz sentir mediante seus impactos na experiência psíquica – da qual Jung fornece alguns exemplos impressionantes em suas memórias. Também se manifesta com grande poder em ampla gama de símbolos do divino. Isso estabelece a base para a psicologia da religião de Jung, a qual ocupa um lugar central em sua obra, dado que, do ponto de vista empírico, determinados símbolos do si-mesmo não podem ser diferenciados da imagem de Deus na psique humana. Em escritos sobre esses temas, Jung sempre negou que estivesse a referir-se à natureza de Deus, o que o teria reduzido a uma mera função psicológica. Ele afirmava que, como psicólogo, não podia absolutamente falar de Deus *per se*; sua preocupação era com aqueles conteúdos da experiência humana que as pessoas sempre atribuíram à influência divina ou interpretaram como manifestações da divindade.

Se o si-mesmo pode ser experimentado como imagem de Deus, a distinção entre o eu e o si-mesmo é extremamente importante para a saúde psíquica. Com efeito, não sou Deus, e Deus não é eu. Uma identificação entre o eu e o si-mesmo significa delírios de grandeza tal como se manifestam em determinadas psicoses. Tenho vívida memória de uma cliente que, durante sua fase psicótica aguda, costumava não se mover de uma mesa redonda no centro da clínica na qual estava internada. Ela era Deus e devia controlar o mundo do centro da clínica, com responsabilidade pelo bem-estar das outras pessoas, inclusive do terapeuta. Quando funcionárias tentavam afastá-la da posição central, de modo que todos pudessem acomodar-se para a noite, ela oferecia furiosa resistência, quebrando algumas vidraças das janelas em sua batalha contra Satanás, que estava tentando perturbar o comando de Deus no mundo.

O si-mesmo como autorrepresentação, que a psicanálise normalmente considera um conteúdo do eu, é também visto como parte do eu na psicologia analítica de Jung e pode ser caracterizado como a experiência subjetiva e introspectiva do próprio eu de alguém (Gordon, 1980, p. 254). A maneira pela qual vejo a mim mesmo, a imagem que tenho de mim mesmo de forma alguma abrange toda a extensão do si-mesmo. Sabemos, no entanto, que as ideias de uma pessoa sobre si mesma têm forte impacto emocional e em geral influenciam sua tonalidade emocional básica. Também sabemos que a tonalidade afetiva ligada a tais imagens não pode necessariamente ser modificada por intuição maior (costuma ser necessário longa psicoterapia para produzir tal mudança). Devemos presumir, portanto, que a tonalidade afetiva tem suas raízes fincadas profundamente no inconsciente e está ligada ao nível arquetípico da psique. Posso perceber a mim mesmo como "amado pelos deuses" ou "amaldiçoado pelo destino" – tais expressões, usadas para caracterizar a tonalidade afetiva básica de um indivíduo, evocam as ideias de Neumann sobre o eixo eu-si-mesmo. "Os deuses" e o "destino" são rubricas, símbolos do si-mesmo em ação nas profundezas do inconsciente, de onde este influencia a consciência do eu.

Seja como for, a autorrepresentação no sentido psicanalítico é um aspecto parcial da personalidade total com seu centro diretor – ou seja, o si-mesmo, conforme Jung costumava denominar.

A opinião de Kohut a respeito do si-mesmo como o centro do universo psíquico é muito próxima da visão do si-mesmo na psicologia analítica. Dado que ele vê o si-mesmo maduro como bipolar, é interessante examinar a questão de o quanto sua ideia do si-mesmo bipolar com o eixo eu-si-mesmo de Neumann é rigorosamente congruente e até que ponto os dois conceitos diferem.

Ambos os escritores lidam com dois polos relacionados. Conforme Neumann, o polo si-mesmo desenvolve-se durante o primeiro ano de vida como resultado da confluência das necessidades vitais e das ligadas à maturação inerentes ao "si-mesmo corporal", de um lado, e, de outro, o si-mesmo relacional experimentado na mãe. Para Kohut, a questão crucial diz respeito

> ao momento em que, dentro da matriz da empatia mútua entre o bebê e seu si-mesmo-objeto [isto é, a figura da mãe, que é percebida pelo bebê como parte de seu próprio si-mesmo], as potencialidades inatas do bebê e as expectativas do si-mesmo-objeto em relação ao bebê convergem. É lícito considerar essa junção como o ponto de origem do si-mesmo

original e rudimentar do bebê? (Kohut, 1977, p. 99).

Parece-me que as ideias desses dois autores a respeito do "si-mesmo rudimentar" (Kohut) e do "si-mesmo total" (Neumann) são, de certa forma, idênticas. De acordo com a teoria de Neumann, em ulteriores processos de centroversão, o "si-mesmo total" dirige a maturação do segundo polo, o eu como centro da consciência e de suas funções. Por conseguinte, quando as coisas vão bem, o eixo eu--si-mesmo significa um eu que se sente organicamente ligado à totalidade de sua natureza, muitas vezes expressa em um sentimento de autoconfiança espontânea. É um sentimento básico que, não obstante o lado sombrio e quaisquer fragilidades que possa haver, a pessoa é essencial e fundamentalmente sã, sólida e digna. Se acrescentarmos a dimensão religiosa do si-mesmo, tal como proposta por Jung, podemos ver a autoconfiança como também consistindo na convicção de que a pessoa está "sob os cuidados de Deus". Um eixo eu-si-mesmo intacto significa, então, que o eu tem acesso à espontaneidade de fantasia e de instinto, à experiência de vitalidade interior. Esse sentimento de vitalidade interior, porém, não é o mesmo que felicidade perpétua; tensões desagradáveis, sofrimento e conflitos também fazem parte de uma psique vital.

No entanto, tenho a impressão de que, na realidade, há poucas pessoas que têm um eixo eu-si-

-mesmo intacto. As exigências que uma civilização cada vez mais complexa faz ao eu e às suas condições geradoras criam sintomas de autoalienação mais ou menos poderosos, o que, de fato, significam rupturas no eixo eu-si-mesmo. A moderna proliferação de psicoterapias (e seus abusos) pode ser interpretada como tentativa coletiva de ancorar novamente o eu na vitalidade de sua natureza interior.

Vista sob essa luz, a ideia de Neumann de um eixo eu-si-mesmo intacto parece conter a imagem de uma condição ideal pela qual alguém pode esforçar-se, mas que não pode alcançar completamente. Em casos raros, porém, encontram-se pessoas que parecem ter um sentimento instintivo pelo que é de importância fundamental para elas, não importa em que fase de seu próprio processo de autorrealização estejam. Creio que tal "conhecimento instintivo", que pode expressar-se com frequência em sonhos, indica um eixo eu-si-mesmo relativamente intacto.

A bipolaridade do si-mesmo no pensamento de Kohut parece incluir a ideia do eu como o centro da consciência; sem isso, ele seria inconcebível tal como Kohut o descreveu. Em todo caso, ele não diferencia explicitamente aspectos cônscios e incônscios do si-mesmo. Conforme já foi observado, um polo está ancorado em nossa percepção básica de sermos espelhados e valorizados por outros – por isso, pode ser descrito como uma medida adequada da autoestima realista. Não é, porém, um mero refestelar-se no esplendor do próprio valor intrínseco da pessoa; há também um aspecto dinâmico nesse polo, que, no melhor dos casos, manifesta-se como ambição realista, um sentimento de querer realizar, alcançar algo na vida. O senso da autoestima deve ser conservado por ações e reconfirmado constantemente. Ao mesmo tempo, uma autoestima sadia não atribui valor ao indivíduo somente mediante consecução. O "brilho nos olhos da mãe" introjetado também gera um sentimento interior de que a existência inteira de alguém é confirmada. O outro polo, no caso excelente, contém ideais maduros. Estes envolvem questões suprapessoais maiores ou menores, as quais são muitas vezes consideradas doadoras de sentido à existência do indivíduo.

Os dois polos estão ligados por uma tensão gradual, e a tensão serve para mobilizar as habilidades e aptidões do indivíduo a fim de alcançar um equilíbrio. Desse modo, os escopos e metas do polo "ideal" servem para guiar e canalizar as energias que emanam da ambição pessoal. Na melhor das hipóteses, então, os dois polos do si-mesmo interagem um com o outro, com fortes impulsos espontâneos sendo conservados dentro de limites realistas e direcionados para fins percebidos como significativos e dignos.

A compreensão que Kohut tem do si-mesmo abarca um polo que é pessoal, relacionado à própria pessoa, e outro que é transpessoal. Isso está de acordo com o reconhecimento do fato de que o "equilíbrio narcíseo" – a afirmação existencial do próprio si-mesmo e da vida como um todo – não pode ser encontrado unicamente em constante circunvolução da própria pessoa, bem como de que preocupações e tarefas apropriadas ou "importantes" são o que fornece a experiência do sentido da vida.

Com frequência somos confrontados com a questão: Estou fazendo isso puramente por ambição pessoal, ou estou colocando a mim mesmo a serviço de alguma causa maior? Determinado político está preocupado apenas com sua imagem, para fins de reeleição e gratificação de sua própria necessidade de poder, ou ele também está preocupado em fazer algo pelo bem-estar comum? Um artista luta somente pelo sucesso e pela aclamação pública, ou ele também presta atenção às leis e aos ideais da consecução criativa? Como é natural, é ou hipocrisia ou masoquismo alguém afirmar que está totalmente dedicado a alguma coisa e não precisa de nenhuma gratificação para si mesmo. É hipocrisia porque, em tal situação, há sempre a expectativa secreta de obter admiração para a própria "abnegação"; o componente masoquista é a interdição interna, muitas vezes presente, de sentir absolutamente qualquer prazer em si mesmo. Em geral, ambos os polos do si-mesmo estão envolvidos em nossas atividades, quase sempre com uma ênfase habitual em um ou em outro. Isso fornece um vasto campo não só para o narcisismo mas também para transtornos narcisísticos da personalidade. Falaremos a respeito deles mais adiante.

Essa polaridade, tal como elaborada por Kohut, juntamente com a história de seu desdobramento, é de importância capital no tratamento psicoterapêutico dos transtornos narcísicos. No entanto, o eixo eu-si-mesmo de Neumann contém algo ainda mais abrangente no seu alcance, visto que, em última instância, diz respeito à polaridade da autoalienação *versus* o autoenraizamento. Enquanto um dos polos descrito por Kohut, como o que envolve "ambições realistas", está razoavelmente próximo dos conceitos de eu em Jung e Neumann, os "ideais maduros" do outro polo de Kohut, apesar de seu caráter suprapessoal, cobrem apenas parte do conceito de si-mesmo de Jung. Contudo, em uma análise mais acurada, descobrimos na obra de Kohut as seguintes afirmações sobre a questão da identidade:

> A pessoa sadia consegue seu senso de unidade e de identidade ao longo do eixo do tempo a partir de duas fontes: uma é superficial, a outra, profunda. A superficial pertence à capacidade – uma faculdade intelectual humana importante e distintiva – de assumir postura histórica: reconhecer-se em seu passado recordado e projetar-se em um futuro imaginado. Mas isso não basta. Claramente, se a outra fonte mais profunda de nosso sentido de identidade constante se

> seca, então todos os nossos esforços para reunir os fragmentos de nosso si-mesmo com a ajuda de uma "Busca do tempo perdido" falharão (Kohut, 1977, p. 180).
>
> Em última análise, pode ser que o que nos diz que nossa individualidade transitória também tem uma importância que se estende para além das fronteiras de nossa vida não seja o conteúdo do si-mesmo nuclear, mas a imutável especificidade das tensões autoexpressivas e criativas que apontam para o futuro (Kohut, 1977, p. 182).

Essas formulações revelam que Kohut não só atribui bipolaridade ao si-mesmo, como também compreende que há tanto fontes superficiais quanto fontes mais profundas para o senso de identidade. Isso me parece uma tentativa de expressar algo semelhante à imagem do eixo eu-si-mesmo de Neumann. Psicologicamente, o senso de continuidade no tempo é uma dimensão da consciência e do complexo do eu (cf. OC 6, § 796). Se levarmos a sério Kohut, a fonte "profunda" da qual ele fala dificilmente pode ser distinta do dinamismo do si-mesmo que age a partir do inconsciente, conforme postulado por Jung. Com essa linha de pensamento, em todo caso, Kohut aproximou-se significativamente dos conceitos da psicologia analítica de Jung.

No entanto, deve-se especificar que os livros de Jung e os de Kohut provêm de mundos diferentes e estão bem distantes um do outro em atmosfera.

Jung obteve suas intuições da riqueza das imagens que fluem do inconsciente, as quais ele comparou e amplificou com os símbolos de todas as eras; ao fazê-lo, tentou demonstrar o funcionamento do inconsciente coletivo e suas manifestações arquetípicas, que ele também via à luz de uma psicologia da religião. Kohut carece dessa riqueza de simbolismo e de toda referência direta ao componente psicológico-religioso, ao si-mesmo como imagem do divino. Contudo, algumas das dicas de Kohut sobre um "narcisismo cósmico" (Kohut, 1966, p. 455), sobre a incognoscível essência do si-mesmo ou sobre seus aspectos atemporais poderiam facilmente ser interpretadas em termos de uma psicologia da religião. Kohut chega a suas descobertas mediante a empatia com a experiência de seus psicanalisandos e a introspecção, por meio de sutil rastreamento de nuanças da experiência dentro da transferência e da contratransferência. Ele não é influenciado por Jung e por seus enunciados psicológicos e, ao que parece, nem mesmo se interessou por eles. Queria concentrar-se na observação direta de fenômenos clínicos a fim de encontrar uma saída do "pântano da especulação teórica contraditória, malfundamentada e frequentemente imprecisa" (Kohut, 1977, p. XX).

Sinto que é de grande importância para o psicólogo analítico o fato de Kohut não apenas repetir o pensamento de Jung, mas sim, fundamentado em sua própria experiência empírica, ter chegado a conclusões semelhantes, as quais inevitavelmente levaram sua obra para além dos confins da psicanálise tradicional. Seus escritos também fornecem um estímulo para que os psicoterapeutas junguianos refinassem suas sensibilidades empáticas e, portanto, são de grande peso para a prática de nossa profissão – conforme tentarei mostrar mais tarde.

Contudo, não posso "provar" que as ideias de Kohut acerca do si-mesmo sejam semelhantes às de Jung. Parece-me que Kohut tem em mente experiências análogas, posto que não mencione explicitamente nem o campo arquetípico nem os efeitos "numinosos" que possam emanar do si-mesmo. Com igual justificativa, podem-se enfatizar as diferenças entre Jung e Kohut (cf. Schwartz-Salant, 1982, p. 20-21), visto que certamente é verdade que as opiniões deles a respeito do si-mesmo estão entretecidas em contextos psicológicos diferentes, algo que deve ser levado em conta, não importa que similaridades possa haver entre suas respectivas ideias. Mas tão logo alguém se ponha a lidar com descrições do si-mesmo, por causa da incognoscibilidade de sua essência, vê-se forçado a recorrer a um estilo de alusões e simulações. É possível descrever apenas aproximativamente determinadas experiências que podem ser tomadas como manifestações do si-mesmo. Como um leitor particular pode compreender tais alusões e descrições esquemáticas, no entanto, é sempre, em grande medida, uma questão de interpretação pessoal.

Temos analisado os vários conceitos do eu e do si-mesmo porque, conforme o vejo, por mais abstrata ou esquiva que tal discussão possa parecer, é um componente importante da questão do narcisismo, que foi definido (Hartmann, 1964) como o "investimento libidinal do si-mesmo". Por conseguinte, pareceria importante indagar o que compreendemos pelo si-mesmo – ou, conforme Gordon (1980) o formulou: "Quem sou eu que amo?" A questão do si-mesmo refere-se também à essência da natureza humana; consequentemente, é de urgente oportunidade e, no entanto, para sempre irrespondível, a não ser por aproximação[9].

---

9. Cf. tb. algumas outras publicações sobre o tópico do si-mesmo na psicologia analítica: Fordham (1986), Redfearn (1985) e Ryce--Menuhin (1988).

4
ASPECTOS DO CONCEITO DE NARCISISMO

> *Na prolífica literatura sobre o narcisismo, provavelmente há apenas dois fatos com os quais todo o mundo concorda: primeiro, que o conceito de narcisismo é um dos mais importantes da psicanálise; segundo, que é um dos mais confusos.*
> Pulver (1970, p. 319)

Assim começa um ensaio de S. E. Pulver visando esclarecer o significado do termo, no qual o autor corretamente enfatiza que precisa de amplificação. As muitas maneiras de experiência e de comportamento que hoje são caracterizadas como "narcisísticas" já não podem ser explicadas pela fórmula de Hartmann (1964) de um "investimento libidinal do si-mesmo". Há, não obstante, um denominador comum entre eles: conexão com si-mesmo em vez de com "objetos". O léxico da Associação Psicanalítica Americana define o narcisismo como "concentração de interesse psíquico no si-mesmo". Interesse psíquico é uma expressão que se aplica não só aos impulsos instintuais, mas também chega bem perto da ideia junguiana de energia psíquica como uma forma não específica de energia que pode manifestar-se em ampla gama de formas.

Os principais aspectos do conceito de narcisismo serão explorados nas próximas seções.

Narcisismo como estágio de desenvolvimento

Este é compreendido como o estágio do narcisismo primário, em que, conforme Freud o formula, o eu infantil é suficiente para si mesmo. Já dedicamos um capítulo a um exame do narcisismo primário, de modo que, neste ponto, ulteriores observações não parecem necessárias. Resta simplesmente sublinhar uma vez mais a pressuposição da moderna psicanálise de que, nessa fase não se percebem limites firmes entre o "eu" e o "tu", entre autorrepresentação e representação objetal. Com toda probabilidade, pois, na experiência do bebê, os "objetos" misturam-se com o si-mesmo e o si-mesmo com os "objetos". Como consequência, pode-se presumir que mais tarde na vida, outrossim, a diferenciação inadequada entre a própria pessoa e as pessoas com quem alguém está se relacionando – inadequação que costuma ser vista como narcísica – está ligada à fase primária. Um desejo de eliminar as fronteiras interpessoais, uma ânsia de "fundir-se" continua a desempenhar papel importante na vida adulta também. Consequentemente, parece-me que seria mais sensato usar termos como "realidade unitária", "união dual", "simbiose" e "si-mesmo primário" em vez de "narcisismo" para caracterizar essa fase.

Narcisismo como forma de relação objetal

O ser humano é um "animal social". Está claro, pois, que as necessidades narcíseas de uma pessoa abrangem outras pessoas no seu ambiente. Para os fins de "concentração de interesse psíquico no si-mesmo", aquelas outras pessoas costumam ser necessárias por seu espelhamento ou sua função de asseguração e experimentadas inconscientemente como parte do si-mesmo. Já em 1914, Freud escreveu a respeito de um "tipo narcísico" de escolha objetal posterior, em oposição ao "tipo 'de apoio'" de escolha baseada nas primeiras experiências de amor e de proteção com a figura materna e com a figura paterna (Freud, 1914a, p. 90). Nessa visão, ambos os modos de escolha de objeto estão abertos para cada pessoa, mas um ou outro predominará. De acordo com Freud, uma pessoa pode amar:

1. Conforme o tipo narcísico:
    (a) o que ela mesma é (a si mesma),
    (b) o que ela mesma foi,
    (c) o que ela mesma gostaria de ser,
    (d) a pessoa que foi parte dela mesma.

2. Conforme o tipo "de apoio" (anaclítico):

(a) a mulher nutriz,

(b) o homem protetor e a série de substitutos que deles derivaram.

Essa lista de possibilidades está baseada na pressuposição de que "um ser humano tem originalmente dois objetos sexuais: ele próprio e a mulher que o cria" (Freud, 1914a, p. 88). À luz das teorias atuais, essa opinião pode parecer simplista. No entanto, é um testemunho da brilhante intuição psicológica de Freud quando escreveu a respeito da "pessoa que foi parte dela mesma". Ao fazê-lo, ele estava antecipando os resultados da pesquisa moderna segundo a qual, na fase pós-uterina, o bebê não consegue distinguir emocionalmente a mãe nutriz de seu próprio si-mesmo. Em contrapartida, uma escolha de parceiro realizada no modo "de apoio" pressupõe a habilidade de experimentar a mãe como um "objeto" distinto e separado. Essa é uma fase de amadurecimento posterior, na qual a dependência e a necessidade de apoio tornam-se conscientes, às vezes de maneira muito dolorosa, como resultado do que M. Klein e D. W. Winnicott batizaram de "posição depressiva" (Winnicott, 1965).

Entretanto, podemos enfatizar que a escolha de um parceiro de acordo com o tipo "de apoio" ainda envolve o parceiro somente em sua função de possível auxílio ao equilíbrio psíquico e ao bem-estar. Aparentemente, pois, sempre que uma pessoa parece estar aí apenas a fim de satisfazer nossas próprias necessidades, é certo que temos a permissão para falar de um "objeto narcisístico". A enumeração de Freud de diferentes tipos de "escolha de objeto" não inclui a reciprocidade em um relacionamento maduro, com seus pré-requisitos de empatia nas exigências autônomas do parceiro e da flexibilidade no afirmar as necessidades pessoais. Mencionamos que Kohut substituiu o termo "objeto narcisístico" pela expressão paradoxal "si-mesmo-objeto". Com acerto, ele ressaltou que não existe nenhum amor maduro no qual o objeto de amor não seja *também* um si-mesmo-objeto. "Não há relação amorosa sem espelhamento mútuo (aumento da autoestima) e sem idealização" (Kohut, 1977, p. 122). Claramente não há amor sem um profundo sentimento de "pertença mútua". A maturidade pessoal de ambos os parceiros depende de até que ponto são capazes de conceder-se, de modo recíproco, suficientes espaço e liberdade, admitindo pensamento e ação independentes; isso exige certa flexibilidade no lidar com as próprias necessidades.

A respeito da escolha de um parceiro amoroso, pode-se dizer o seguinte do ponto de vista da psicologia analítica de Jung: embora Jung quase nunca use o termo "narcisístico", suas ideias psicológicas acerca dos motivos subjacentes à escolha de um relacionamento amoroso pertencem à mesma fenomenologia. De acordo com ele, a escolha de um parceiro e a paixão concomitante têm como principal fundamento a projeção de conteúdos inconscientes. Na psicologia junguiana, a projeção não significa necessariamente o deslocamento – tencionado como defesa – de um conteúdo perturbador para um objeto externo. Conforme diz Jung, as projeções são, em primeiro lugar, experimentadas como pertença ao mundo exterior; no decurso do desenvolvimento ulterior, seus conteúdos podem ser assimilados pela crescente consciência e experimentados como pertencentes ao próprio mundo psíquico interior de uma pessoa (a propósito das opiniões de Jung sobre a projeção, cf. Von Franz, 1980). A escolha de um parceiro implica a projeção daquele conteúdo inconsciente a que C. G. Jung chamou de imagem da alma, ou seja, a *anima* nos homens e o *animus* nas mulheres. O leitor pode encontrar detalhes sobre a psicologia da *anima* e do *animus* na literatura correspondente, de C. G. Jung (OC 7/2, OC 9/2) e E. Jung (1969). Uma porção da própria realidade, ainda inconsciente, é vista, assim, no parceiro – que pode servir, consequentemente, como cristalizador do próprio desenvolvimento consciente da pessoa; sua presença "anima" a pessoa, estimula-a psiquicamente. Contudo, os desencantos também podem provocar fortes "animosidades" em nós. Em ambos os casos, podemos experimentar a *anima* e o *animus* em ação como parte integral de nossa própria realidade. Apenas depois de removermos, pelo menos em parte, tais projeções é que podemos reconhecer a própria realidade do parceiro, aceitá-la e, simultaneamente, experimentar os conteúdos projetados como pertencentes ao nosso próprio si-mesmo. Este último aspecto representa um passo importante no processo de individuação, ao qual voltaremos em um capítulo posterior.

Narcisismo como sinônimo de autoestima

Em seu primeiro ensaio sobre o narcisismo, Freud escreveu: "Temos de reconhecer para o amor-próprio uma dependência bem íntima da libido narcísica" (Freud, 1914a, p. 98). Com isso, ele estava começando a usar o termo "narcisismo" para significar a autoestima (amor-próprio).

> O amor-próprio nos aparece de imediato como expressão da grandeza do eu, não sendo aqui relevante o caráter composto dessa grandeza. Tudo o que se tem ou que se alcançou, todo resíduo do primitivo sentimento de onipotência que a experiência confirmou, ajuda a aumentar o amor-próprio (Freud, 1914a, p. 98).

Não é nenhum exagero dizer que, hoje em dia, o conceito de narcisismo, compreendido como autoestima, é central para a abordagem psicanalítica. A autoestima tem sido vista também como um fenômeno de grande complexidade psicológica, que não pode ser suficientemente explicado pela simples noção de impulso-investimento (Pulver, 1970, p. 224). O que é mais importante, considera-se corretamente agora que a alegoria freudiana da ameba e sua pressuposição de flutuações quantitativas não estão de acordo com as descobertas clínicas. Na opinião de Freud, a autoestima aumentaria (ao ponto da megalomania) à medida que a libido fosse retirada de outros objetos e investida no si-mesmo, ao passo que diminuiria à medida que os objetos de amor fossem investidos da libido. Por outro lado, pode-se observar que os indivíduos com alta autoestima são precisamente aqueles mais capazes de desenvolver interesse pelos demais, enquanto os que têm baixa autoestima tendem a concentrar-se em si mesmos. No último caso, podemos falar acerca de um "complexo" de inferioridade. Conforme Jung observou, de modo muito acertado, os complexos exercem uma espécie de efeito magnético nisso que eles se tornam investidos, por assim dizer, com a atenção que eles desviam do mundo exterior (Jacobi, 1959). Em inglês, ser "self-conscious" ["consciente de si mesmo, autoconsciente"] significa sentir-se embaraçado, pouco à vontade, ao passo que a palavra alemã *selbstbewusst* tem justamente o sentido oposto. Quando sou "self-conscious", não sou capaz de relacionar-me com minhas cercanias de maneira com uma assertividade natural. Sou "consciente de mim mesmo" no sentido de que estou me observando de forma crítica, de que tenho falta de confiança em mim mesmo; isso me impede de ser espontâneo e faz eu me sentir inibido.

Quando começou a igualar autoestima e narcisismo, Freud referia-se especificamente ao narcisismo *secundário* que, em oposição ao narcisismo primário, manifesta-se, em primeiro lugar, em um estágio de desenvolvimento no qual a criança já alcançou a capacidade de investir da libido o "objeto" (mãe). No caso do narcisismo secundário, porém, a libido é retirada do objeto, presume-se que devido ao desgosto provocado pelo investimento original. Assim, estamos lidando com uma manobra defensiva da parte do eu, intencionada a proteger a criança da ansiedade e de outros efeitos dolorosos ligados à sua experiência de "objetos" (Pulver, 1970, p. 336). A fantasia da criança desvaloriza a importância e o poder das pessoas em seu ambiente mais próximo, embora infle o valor de sua própria pessoa. Isso representa uma tentativa de apresentar-se menos vulnerável, conforme está claramente mostrado por expressões de desafio como "Eles não podem levar a melhor sobre mim! Não me importo com eles!" Algumas expressões também indicam as conexões entre esse tipo de fenômeno e as fantasias anais características do "não estágio" infantil (p. ex., "Eles todos podem beijar minha bunda"). A autoestima inflada é, assim, usada pela criança como uma defesa contra a experiência de ser impotente, à mercê de figuras parentais coercitivas. Na terminologia usada pela psicologia do indivíduo de Adler, esse tipo de autoestima estaria fundada na supercompensação de um sentimento de inferioridade subjacente (Adler, 1920). As pessoas com essa constelação psíquica inconsciente muitas vezes parecem muito seguras de si diante dos outros, pelo que nem sempre é fácil, mesmo para o observador experiente, distinguir entre supercompensação, autoestima defensiva e o tipo de autoestima que repousa sobre um sentimento de autorrespeito realista.

A psicanálise usa o termo "narcisismo" para designar autoestima, independentemente de se está fundado em autoconfiança sadia ou em comportamento defensivo inconsciente. Por consequência, no uso do conceito de narcisismo, não deveria estar implícito nenhum julgamento de valor – deve-se sempre enfatizar esse ponto. Contudo, é preciso fazer uma distinção entre narcisismo são e narcisismo patológico. "'Narcisismo bom (sadio)' é alta autoestima baseada em vínculos de autorrepresentações e afeições predominantemente agradáveis" (Pulver, 1970, p. 336). Em outras palavras: nutro um sentimento bom, prazenteiro e "amoroso" por minha própria autoimagem, pela maneira como vejo a mim mesmo. "'Narcisismo ruim (doentio)' (por outro lado) é uma *autorreferencialidade* ou uma consideração de si mesmo aparentemente elevada, utilizada como defesa contra ligações desagradáveis subjacentes" (Pulver, 1970, p. 336). Essa situação, portanto, está baseada na supercompensação dos complexos de inferioridade e do medo simultâneo de situações da vida autodepreciativas. Isso também pode ser acompanhado pela assim chamada "vulnerabilidade narcísica", uma tendência a registrar com antenas supersensíveis o mínimo sinal de desafio à própria autoestima e a reagir com aflição. As "afeições desagradáveis" podem ser dolorosos sentimentos de inferioridade, vergonha, tormentosa falta de confiança em si mesmo etc. e são suscetíveis de romper as barreiras de defesa à mais leve alusão de ofensa. Uma relativa instabilidade na autovalorização, juntamente com oscilações "de um extremo ao outro", de sentimentos de ostentação aos de absoluta indignidade, são todos indicativos de um estado psíquico que pode ser denominado "distúrbio narcisístico da personalidade" (Kohut) ou "narcisismo patológico" (Kernberg).

Discutiremos os transtornos narcíseos no sétimo e no oitavo capítulos, mas gostaria de mencionar brevemente aqui o importante papel desempenhado por aquela manifestação da psique que Kohut chama de "si-mesmo ostentoso" – Kernberg (1975) também usa o termo, mas em sentido um pouco diferente. O assim chamado "si-mesmo ostentoso" desempenha função decisiva sempre que estão envolvidos problemas de autoestima – uma razão boa o suficiente para debatermos esse fenômeno em diferentes contextos ao longo deste livro. Por "si-mesmo ostentoso", Kohut compreende "aquele aspecto de uma fase de desenvolvimento em que a criança tenta salvar o narcisismo que originalmente tudo abarca concentrando perfeição e poder sobre o si-mesmo" (Kohut, 1988, p. 98). Em circunstâncias favoráveis, a criança é capaz de adquirir, mediante diversos estágios de amadurecimento, a capacidade de reconhecer e de aceitar suas limitações de maneira realista. Isso permite que suas fantasias ostentosas e suas flagrantes necessidades exibicionistas sejam substituídas pelo prazer em suas próprias ações e por um senso mais ou menos realista de seu próprio valor. Conforme já mencionado, esse desenvolvimento positivo depende em grande parte do espelhamento empático o suficiente dos outros relevantes. Quando, porém, o desenvolvimento ideal e a integração do si-mesmo ostentoso são perturbados, essa estrutura psíquica pode romper-se e ser reprimida a ponto de tornar-se independente do eu que faz o teste de realidade (Kohut, 1971, p. 108). É, então, inacessível a influências externas e permanece no inconsciente em sua forma arcaica, influenciando o comportamento de diversas maneiras. "Um si-mesmo ostentoso persistentemente ativo com suas reivindicações delirantes pode incapacitar de modo bastante sério um eu medianamente dotado", escreve Kohut, acrescentando, porém, que indivíduos muito talentosos podem ser impelidos às suas maiores conquistas pelas exigências de um "si-mesmo persistente e pouco modificado" (Kohut, 1988, p. 99-100). Tenho a impressão de que a maioria das pessoas abriga em um canto secreto de sua psique algumas fantasias ostentosas. Estas podem, então, influenciar sua consciência de inúmeras maneiras. Encontraremos várias vezes os problemas ligados ao si-mesmo ostentoso no decorrer de nossa discussão. Conforme veremos, o próprio C. G. Jung aprofundou essa fenomenologia sob o termo "inflação".

Na psicologia analítica junguiana, a autoestima não é chamada de narcisismo. Mencionamos que Jung quase nunca usa o conceito de narcisismo. Quando realmente adota o termo (apenas cinco vezes em suas *Obras completas*, cf. Gordon, 1980), considera-o "um termo específico da patologia da neurose" (OC 15, § 102). Mas os escritos de Jung de fato contêm uma discussão elucidativa sobre a autoestima, pelo que a ênfase recai sobre a "autoestima aumentada" e em seu contrário, a "resignação". Gostaria de inspecionar extensivamente suas observações sobre o tema, visto que elas contribuem com aspectos importantes para a fenomenologia do narcisismo.

Jung já escreveu a respeito desse problema em 1916 (OC 7/2, § 221ss.), em conexão com "os efeitos da assimilação do inconsciente". Esse processo, considera ele, pode levar a curiosas manifestações:

> alguns pacientes adquirem uma consciência de si mesmos ou uma autoconfiança exagerados e até mesmo desagradáveis; [...] Outros, pelo contrário, sentem-se deprimidos, e mesmo esmagados pelos conteúdos do inconsciente. Sua autoconfiança diminui e olham resignados as coisas extraordinárias que o inconsciente produz. A primeira espécie de pacientes, na exuberância de sua autoconfiança, assume uma responsabilidade diante do inconsciente, que vai longe demais, além dos limites razoáveis; os outros abandonam toda responsabilidade, numa verificação oprimente da impotência do ego contra o destino que o domina através do inconsciente (OC 7/2, § 221).

Jung, pois, descreve dois tipos de possibilidades extremas de a consciência e seu centro, o eu, reagirem quando confrontados com o inconsciente através da análise. No entanto, ele pensa que, do ponto de vista analítico, esses dois tipos de reação de fato se compensam mutuamente:

> Se analisarmos estes dois modos extremos de reação, descobriremos que atrás da autoconfiança otimista dos primeiros se oculta um desamparo intenso, ou um muito mais intenso, em relação ao qual o otimismo consciente atua como uma compensação malograda. E atrás da resignação pessimista dos outros há uma obstinada vontade de poder que ultrapassa, no que concerne à segurança, o otimismo consciente dos primeiros (OC 7/2, § 222).

As duas atitudes opostas têm deveras algo em comum: elas "participam da mesma insegurança no que concerne a seus limites. A primeira infla-se exageradamente, enquanto a outra se reduz em demasia. Ambas não reconhecem seus limites individuais, de um modo ou de outro" (OC 7/2, § 225). Jung considera que tanto a autoestima muito elevada quanto a muito baixa repousam no que a psicanálise chama de mecanismo de defesa, algo que ele próprio vê como atitudes reciprocamente compensatórias dentro da dinâmica da totalidade psíquica.

> Se considerarmos o fato de que, como consequência da compensação psíquica, a grande humildade se aproxima demais do orgulho e "o orgulho precede a queda", descobriremos facilmente, atrás da presunção, certos traços de um temeroso sentimento de inferioridade. Com efeito, podemos ver com nitidez como a falta de segurança induz o exaltado a apregoar suas verdades, de cuja validez ele é o primeiro a duvidar; fazendo prosélitos, estes poderiam talvez provar-lhe o valor e a exatidão de suas próprias convicções (OC 7/2, § 225).

Exarado em termos das teorias do narcisismo, Jung fala acerca do fato de um si-mesmo ostentoso realmente suspirar por "gratificação narcisística", isto é, por admiração. Os seguidores são necessários a fim de provar o valor e a fidedignidade de suas convicções. Contudo, o eu é identificado a tal ponto com tais convicções que "verdades" transpessoais são experimentadas como parte do próprio valor pessoal. Ao mesmo tempo, o anseio do indivíduo pela afirmação de sua própria grandeza serve como defesa, como proteção contra "dúvidas corrosivas" – conforme o formula Jung.

O que acontece com pessoas que estão conscientemente convencidas de sua falta de valor próprio, com os que são "tímidos", nos termos de Jung?

> Quanto mais se retira e se esconde, tanto maior se torna o desejo secreto de ser compreendido e reconhecido. Embora fale de sua inferioridade, no fundo não acredita nela. Brota de seu íntimo uma convicção obstinada de seus méritos não reconhecidos e isto o torna vulnerável à menor desaprovação, emprestando-lhe esse ar contrariado dos que são incompreendidos e lesados em suas justas pretensões. Deste modo, vai alimentando um orgulho mórbido e um descontentamento arrogante, cuja existência nega por todos os meios, mas pelos quais aqueles que o cercam têm que pagar muito caro (OC 7/2, § 226).

Aqui Jung está descrevendo alguns dos tipos muito conhecidos de problemas relacionados ao narcisismo. A modéstia exagerada pretende ser uma defesa contra a invasão da assim chamada "libido narcísico-exibicionista" (Kohut, 1971) do si-mesmo ostentoso ativado, o que faria o indivíduo sentir-se desconfortável. Sou de opinião que as influências inconscientes do si-mesmo ostentoso devem produzir sentimentos conscientes de inferioridade. É como se o si-mesmo ostentoso estivesse a enviar a seguinte mensagem: "Se você não é capaz de satisfazer minhas exigências de perfeição absoluta, você é absolutamente indigno". Tais ataques internos costumam ser temidos pelo indivíduo, que os experimenta como ameaçadores para seu sentimento de valor próprio; eles podem ser provocados pelo mais leve acontecimento. Por exemplo, uma pessoa passa uma noite insone depois de voltar de um evento e é atormentada por dúvidas em relação a si mesma porque está convencida de que não foi perspicaz e divertida o suficiente diante dos demais convidados. A raiz de sua tortura reside, de fato, em uma exigência inconsciente do si-mesmo ostentoso de ser o centro da atenção, de ser admirado pelo próprio encanto e pela conversa espirituosa da pessoa. Uma vez que tal exigência não pode ser satisfeita, ele sente como se toda porção de autoestima tivesse sido devastadoramente esmagada. Por outro lado, a mais insignificante experiência de sucesso pode provocar fantasias de grandeza nele, que devem ser salvaguardadas de imediato, visto que elas o fazem sentir-se constrangido. "O orgulho precede a queda" tem sido impresso no espírito da maioria das pessoas ao longo de sua educação. Desse modo, fantasias ostentosas costumam ser associadas a um medo inconsciente de castigo. O eu ideal da pessoa geralmente os desaprova, e ninguém pode aceitar-se absolutamente como um ser de "caráter arrogante". Essa forma de distúrbio na autoestima será discutida em maior detalhe no quinto capítulo.

Sentimentos de ostentação ou de inferioridade podem também ser produzidos por uma identificação do eu com conteúdos transpessoais. Um sentimento de alto valor pessoal pode resultar, por exemplo, de uma identificação com o prestígio inerente a um papel coletivo: então sou alguém, ou seja, sou o presidente, o padre, o doutor. Sou um artista com um "nome", sendo este amiúde um "nome artístico" que escolhi, em vez do meu próprio nome. Por conseguinte, devemos lidar com papéis que nos são atribuídos pela sociedade. A noção de papel implica quase automaticamente a de ator. Costumava conhecer atores e cantores de ópera, por exemplo, que, em sua fantasia, tornavam-se a personagem que representavam no teatro. A percepção que tinham de si mesmos, então, não era a de uma pessoa normal, comum. Fora do teatro, experimentavam a si mesmos como sendo, de fato, Medeia, Ifigênia, Macbeth, Otelo ou a sedutora Carmen. Pode até mesmo tornar-se um tanto incerto se desejam ser admirados por seu talento como ator ou cantor ou por serem a personalidade com que estão identificados de forma inconsciente. Nesse aspecto, com frequência as fronteiras são pouco distintas. Artistas do palco, é claro, estabelecem um tabu a respeito de tal completa identificação e defendem-se contra ela mediante a autoironia. Não obstante isso, inconscientemente é o que acontece com bastante frequência.

Na Grécia antiga, os atores que atuavam no teatro usavam máscaras a fim de ocultar o rosto. Por essa razão, Jung escolheu o termo "persona" para designar o comportamento ligado a um papel, ou seja, a adaptação a expectativas reais ou imaginárias oriundas do próprio indivíduo ou de seu ambiente (para maiores detalhes, cf. OC 7/2). Não obstante, Jung adverte corretamente de uma identificação com a persona que permitiria a autoestima ser alimentada por papéis coletivos em vez de estar fundamentada em individualidade genuína. Em geral, isso provoca um estado de autoalienação e de despersonalização que o indivíduo deve compensar identificando-se com o papel coletivo. Seu próprio eu fica inchado pela importância do papel escolhido; fica "inflado" (OC 7/2). As pessoas que não têm a oportunidade de obter suficiente autoestima a partir de sua individualidade específica ou dos papéis que lhes são atribuídos podem escolher apegar-se a alguém que detém posição prestigiosa, ou até mesmo identificar-se com tal pessoa. Tal indivíduo pode ver cada autógrafo concedido por uma celebridade como uma pequena revalorização de si mesmo.

A identificação com papéis definidos pela sociedade pode não apenas proporcionar a falsa satisfação da necessidade de autoestima de uma pessoa – à custa de sua autêntica individualidade –, mas há também o perigo de que conteúdos de natureza arquetípica, oriundos do inconsciente coletivo, possam levar a uma inflação. Conforme exposto, parte do desacordo entre Freud e Jung centrava-se especificamente no fenômeno ligado a delírios de grandeza; mais tarde Freud trabalhou bastante sobre a questão enquanto desenvolvia sua concepção de narcisismo. Jung via a questão principal dos delírios esquizofrênicos especificamente na perda da realidade envolvida. Visto que o eu, como o centro da consciência, também exerce uma função de teste de realidade, a inflação – ou seja, o inchaço do eu com conteúdos arquetípicos – conduz à perda do senso da realidade. O eu que faz o teste de realidade é levado a ser "seduzido" por imagens arquetípicas, que podem estar ligadas a noções de onipotência ou de perfeição. Esses são fenômenos que, nas teorias atuais do narcisismo, são atribuídos à influência do si-mesmo ostentoso.

A esse respeito, alguns comentários atinentes à diferenciação entre o si-mesmo ostentoso e o si-mesmo em sentido junguiano podem ser apropriados. Pode-se dizer o seguinte: o desenvolvimento do eu implica, entre outras coisas, que a pessoa chegue a conhecer e aprenda a aceitar os próprios limites. Durante esse processo, verei de maneira sempre mais clara que não sou *eu* que sou perfeito e onipotente, uma descoberta que muitas vezes será dolorosa. Isso não implica, porém, que as ideias arquetípicas centrais de "perfeição" e de "onipotência" tenham perdido algo de seu poder. Estão sendo projetadas, tal como têm sido desde tempos imemoriais, em uma imagem de Deus: "Deus é perfeito e onipotente". Isso permite ao eu distinguir-se das forças atuantes. Ele deve ser dócil e submeter-se ao Divino. A tentação de tornar-se semelhante a Deus – ao que os gregos chamam de *hybris* – é condenada em muitas religiões; é considerada o pior pecado possível, uma blasfêmia. Deveríamos enfatizar que quando Jung equipara a imagem do si-mesmo à imagem de Deus na alma humana (e não a Deus como tal!), ele insiste em distinguir entre o eu e o si-mesmo. No melhor dos casos, o eu experimenta o si-mesmo e relaciona-se com ele como o "maior em nós". No entanto, jamais deveria identificar-se com ele, ou seja, pensar-se semelhante a Deus, se se quiser conservar a saúde psíquica.

Na primeira infância, o si-mesmo ostentoso, o eu e o si-mesmo (no sentido junguiano) ainda estão fundidos. O eu ainda não se diferenciou do si--mesmo, não se tornou um centro da consciência relativamente autônomo. Quando falamos de um si-mesmo ostentoso em um adulto – como muitas vezes se faz na teoria do narcisismo –, damos a entender que, em um setor de sua personalidade, as fronteiras entre o eu e o si-mesmo não são diferençadas o bastante. O eu cônscio, então, tem a tendência de ou ser absorvido ou ameaçado por noções de perfeição. Em minha opinião, os transtornos narcísicos da personalidade são sempre resultado de uma incapacidade mais ou menos acentuada de experimentar a demarcação entre o eu e o si-mesmo, de uma "insegurança no que concerne a seus limites" (OC 7/2, § 225); discutiremos isso com mais detalhes mais adiante. O fato de a autoavaliação de uma pessoa narcisisticamente perturbada ser sempre distorcida e um tanto irrealista pode confirmar essa observação. Creio, no entanto, que há muito poucas pessoas cujas personalidades não manifestem, em um ou outro setores, uma fusão ocasional do eu com o si-mesmo; isso pode levar a flutuações e leves distorções na maneira pela qual as pessoas valorizam a si mesmas. "Transtornos narcísicos" ocasionais são, portanto, até certo ponto, bastante normais.

Em casos extremos de megalomania esquizofrênica, porém, o eu, em grande medida, é incapaz de diferenciar-se do si-mesmo como a imagem de Deus. Mencionei, por exemplo, a cliente que se experimentava como Deus e o Senhor do Mundo. Essa mulher, que passou longos períodos de tempo em um estado de total estranhamento de sua autêntica identidade do eu, mostrou-me de modo muito evidente como tal inflação pode abater-se sobre o eu. Durante a fase de relativa "normalidade" (o eu dela tornou-se inundado de períodos cíclicos de inflação, durante os assim chamados episódios catatônicos), ela sonhava que não sabia se era Cristo ou Cristóvão. Cristóvão ["Cristóforo"] – cuja tradução literal é "portador de Cristo" – pode ser interpretado como símbolo da consciência do ego humano em relação a uma imagem de Deus que lhe fornece autoconfiança e uma sensação de segurança, de um lado, mas que, de outro, traz-lhe um pesado fardo para carregar, uma pessoa sobrecarregada de sofrimento atroz. Nesse sentido, o si-mesmo pode a qualquer momento sobrepujar e contrariar a vontade autônoma do eu. Cristóvão é claramente uma figura humana que tem de trazer nos ombros o divino e quase sucumbe sob o fardo. Continuei a falar à minha cliente a respeito da diferença entre o ser humano e Deus e a respeito do relacionamento entre eles; ela foi capaz de ouvir com interesse. Um dia, porém, disse-me: "Estou começando a enlouquecer de novo; continuo a voltar a crer que sou Cristo. Mas eu sei que sou apenas Cristóvão". Quando a vi dois dias depois, disse-me com ar de grande segredo: "Devo dizer-lhe que novamente sinto que sou Deus ou Cristo. Sei que o sr. pensa que sou apenas Cristóvão. O sr. tinha razão até agora. Mas, *desta vez, eu realmente sou Deus*". Todos os nossos esforços para a diferenciação não haviam impedido que seu ego se fundisse mais uma vez com a imagem de Deus. Novo episódio catatônico lhe sobreviera.

Já observamos que as inflações não precisam ser tão dramáticas. Geralmente não são patológicas nem extremas no sentido de um episódio psicótico. Qualquer pessoa pode imaginar ser alguém especial e obter autoestima dessa "fantasia". Outras pessoas podem, então, considerar que tal indivíduo é terrivelmente "arrogante", ou seja, inflado. A inflação pode concentrar-se no contexto familiar especial de uma pessoa, ou em seu heroísmo, sua modéstia, sua beleza, sua confiabilidade, sua religiosidade, no que quer que seja. Isso implica uma fusão parcial do eu com uma imagem arquetípica a fim de que a pessoa obtenha autoestima.

Jung escreve acerca do fenômeno da inflação principalmente em referência à incapacidade do eu de distinguir-se dos conteúdos que manam do inconsciente, identificando-se, antes, com eles. Isso torna claro que os problemas narcísicos podem também estar ligados ao processo de individuação. Rosemary Gordon tem toda razão quando ressalta que o narcisismo saudável depende de evitar a idealização de "objetos internos" particulares, ou seja, de não obter autoestima de uma supervalorização de determinados atributos da personalidade. O narcisismo sadio deveria fundamentar-se em um apoio afirmativo das relações, dos laços e das pontes que existem entre os diferentes aspectos da personalidade interior (Gordon, 1980). Creio que esse ponto seja essencial, uma vez que enfatiza o fato de que a autoestima não depende unicamente da percepção de um indivíduo de sua beleza, sua inteligência vivaz, sua criatividade – ou de qualquer outra coisa que esteja no topo da própria escala de valores. Reconhece-se a importância das possibilidades transformadoras da libido narcísica (Kohut, 1966) quando o foco recai sobre as relações dinâmicas de várias partes interiores e não apenas sobre a supervalorização estática de um aspecto da personalidade. Nesse potencial é que R. Gordon vê acertadamente a característica do processo de individuação no sentido junguiano (Gordon, 1980, p. 263).

5
PROCESSO DE INDIVIDUAÇÃO E MATURAÇÃO DA LIBIDO NARCÍSICA

As ideias de C. G. Jung sobre o processo de individuação

Já aludimos à "enfermidade criativa" de Jung, a qual também pode ser considerada uma crise da meia-idade, uma constelação psíquica inerente a seu processo de individuação. Para Jung, foi marcada por uma luta com o poder dos conteúdos ativados de seu inconsciente. Disse a si mesmo que essa experiência provocou uma reorientação nas estruturas mais profundas de sua personalidade:

> Mas encontrei essa corrente de lava e a paixão nascida de seu fogo transformou e coordenou minha vida. Tal corrente de lava foi a matéria-prima que se impôs e minha obra é um esforço, mais ou menos bem-sucedido, de incluir essa matéria ardente na concepção do mundo de meu tempo (Jung & Jaffé, 1963, p. 225).

A obra de toda a vida de Jung é, em última instância, a objetivação de sua própria experiência do processo de individuação. É, ao mesmo tempo, a realização de uma tarefa determinada – por assim dizer – pelo si-mesmo, uma "obrigação" que veio do profundo do inconsciente. A fim de seguir essa vereda, primeiramente devia renunciar a qualquer identificação com um papel coletivo: em 1913, demitiu-se de seu cargo de professor na Universidade de Zurique e abandonou as honrarias de uma carreira acadêmica. Então tornou-se uma questão de debater-se com poderes arquetípicos interiores. A luta de Jung podia muito bem ter acabado em sua "conversão" a uma vida como grande artista (ao que uma "figura-anima" tentava-o muitas vezes) ou, pior, como um missionário ou um sectário fanático. Com efeito, ele teria corrido o perigo de cair em tal inflação acrítica, caso não tivesse conseguido compreender sua experiência interior em um nível simbólico em vez de encená-la e reificá-la. Seu talento especial para compreender material simbólico permitiu-lhe ao mesmo tempo conservar as funções críticas do eu e colocá-las a serviço de uma pesquisa científica relativamente objetificada.

Obviamente se pode agora perguntar se a psicologia do processo de individuação de Jung, para ser de validade mais geral, não está demasiado modelada em sua própria experiência e em sua própria pessoa. O fato é que ele reuniu uma porção de "material objetivo" da mitologia, dos contos de fadas, das crenças populares, da alquimia etc., a fim de testar a universalidade de seus resultados; mas se pode objetar que, ao reunir e interpretar esse material, ele não pôde evitar ser influenciado por sua "equação pessoal". É razoável, portanto, presumir que os clientes foram até ele porque conheciam seus escritos e sentiam forte afinidade com suas opiniões. Isso estaria refletido no material inconsciente que lhe trouxeram.

Jung usava com frequência a expressão "equação pessoal" – um sinal de sua disposição para reconhecer que, em psicologia, mais do que em qualquer outro campo, não se pode formular nenhuma verdade universalmente válida. O conhecimento psicológico não pode fundamentar-se em um ponto arquimediano, situado fora de seu objeto, com o fito de perceber "objetivamente" a psique. A maneira como os fenômenos psíquicos, em geral, e os conteúdos do inconsciente, em particular, são percebidos e interpretados permanece sempre motivada por fatores inconscientes. Isso significa que uma dimensão subjetiva é inerente a qualquer afirmação psicológica. Seria uma ilusão se eu presumisse que meu conhecimento psicológico pudesse ser mais do que uma verdade subjetiva, uma convicção sincera baseada no que sei ser "minha" verdade. Não se deveria esquecer, porém, que uma abertura em relação aos conteúdos que em geral são reconhecidos como verdadeiros e valiosos permanece essencial. Do contrário, corro o risco de trancar-me na torre ebúrnea de uma "obstinação" esquizoide e tornar-me estéril; ou poderia tornar-me indiscriminadamente inflacionado com um conteúdo arquetípico e tornar-me um profeta, convencido de que conheço melhor, ficando, desse modo, sob a ilusão de que "minha verdade" é a verdade absoluta.

Dado o fato de que a psicologia analítica foi influenciada em alto grau pela equação pessoal de Jung, é muito importante, naturalmente, levantar a questão acerca de sua validade geral. Von Franz tem razão quando escreve que o nome de Jung raramente deixa as pessoas indiferentes. "Deparamo-nos sempre com rejeição ou entusiasmo emocionalmente carregados sempre que o mencionamos. Poucas vezes é acolhido com avaliação imparcial" (Von Franz, 1975, p. 10-11). Às vezes os seguidores de Jung sucumbem ao desejo tentador de tomar Jung como modelo (Jacoby, 1973a; Yandell, 1978). Ele é elevado à categoria de infalível professor de sabedoria, pelo que se dá uma inconsciente "fusão com o si-mesmo-objeto idealizado". Isso permite ao indivíduo em questão evitar um confronto consigo mesmo, enquanto continua convencido de que está a explorar suas próprias profundidades. O próprio Jung falava de maneira drástica dos perigos inerentes a "fantasias discipulares" inflacionárias, nas quais alguém senta-se modestamente aos pés do "Mestre" e evita ter ideias próprias. "A preguiça mental se torna uma virtude; pelo menos, é possível aquecer-se ao sol de um ser semidivino" (OC 7/2, § 263). Por outro lado, as pessoas que rejeitam Jung por motivos emocionais o fazem porque se defendem contra as dimensões psíquicas a que ele se refere e descartam-nas como espirituais e místicas. Pessoalmente, considero importante refletir sobre a equação pessoal de Jung, como também sobre o modo como sua obra foi evidentemente condicionada pelo espírito de seu tempo.

Em 1922, Jung definiu o que ele entendia por "individuação" em termos que se referiam de forma tão óbvia à experiência factual que, mesmo hoje, dificilmente ocorreria a um observador de mente aberta e atento contradizê-lo. Sua definição diz:

> A individuação é, em geral, o processo de formação e particularização do ser individual e, em especial, é o desenvolvimento do *indivíduo* psicológico como ser distinto do conjunto, da psicologia coletiva. É, portanto, um processo de diferenciação que objetiva o desenvolvimento da personalidade individual. [...] A individualidade já é dada física e fisiologicamente e daí decorre sua manifestação psicológica correspondente. Colocar-lhe sérios obstáculos significa uma deformação artificial (OC 6, § 853).

Essa formulação é uma declaração puramente formal. Não prejulga as inumeráveis variações individuais inerentes a esse processo; ao contrário, o que caracteriza a atitude de Jung é especificamente o respeito pela diversidade da natureza individual. Ele pressupunha que o desenvolvimento da individualidade faz parte da natureza humana e é tanto inspirada quanto guiada por um genuíno esforço por individuação. Esse é o motivo por que uma "deformação artificial" infligida por um autodesenvolvimento bloqueado é quase sempre equivalente a perturbação psíquica.

Jung, ao mesmo tempo, sempre enfatizou que não se deveria confundir individuação com individualismo:

> Uma vez que o indivíduo não é um ser único, mas pressupõe também um relacionamento coletivo para sua existência, também o processo de individuação não leva ao isolamento, mas a um relacionamento coletivo mais intenso e mais abrangente (OC 6, § 853).

Essa longa definição conclui-se com as frases seguintes: "A individuação coincide com o desenvolvimento da consciência que sai de um estado primitivo de *identidade*. Significa um alargamento da esfera da consciência e da vida psicológica consciente" (OC 6, § 856).

Não obstante, os comentários de Jung em *Memórias, sonhos, reflexões* (Jung & Jaffé, 1963) ilustram concretamente a maneira pela qual sua própria experiência pessoal moldou o significado específico que ele atribuiu ao processo de individuação. Sua abordagem resultou principalmente da experiência de que havia pontos cruciais em sua vida que ele não era capaz de controlar mediante sua própria vontade, ou seja, a vontade de seu eu. Este era forçado a ceder grande parte de sua autonomia, ainda que isso implicasse para ele o risco de cair no caos. Já demos a entender que essa impressionante experiência ensinou-lhe como forças ordenadoras estavam atuando no caos aparente do inconsciente. São forças que buscam alcançar uma nova centralização de toda a personalidade. Nesse sentido, o processo de individuação forceja por mútua cooperação da consciência e desses poderosos conteúdos do inconsciente, permitindo, assim, a cada pessoa descobrir sua senda própria rumo à autorrealização.

É óbvio que, em muitas ocasiões, todos nós experimentaremos um desejo de alcançar ou realizar algo. Gastamos grande quantidade de energia vital fazendo planos, nutrindo esperança e operando em vista do futuro. Nossos impulsos rumo à autorrealização podem ser muito fortes. "*Torne-se* quem você é." Mas também sabemos que apenas nossa vontade consciente e nossos desejos pessoais não são capazes de modelar a autorrealização exatamente da maneira que corresponderia à nossa totalidade individual. Com bastante frequência, nós nos esforçamos para tornar-nos o que *queremos* ser e não quem somos. A imagem que temos de como gostaríamos de ser, então, está muito influenciada por aspirações e ideais do eu que não necessariamente estão em harmonia com a totalidade de nossa personalidade; isso pode resultar em completa autoalienação e na consequente neurose. Nossa vontade consciente é, por natureza, unilateral; está também constantemente sujeita a influências oriundas de nossa educação, dos valores sociais, de supercompensações pessoais etc. Por conseguinte, jamais pode corresponder à inteireza de nosso ser e está, de fato, muitas vezes em conflito com nosso verdadeiro si-mesmo. Para compreendermos a nós mesmos, precisamos primeiramente tentar experimentar quem de fato somos, inclusive aspectos até agora inconscientes de nossa personalidade. Isso inevitavelmente implica levar em conta a existência de forças em nós que são mais fortes do que qualquer intenção consciente. Todos nós sabemos que o uso consciente da força de vontade não logrará curar a compulsão, um sintoma neurótico, uma dependência ou uma enfermidade psicossomática. Os próprios sintomas são mais fortes do que a vontade.

Creio que qualquer psicoterapia fundada na psicologia do profundo deveria focalizar-se acima de tudo na questão de quem realmente somos, acima e além das distorções provocadas pela maneira como fomos educados ou pela sociedade na qual vivemos. Tornar-se consciente, em última instância, implica uma experiência desapaixonada do "verdadeiro si-mesmo" (Winnicott, 1965, p. 148ss.). O si-mesmo no sentido junguiano está enraizado no domínio imperscrutável que tem sido denominado, com razão, o inconsciente. Ele não pode nem ser transformado completamente em consciente nem ser demonstrado. Uma legítima experiência do si-mesmo, não corrompida por ilusões, portanto, só pode permanecer provisória: os conteúdos emergentes do inconsciente – sejam sonhos, imaginações, visões etc. – deveriam ser abordados com uma consciência de que suas mensagens não são inequívocas. Costumam vir acompanhadas por fortes emoções e possivelmente podem ser caracterizadas por nossa tendência a distorcer nossa autopercepção de maneira perigosa. Muito do mérito cabe a Jung por ter contribuído, mediante suas investigações sistemáticas, para a formulação de uma chave psicológica que nos permite maior acessibilidade à variedade de significados inerentes à linguagem simbólica do inconsciente. De algum modo, isso reduz o perigo de sermos indiscriminadamente seduzidos por alguns de seus conteúdos.

A equação pessoal de C. G. Jung influenciou nitidamente suas descrições do processo de individuação, pois evidenciam eventos acontecidos na meia-idade ou na segunda metade da vida. Em minha opinião, são generalizações de sua própria experiência existencial. Ele define o processo de individuação como um "processo de formação e particularização do ser individual". Seria de se esperar, assim, que essa definição incluísse os estágios iniciais mediante os quais o eu se desenvolve e o jovem adulto encontra sua própria identidade. Jung, porém, pressupõe a existência de uma consciência do eu capaz de integração, ou seja, de um eu que seria forte o suficiente para permitir-se de quando em vez largar sua função de controle e de organização. Sempre que o eu é incapaz de reagir com tal flexibilidade, erige rígidas defesas – "enrijece-se" – contra os impulsos rumo à transformação provenientes do inconsciente, uma vez que são percebidos como ameaça. Na opinião de Jung, essa "atitude racionalista" simplesmente exige uma compensação inconsciente mais forte. É como se o impulso rumo à individuação estivesse tentando coagir o eu a alargar sua atitude atacando a consciência por meio de todos os tipos de neuroses. Quando esse é o caso, os poderes do inconsciente manifestam-se de maneira agressiva, obsessiva e destrutiva. Jung descobriu que tais tendências hostis são mais facilmente transformadas se o consciente for capaz de tratá-las com atitude mais apropriada, se ele enfrentar o inconsciente abertamente, em vez de esquivar-se dele ou prevenir-se contra ele. Uma vez confrontados, os conteúdos muitas vezes mudam de forma, e fica claro que os poderes atuantes estavam buscando atenção consciente em benefício do indivíduo e de seu processo de individuação. Eis por que, de acordo com Jung, "a única maneira de tratá-los na prática consiste em assumir uma atitude consciente que permita a cooperação do inconsciente em vez de sua oposição" (OC 16/2, § 366). Dessa maneira, Jung entende que muitas neuroses estão relacionadas de maneira profunda com o processo de individuação. Elas costumam ter um propósito fundamentalmente prospectivo, visto que a função delas é forçar o indivíduo a uma nova atitude que facilitará o amadurecimento de sua personalidade.

Crises neuróticas desse tipo costumam irromper na meia-idade. Essa é uma das razões por que Jung discordava da ideia psicanalítica que sempre via conflitos da infância como a causa da neurose. Porém, podemos acrescentar que, na enfermidade psíquica, as funções do eu não costumam ser flexíveis o bastante para que o eu escolha livremente uma determinada atitude consciente. O cliente, portanto, não é capaz de adotar uma postura "que permita a cooperação do inconsciente em vez de sua oposição" (OC 16/2, § 366). Medos, compulsões etc. usualmente solapam sua liberdade de ajustar-se e de revisar sua atitude. A meu ver, mesmo aquelas crises neuróticas que irrompem na meia-idade ou na segunda metade da vida são frequentemente provocadas por transtornos no desenvolvimento do eu acontecidos na primeira infância. Parece-me importante que os psicoterapeutas devam levar em conta toda a gama de medos que podem estar na raiz da resistência rumo à individuação. Do contrário, corremos o risco de adotar uma postura "pedagógica" ao tentar convencer nossos psicanalisandos a encontrar jeito mais apropriado de relacionar-se com o inconsciente. Como consequência disso, podemos não levar em consideração seus receios e relacionar-nos com eles de modo pouco empático e demasiado exigente. Curiosamente, tanto Kernberg quanto Kohut salientam que, em grande número de casos, transtornos narcíseos agudos irrompem da meia-idade em diante (Kernberg, 1975; Kohut, 1977).

Na segunda metade da vida, o processo de individuação comporta mudanças fundamentais em nossa hierarquia de valores. Conforme dissemos, o si-mesmo manifesta-se através de símbolos de altíssimo valor; por exemplo, a imagem de um tesouro difícil de alcançar, o ramo de ouro, a pérola ou o ouro filosofal alquímico. O si-mesmo pode expressar-se em símbolos que representam estruturas ordenadoras, tais como a mandala ou a quaternidade. Pode também ser personificado em figuras dotadas de qualidades sobre-humanas. Tanto as imagens religiosas de deuses que assumiram forma humana quanto a crença cristã em Deus como pai e Cristo como filho são representações simbólicas do si-mesmo. O si-mesmo tem carga afetiva tão forte que, quando lhe é dado exprimir-se em tais símbolos, é sentido como numinoso.

Quase todos nós ansiamos consciente ou inconscientemente por algo que teria alto valor emocional. Ou, parafraseando Gerhart Hauptmann: todo ser humano abriga algum desejo melancólico, tenho certeza. Uma pessoa pode ansiar por amor, outras por sucesso, por dinheiro, por uma posição social melhor, por felicidade tranquila, por saúde melhor, por mudança em sua rotina cotidiana, por sentido em uma vida que parece não ter sentido algum etc. O objeto desse anelo, a meta desse esforço é o que mais importa para nós; é o valor mais elevado em cada uma de nossas vidas. Conscientemente escolhi detalhar uma série muito heterogênea de objetos sobre os quais o anseio interior por um valor central pode ser projetado, a fim de mostrar os problemas envolvidos. Muitas pessoas, por exemplo, de fato veem o dinheiro e os bens como a coisa mais valiosa a ser buscada. No entanto, facilmente pode-se ver que, em um nível psicológico, elas estão também acumulando riqueza com o fito de aumentar sua própria autoestima. Em outras palavras, estão satisfazendo necessidades narcisísticas. Seu próprio medo, em geral muito intenso, de perder essa riqueza mostra o quanto pode ser questionável a projeção dos mais elevados valores de alguém no dinheiro. Seria possível interpretar os suicídios epidêmicos nos Estados Unidos após a quebra da Bolsa de Valores durante a década de 1930 dizendo que a perda de riqueza foi experimentada pelas pessoas que se mataram como uma perda absoluta do si-mesmo, que isso lhes havia despojado a elas e a suas vidas de todo valor e, portanto, de todo sentido. Juntamente com a Bolsa de Valores, o equilíbrio narcisístico de sua personalidade entrou em colapso.

Na Idade Média, muitos alquimistas fizeram da produção de ouro sua meta definitiva. Entretanto, alguns deles eram consideravelmente sábios para dizer: *Aurum nostrum non est aurum vulgi* – "Nosso ouro não é o ouro vulgar". Com isso, davam a entender que de fato eles estavam buscando o "ouro filosofal" contido em um conhecimento mais completo e mais profundo. Quando o Novo Testamento nos fala a respeito das enormes dificuldades que os ricos encontrarão para entrar no Reino dos Céus, podemos interpretar psicologicamente essa lição como a significar que o ser humano precisa libertar o tesouro mais elevado, o si-mesmo, da projeção que o identifica com bens terrenos, antes de sentir-se contido em segurança em uma riqueza que vai além do tempo. Se determinado indivíduo coloca seus mais elevados valores no que é mundano e banal, ou no nível espiritual, depende muitíssimo do grau em que sua consciência já está diferenciada. Em todo caso, parece que, junto com o processo individual de maturação e com o alargamento da consciência, a hierarquia interior de valores, independentemente de seu nível, é submetida a transformações.

Gostaria de dar um exemplo de como o amadurecimento individual e a integração de conteúdos projetados podem malograr, levando a desdobramentos trágicos. Durante muitos anos, um empresário, agora na casa dos 50 anos, havia-se identificado tanto com seus negócios que era absolutamente incapaz de manter uma conversa sem que não falasse de forma quase obsessiva acerca do volume de negócios que sua empresa estava realizando por dia, por mês e por ano. Visto que estava envelhecendo, sentia forte necessidade de expansão e, por isso, abriu mais lojas. Até então, tinha sido sempre um profissional cuidadoso, previdente, mas isso claramente havia mudado, e ele começou a investir grandes somas de dinheiro na decoração interna de suas lojas. Uma vez que o volume de negócios e o lucro já não eram a única coisa que lhe importava, tornou-se essencial que a decoração das lojas fosse elegante e tivesse um visual invulgar. Claro que ele podia facilmente justificar essas mudanças: a fim de permanecer competitivo no acirrado mundo dos negócios do mercado atual e para atrair clientela maior, suas lojas deviam ser atraentes de modo singular. Foram organizadas inaugurações elegantes, para as quais foram convidadas inúmeras pessoas, bem como a imprensa. Nessas ocasiões, ele se deliciava com sua posição de orgulhoso dono de toda essa suntuosidade. Tendo investido tanto dinheiro, ele começou, então, a perguntar-se se o negócio ainda daria lucro suficiente. Tal preocupação fazia-o telefonar para cada filial de hora em hora, para inquirir como estavam indo as vendas. Seu humor tornou-se dependente das vendas boas ou más. Além de seus temores e tensões emocionais, tinha passado a sofrer de acessos de raiva toda vez que recebia relatórios de números de vendas que não alcançavam suas expectativas. Incapaz de suportar esse comportamento por mais tempo, um funcionário muito competente, que estivera administrando as vendas na matriz, demitiu-se, encontrou emprego junto à concorrência e levou consigo muitos antigos clientes. Nosso empresário, então, decidiu fazer ele mesmo o trabalho e assegurar-se de que as coisas fossem feitas do jeito adequado. Na verdade, porém, ele gastou a maior parte de seu tempo colocando-se obsessivamente por trás das portas de vidro da loja, esperando por clientes. Se não aparecia nenhum cliente, ou apenas uns poucos davam o ar da graça, a expressão em seu rosto tornava-se tão sombria e irada que deve ter afastado quaisquer potenciais compradores. Com efeito, ele estava, literalmente, atrapalhando seus próprios interesses comerciais, e o volume de negócios deveras decresceu. Ele reagiu a essas preocupações – agora muito objetivas – desenvolvendo hipertensão arterial e sintomas psicossomáticos de todos os tipos, os quais exigiam-lhe total atenção e levaram-no a tornar-se hipocondríaco. Aos poucos, seu comportamento tornou-se insuportável tanto para si próprio quanto para os demais. A partir daí, nada poderia ser feito para evitar que seus negócios declinassem seriamente.

Como deveríamos interpretar essa história de um ponto de vista psicológico? O desenvolvimento de nosso homem de negócios claramente começou a enfrentar uma mudança trágica no ponto em que, por razões psicológicas, ele já não estava satisfeito para manter elevado seu senso de autoestima ao contar os números do faturamento de seu negócio. Contudo, suas lojas permaneciam sendo o único escopo de sua vida e obviamente representavam seu "valor mais elevado". A necessidade que ele sentia de usar uma mobília luxuosa nessas lojas era um perigoso contraste com a atitude ponderada com que até então ele administrara seus negócios. Uma intensa avidez por alcançar autoimportância estava na raiz da mudança que patentemente se expressava no desejo de "coroar o trabalho de sua vida" e ultrapassar as lojas rivais. Entretanto, parece-me que dinâmicas arquetípicas mais profundas estavam atuando por trás de seu comportamento. Querendo sentir que era, por assim dizer, o rei em sua esfera profissional, ele celebrava sua própria coroação como empresário. Contudo, além de colocar a coroa em sua própria cabeça, ele também estava dando os retoques finais em seu trabalho supremo, no negócio que esteve no centro de sua vida e devia dar-lhe sentido. É verdade que reis no exercício do poder, em tese, não deviam viver em uma casa vulgar; isso seria impróprio para sua dignidade. Nesse sentido, os palácios reais têm sido sempre edifícios construídos de maneira tão engenhosa e ostentadores de grande magnificência. Os edifícios dedicados ao divino, ou seja, templos, igrejas e catedrais, desde a Antiguidade, têm sido planejados para exibir suntuosidade ainda maior. Eram considerados lugares onde reside e age a divindade. A meu ver, o sr. X inconscientemente havia se tornado vítima desse tema arquetípico. Desejara construir um templo para seu valor mais eminente, para seu "deus". É claro que o fez de modo tão inadequado e danoso para si que chega a ser absurdo. Deificação tão extrema dos negócios parece sacrilégio, mesmo em nossos tempos atuais, seculares e capitalistas.

O problema do sr. X foi sua incapacidade de diferenciar o *aurum vulgi* e o *aurum philosophicum*; não foi capaz de encontrar uma perspectiva "filosofal" a partir da qual pudesse ter questionado os motivos subjacentes em suas ações. Ainda assim, parece que aqueles processos que normalmente subjazem à individuação depois da primeira metade da vida tornaram-se eficazes nele. É certo, porém, que ele permaneceu inconsciente do que estava acontecendo e foi incapaz de fazer uma parada em um nível adequado. Como consequência, o impulso rumo à maturação ulterior assumiu uma influência destrutiva no modo pelo qual ele percebia a si mesmo e toda a sua situação concreta. Sua tarefa decisiva teria sido relacionar-se com o centro interior de sua personalidade, reconhecer-lhe o valor anímico e libertá-la de sua identificação com negócios, na consciência de que o ser humano não pode viver apenas para o sucesso profissional. Teria sido necessária, da parte dele, determinada porção de introspecção ativa, algo que estava além de suas capacidades. Tal como estava, foi obrigado a transformar-se no registro obsessivo e atemorizante dos sintomas físicos – em uma compulsão hipocondríaca, um ineficaz tipo de auto-observação.

Minha interpretação dessa desafortunada evolução tem uma nuança fortemente moralista; soa como se eu estivesse passando a seguinte advertência: se você não viver com seu processo de individuação no verdadeiro nível pretendido pelo si-mesmo – que pode chegar à "blasfêmia" –, será inevitável o castigo. Minha formulação pode estar um tanto influenciada pelas palavras de Jung: ele escreveu que podemos nos tornar vítimas do processo de individuação e ser "arrastados pelo destino para aquela meta inevitável que poderíamos ter alcançado com passo firme e cabeça erguida e no momento devido, se tivéssemos aplicado tão somente nossa paciência e nosso esforço, a fim de compreender os numina [numes] do destino" (OC 11/4, § 746)[10]. Não obstante, pessoalmente acredito que as pessoas que não conseguem seguir o si-mesmo mediante o processo de individuação, em geral não podem ser moralmente responsabilizadas por "não se darem ao trabalho" e por faltar-lhes paciência. Circunstâncias trágicas costumam desempenhar um papel, toda uma sequência de acontecimentos que obstaculizaram o desenvolvimento psíquico desde a infância e impediram a consciência do eu de alcançar liberdade e flexibilidade e, assim, de adaptar-se ao fluxo psíquico interior. Costuma ser o medo de perder o equilíbrio o que impele o eu a agarrar-se defensivamente a determinadas atitudes. Mesmo que minha interpretação do infortúnio do sr. X soe plausível o bastante, não gostaria que ela fosse entendida como uma acusação moralista oculta.

Agora gostaria de concluir minhas reflexões sobre o processo de individuação com uma citação na

---

10. O fato de as "intenções do si-mesmo" não serem sempre unilateralmente "boas" complica toda a questão. Essa é a razão por que Jung muitas vezes com prazer contradiz a si mesmo, chegando a dizer que não se deveria confiar na voz do inconsciente ao tomar uma decisão. Ele via o inconsciente como natureza, e a natureza está, por assim dizer, além do bem e do mal. Assim, exige-se vigilância consciente. "O homem reserva para si uma margem, conserva uma restrição mental, mesmo em face da decisão divina. Sem isso, onde estaria sua liberdade? E qual seria o sentido dessa senão o de torná-lo capaz de ameaçar Aquele que a ameaça?" (Jung & Jaffé, 1963, p. 247). Gostaria de agradecer à Sra. A. Jaffé por chamar minha atenção para esse aspecto.

qual C. G. Jung consegue expressar a essência dela. Em *Psicologia e alquimia*, Jung escreve:
> Afinal, cada vida é a realização de uma totalidade, isto é, de um si-mesmo, motivo pelo qual esta realização também pode ser chamada de individuação. Pois toda vida está ligada a portadores e realizadores individuais e é inconcebível sem eles. Cada um desses portadores recebe um destino e uma especificidade individuais, e a vida só encontra o seu sentido quando eles se cumprem (OC 12, § 330).

Autorrealização à luz das opiniões de Kohut sobre o narcisismo

Seria possível interpretar com a mesma facilidade a história da ascensão e do declínio pessoal e profissional do sr. X em termos da teoria do narcisismo de Kohut e chegar a conclusões igualmente plausíveis! É óbvio que, no caso do sr. X., um intenso "afluxo de libido narcisista-exibicionista" oriunda do "si-mesmo ostentoso", de pouco em pouco, perturbou o "equilíbrio narcisista" da psique. Fantasias latentes de grandeza irromperam de maneira inadequada e varreram a afiada mente comercial que, até então, servira bem ao sr. X. As fantasias que o impulsionaram a coroar o trabalho de sua vida com tal suntuosidade eram, é óbvio, irrealistas, pelo que a função das lojas luxuosas era espelhar sua própria ostentação.

Além disso, o polo idealizador do si-mesmo e a necessidade de ideais significativos também haviam começado a tornar-se ativos. Até aquele momento, embora percebendo seu negócio como a tarefa de sua vida e, inconscientemente, como seu sentido existencial, ele o havia administrado de maneira exitosa mediante o uso de táticas inteligentes que não estavam privadas de certo elemento "criativo". Depois, no entanto, começava a investir muito dinheiro (o que, levando-se em consideração sua mentalidade, com certeza era um grande sacrifício), assim como suas melhores fantasias no amado e idealizado "si-mesmo-objeto", provendo seu negócio de uma decoração exageradamente luxuosa. Em seu caso, até mesmo a necessidade de idealizar, que, como tal, costuma estar na raiz da busca das pessoas por valores significativos, aos poucos passou a ser "investida" no lugar errado. Como empresário, devia ter compreendido que aqueles eram "maus investimentos". Contudo, suas decisões eram motivadas, em grande escala, por uma compulsão que tornou cada vez mais difícil para ele levar em conta fatores objetivos. Assim, podemos interpretar sua atitude irrealista e, no fim das contas, autodestrutiva como a reativação de necessidades narcíseas da primeira infância que o adulto nele agora tentava transformar em ação concreta. Alguns pontos em sua biografia tenderiam a apoiar a hipótese de que tanto a necessidade de ser espelhado quanto a carência de idealização não haviam sido suficientemente satisfeitas em sua infância. É importante também saber que seu pai fora muito ativo na mesma linha de negócio, mas só conseguira possuir uma "loja de sucata", conforme costumava dizer o sr. X. Isso deve ter desapontado muito sua necessidade de idealizar seu pai. Também deve ter sido a causa de sua avidez por compensar sendo "mais bem-sucedido do que ele". O sr. X lembrava como costumava ficar envergonhado de seu pai e de sua loja de sucata. Não admira, pois, que tentasse alcançar o outro extremo.

Naturalmente seria possível interpretar o comportamento do sr. X a partir de muitos outros ângulos. Os processos psíquicos têm múltiplas dimensões, e sua compreensão exige a aplicação de mais de um modelo.

O que com certeza resta é o fato de que o sr. X estava sendo confrontado com uma crise existencial no fim de sua meia-idade. Kohut ressalta como o processo de maturação do si-mesmo é confrontado com seu teste mais decisivo precisamente nesse ponto da curva da vida. Quando alcançamos o fim da meia-idade é que, "aproximando-se o declínio final, perguntamo-nos se temos sido fiéis ao nosso propósito mais profundo" (Kohut, 1977, p. 241). Para Kohut, também, os processos pelos quais o si-mesmo amadurece visam, em última análise, alcançar a realização do propósito mais íntimo.

Ele acredita que a tarefa fundamental do ser humano podia muito bem ser "a realização, mediante suas ações, do projeto de sua vida", e isso significa que o projeto "foi estabelecido no si-mesmo nuclear" (Kohut, 1977, p. 133). Os paralelos com as ideias de Jung tornam-se ainda mais evidentes quando Kohut escreve que o si-mesmo, "qualquer que seja a história de sua formação, tornou-se um centro de iniciativa, uma unidade que tenta seguir seu próprio curso" (Kohut, 1977, p. 245). Kohut, no entanto, considera que os transtornos psíquicos graves que às vezes irrompem principalmente na meia-idade seriam um sintoma de um desenvolvimento incompleto que impede a personalidade de confrontar a experiência de um "declínio final na curva da vida". Kernberg, igualmente, com razão salienta que muitas vezes, não antes da segunda metade da vida, é que o narcisismo patológico não resolvido terá consequências devastadoras. Isso tem a ver com o fato de que muitas pessoas com transtornos narcísicos da personalidade (a que Kernberg chama "narcisismo patológico") conseguem controlar sua vida com bastante êxito, à exceção de alguns sintomas relativamente desimportantes. A combinação certa de inteligência, talento, sorte e sucesso muitas vezes fornece considerável gratificação para compensar o vazio e o tédio subjacentes. Kernberg escreve:

> Se levarmos em conta que, ao longo da duração de uma vida comum, a maioria das gratificações narcíseas ocorre na

> adolescência e no começo da adultidade, e que embora triunfos e gratificações narcisísticos sejam obtidos ao longo da adultidade, o indivíduo deve, por fim, enfrentar os conflitos básicos à volta do envelhecimento – doença crônica, limitações físicas e mentais e, acima de tudo, separações, perdas e solidão –, então devemos concluir que o confronto definitivo do si-mesmo ostentoso com a natureza frágil, limitada e transitória da vida humana é inevitável (Kernberg, 1975, p. 310-311).

Gostaria de voltar a Kohut e salientar como suas opiniões são, em grau surpreendente, consistentes com as observações de Jung. Assim, Kohut escreve que a psicologia do si-mesmo permite explicar um fato que, até então, a psicanálise não tinha sido capaz de elucidar.

> Algumas pessoas podem levar vidas satisfatórias e criativas, em que pese a presença de sérios conflitos neuróticos – mesmo, às vezes, não obstante a presença de uma doença neurótica quase paralisante. Em contrapartida, há outras que, apesar da ausência de conflito neurótico, não estão protegidas contra sucumbir ao sentimento da falta de sentido de sua existência, inclusive, no campo da psicopatologia propriamente dita, de vergar-se à agonia da desesperança e da letargia da depressão vazia generalizada – especificamente, conforme disse antes, de determinadas depressões do final da meia-idade (Kohut, 1977, p. 241-242).

Kohut chega até mesmo a esperar que, um dia, a psicologia do si-mesmo seja capaz de explicar como algumas pessoas consideram a inevitabilidade da morte como prova de que a vida é completamente absurda – "sendo o único traço redentor o orgulho do ser humano de sua capacidade de enfrentar a absurdidade da vida sem romantizá-la" (Kohut, 1977, p. 242). Esse passo pode muito bem ser interpretado como uma alusão à abordagem ascética de Freud e da "psicanálise clássica", segundo a qual a verdade e uma ausência absoluta de ilusões são a meta mais valiosa. Mais adiante, porém, Kohut observa que se deveria ser capaz de explicar por que muitas pessoas podem aceitar a morte como parte integrante de uma vida significativa. Ele considera que a psicologia do si-mesmo constitui a base sobre a qual tal explicação será fundada.

A questão do sentido para Jung e Kohut

Com essa reflexão, Kohut avança gradativa e firmemente para domínios que, dentro da psicologia do profundo, já haviam sido explorados em especial por C. G. Jung. Mas ele parece recusar-se a fazer caso das descobertas de Jung. Se ele tivesse lido de modo cuidadoso as obras de Jung teria percebido que muito de sua psicologia do si-mesmo e das conclusões dela não eram nem muito originais nem muito novas. Foram precisamente o sentido e a falta de sentido as questões sobre a quais o interesse de Jung se concentrou (Jaffé, 1970). Ele chegou ao ponto de considerar a neurose, "em última instância, um sofrimento de uma alma que não encontrou o seu sentido" (OC 11/6, § 497), embora ele visse o sentido como revestido do poder de curar, visto que "torna muitas coisas, talvez tudo, suportável" (Jung & Jaffé, 1963, p. 373). Portanto, tanto Jung quanto Kohut observam como algumas pessoas podem levar vidas realizadas e criativas, em que pese a presença de graves transtornos neuróticos, enquanto a sensação de que a vida é sem sentido eclode em outras, levando-as a depressões, posto que não sofram de conflitos neuróticos como tais. Todo terapeuta sabe, pela prática, que as pessoas depressivas são capazes de queixar-se da absoluta futilidade de tudo, de que nada mais tem sentido. Isso pode induzir ao tipo de desespero que, conforme todos sabemos, às vezes culmina no suicídio.

Aqui surge mais uma vez a seguinte questão: Por que Kohut não menciona a grande contribuição de Jung para uma "psicologia do si-mesmo"? Deve esse fato ser interpretado como o oportunismo de um autor que não queria indispor-se com seus colegas psicanalistas ou correr o risco de, se mencionasse o nome de Jung, provocar os preconceitos emocionais deles contra as ideias deste último? Ou, ao não mencionar Jung, estaria a enfeitar-se com plumagem emprestada? Deveríamos ser cuidadosos aqui para evitar acusações precipitadas. Em todo caso, Kohut demonstrou coragem, um tipo de coragem que um psicanalista deve ter para dar um passo além das fronteiras relativamente tabuizadas da teoria psicanalítica e arriscar ser anatemizado. Sinto também que deveríamos dar-lhe crédito quando escreve que havia apenas um jeito que poderia levá-lo a sair "do pântano da especulação teórica contraditória, malfundamentada e com frequência imprecisa (na literatura psicanalítica existente)" (Kohut, 1977). Ele acentua que o único modo de progredir era "voltar à observação direta dos fenômenos clínicos e à construção de novas formulações que se harmonizariam com minhas observações" (Kohut, 1977). Ele queria ser capaz de apresentar tais descobertas sem ter primeiro que compará-las às teorias de outros psicólogos. No mesmo estilo, C. G. Jung narra como, na falta de orientação que ele enfrentou depois de separar-se de Freud, resolveu, "para o presente, não apresentar nenhuma premissa teórica para influenciar (meus clientes), mas esperar e ver o que eles teriam a dizer espontaneamente" (Jung & Jaffé, 1963, p. 194).

Acho as ideias de Kohut tão interessantes justamente porque ele chega a resultados semelhantes aos de Jung, mas usando seu próprio método e uma abordagem bem diferente. Isso, para começar, significa que um psicanalista fundamenta, em certa medida, as opiniões que, de acordo com Jung, muitos psicanalistas analíticos sentem ser importantes; e em geral a aprovação traz a satisfação de certas necessidades narcísicas. E o mais importante: o registro extremamente sutil das experiências que estão na base de sua abordagem pode estimular em grande medida os analistas e aumentar-lhes a sensibilidade para captarem as nuanças inerentes ao diálogo analítico.

Para Jung, a questão do sentido está claramente ligada ao si-mesmo compreendendo-se mediante o processo de individuação. "Afinal, cada vida é a realização de uma totalidade [...] e a vida só encontra seu sentido quando ela se cumpre" (OC 12, § 330). No entanto, ele acrescenta, com cautela, que "sentido" e "sem sentido" são apenas rótulos artificiais que servem para dar-nos um senso de direção razoavelmente válido (OC 12, § 330).

Isso indica que Jung não tenciona postular um sentido metafísico. Ele se limita a uma perspectiva psicológica e vê a questão do sentido conectada a uma legítima necessidade existencial de orientação. Jung certamente tem razão, em especial se considerarmos que, em termos empíricos, o que é sentido como significativo sempre parece mais valioso do que o que parece absurdo. No que concerne à experiência real, há sempre certo grau de coincidência entre sentido e valor. Etimologicamente falando, as palavras latinas *sentire* e *sensus* derivam da raiz indo-europeia *sent*. *Sentire* significa "sentir, experienciar", ao passo que *sensus* significa "a capacidade de sentimento, sensação, opinião". A palavra indo-europeia *sent* originalmente significava "tomar uma direção, procurar uma trilha", ou seja, também "ir, viajar, pôr-se a caminho". O verbo "enviar" deriva de raiz análoga. A palavra "sentido", portanto, significa "direção interior" e está ligada ao valor e ao significado que uma coisa ou um acontecimento tem para mim mesmo ou para outras pessoas. Pode-se observar uma e outra vez que as pessoas as quais falam, de forma contínua, acerca da futilidade e da absurdidade da vida moderna, inconscientemente parecem encontrar o próprio sentido no fato mesmo de saber o quanto a vida é absurda!

A mesma consciência de que tal atitude pode dar sentido jaz basicamente por trás do orgulho das pessoas que com coragem "enfrentam a absurdidade da vida sem romantizá-la". O reconhecimento de uma verdade satisfaz o impulso para o conhecimento, o qual é inerente à natureza humana e, portanto, é experimentado como significativo. O fato de muitos reconhecimentos e muitas verdades serem, às vezes, insuportáveis – o que é a razão por que racionalizações pseudossignificativas são usadas como defesa – não invalida necessariamente essa afirmação. A experiência do sentido permanece vital para a psique, posto que muitas tentativas de encontrar tal sentido se baseiem em ilusões.

É normal que estar em contato com o si-mesmo e com seu desejo ardente por individuação seja sentido como algo significativo. A experiência de uma conexão com a vida da psique é profundamente satisfatória – mesmo que precise envolver dor e conflitos –, enquanto a esterilidade de um vazio interior é acompanhada por um torturante sentimento de absurdidade. O processo de individuação está também vinculado a uma crescente consciência das conexões psíquicas interiores. Conforme sabemos, os esforços das escolas analíticas focalizam um alargamento da consciência; Jung, porém, também reflete sobre essa relação com a questão do sentido:

> "Mas por que", perguntar-se-á, "deve o homem atingir, *à tort e à travers*, uma consciência superior?" Tal pergunta acerta na mosca o problema, e a resposta a ela é algo difícil. Em lugar de uma verdadeira resposta, só posso confessar uma espécie de crença: parece-me que alguém afinal deveria ter sabido nos milhares de milhões de anos que este mundo maravilhoso das montanhas, mares, sóis, luas, da Via Láctea, das nebulosas, plantas e animais *existe* (OC 9/1, § 177).

Jung escreveu que, "sem a consciência reflexiva do homem, o mundo seria totalmente desprovido de sentido, pois o homem, de acordo com nossa experiência, é o único ser que pode constatar o fato do 'sentido'" (Jaffé, 1970, p. 140). Sua "confissão de fé", obviamente, torna fácil para os "psicólogos científicos" acusarem Jung de falta de método científico – e, de fato, muitas vezes o fazem.

Kohut, que lidou consideravelmente com a questão do sentido em sua obra sobre a psicologia do si-mesmo e que também arriscou algumas observações bastante cautelosas sobre o tópico, tenta afastar qualquer alegação quanto à sua aparente falta de método científico ao afirmar:

> Naturalmente há os que podem dizer que as questões acima mencionadas não constituem um legítimo objeto da ciência e que, ao ocupar-nos delas, estamos abandonando as áreas que podem ser iluminadas pela pesquisa científica e entrando em nebulosas regiões metafísicas. Discordo. Questões, por exemplo, de experimentar a vida como sem sentido a despeito do sucesso exterior, experimentar a vida como cheia de sentido não obstante o malogro exterior, o sentimento de uma morte triunfal ou de uma sobrevivência infértil são alvos legítimos de investigação psicológica científica, porque não são especulações nebulosas abstratas, mas o conteúdo de experiências intensas que podem ser observadas, por meio da empatia, dentro e fora da situação clínica (Kohut, 1977, p. 242).

Uma psicologia do si-mesmo demonstrou-se essencial para a compreensão dessas questões centrais, visto que "esses fenômenos não estão incluídos na estrutura de uma ciência que considera a mente um aparato que processa impulsos biológicos" (Kohut, 1977, p. 242). Foi porque Kohut viu de modo crescente a premente importância dessas questões tanto para a psicologia quanto para a terapia que ele postulou a necessidade de formular uma psicologia do si-mesmo, que deveria complementar abordagens mais tradicionais.

Crítica da psicanálise à posição de Kohut

Vários colegas de dentro e de fora da psicanálise saudaram a psicologia do si-mesmo de Kohut com entusiasmo e escreveram sobre uma abordagem "kohutiana" singular. Suas ideias, porém, foram também rispidamente contestadas e criticadas; comentou-se que eram inovações desnecessárias que apenas mostravam que sua concepção de psicanálise estava ultrapassada e apoiava-se em "insuficiências clínicas e teóricas" (Cremerius, 1981, p. 115). Também foi criticado por presumir a existência de "valores positivos", algo que a análise clássica não fez. Argumentou-se também que, quando Kohut considera sentimentos tais como "frustração" e "insatisfação" pessoais como sintomas, implicitamente faz referência a valores e normas. Isso mostra com clareza que sua meta psicoterapêutica é alcançar um tipo de "harmonia" no cliente (Rothschild, 1981, p. 54). Na verdade, Kohut escreve com grande precaução a respeito dos escopos de uma análise bem-sucedida:

No entanto, nos casos que sofrem de formas analisáveis de patologia do si--mesmo, os principais indicadores de que se estabeleceu uma cura serão o desaparecimento ou o melhoramento da hipocondria do cliente, de sua falta de iniciativa, da depressão vazia e da letargia, da autoestimulação por meio de atividades sexualizadas etc., de um lado, e a relativa liberdade do cliente de excessiva vulnerabilidade narcisística [a tendência, por exemplo, a reagir a ofensas narcíseas com depressão vazia e letargia, ou com um aumento de atividades autotranquilizadoras perversas], de outro. E, de maneira geral, a consecução positiva de uma boa análise será aqui confirmada pelo fato de que o cliente agora é capaz de experimentar a alegria da existência mais vivamente, que, *mesmo na ausência de prazer*, considerará que sua vida vale a pena – criativa ou, no mínimo, produtiva (Kohut, 1977, p. 284-285).

Deve-se observar que Kohut refere-se aqui à sua própria experiência e que ele está satisfeito mesmo se os sintomas não desaparecem totalmente; basta que eles melhorem e que se alcance um alívio relativo de exagerada vulnerabilidade narcísica. Contudo, uma crítica usa expressões pejorativas tais como "catálogo de loja de departamento" ou "bula de remédio" quando se refere às pertinentes observações de Kohut e a suas descrições bastante sóbrias de uma análise bem-sucedida (Rothschild, 1981, p. 54). Faz isso sem levar em conta muitas passagens na obra de Kohut que mostram constantemente que ele não idealizou demais as expectativas relativas a seus métodos e à maneira pela qual eles possam realizar uma cura, além de ele não pretender oferecer uma "teologia da alma ferida" (Rothschild, 1981, p. 54). As principais acusações contra Kohut, porém, são dirigidas à sua aplicação de um "pensamento positivo", o que em muito se difere do pensamento dialético da psicanálise, um pensamento que, em princípio, concentra-se nos conflitos. O tipo de "pensamento positivo" defendido por Kohut é criticado porque supostamente implica "o risco de a psicanálise adotar uma atitude conformista em relação à sociedade existente" (Rothschild, 1981, p. 57). Ao divergir das posições axiomáticas da psicanálise, em tese Kohut atenua seu potencial inerentemente revolucionário de transformar as estruturas da sociedade. Pierre Passett tem muita razão quando adverte, no mesmo livro, de jogar fora o bebê junto com a água do banho; ele acrescenta: "Quase parece que nosso conhecimento (psicanalítico) está sendo observado por guardiães do Graal que veem como seu dever vingar qualquer invasão removendo o culpado" (Passett, 1981, p. 160). Além de apresentar uma crítica extremamente diferenciada de algumas opiniões kohutianas, Passett também refuta com grande lucidez vários argumentos usados pela psicanálise contra Kohut. De acordo com ele, deve-se aceitar o fato de que tanto o psicanalista quanto o psicanalisando alimentam esperanças e expectativas concretas quando começam a trabalhar juntos, e estas, não importa o quanto sejam maldefinidas, servirão parcialmente para medir o sucesso ou o malogro da análise. Por conta disso, ele considera as formulações de Kohut válidas como expressão de sua própria "verdade", embora lembrando ao leitor que, em psicologia, não pode haver algo como a verdade, mas apenas *uma* verdade.

Parte da razão por que apresentei os argumentos realçados pró ou contra Kohut no âmbito da escola psicanalítica é que acusações bastante similares são formuladas contra a psicologia analítica de Jung. As palavras de ordem usadas são: mistificação, visão elitista da humanidade, sectarismo quase religioso. Em 1974, A. Mitscherlich escreveu que, depois que Jung separou-se de Freud, sua psicologia transformou-se em uma mitologia da libido. Consoante a ele, ainda é essencialmente um tipo de ensino filosófico e não uma ciência. É digno de nota, no entanto, que Mitscherlich passa a enfatizar que sua observação não pretende ser uma crítica em definitivo – ao contrário. A psicologia analítica de Jung "é uma das raras alternativas remanescentes em um mundo onde o positivismo há muito tempo se tornou semelhante a um sistema de partido único" (Mitscherlich, 1974).

Por outro lado, muitos analistas junguianos envolveram-se durante muito tempo em uma crítica polêmica da psicanálise, na qual seus argumentos principais concentravam-se em torno da abordagem estreita e mecanicista que ela faz da psique. A concepção freudiana de um "aparato psíquico" provocou o maior desacordo. Há alguns anos, porém, a escolha junguiana tornou-se mais tolerante em relação à psicanálise e tem sido capaz de reconhecer melhor suas conquistas no domínio da prática terapêutica. Essa evolução deve ser acolhida com prazer.

Gostaria de retorquir às observações de Rothschild (1981, p. 41ss.) – nas quais ele censura Kohut por considerar a empatia não apenas um elemento do método psicanalítico mas também um valor positivo *per se* –, dizendo que a empatia realmente precisa ser considerada um valor positivo. É a base de qualquer compreensão autêntica dentro do campo interpessoal. Graças à empatia, podemos ser capazes de tolerar sistemas de pensamento e de valores diferentes dos nossos próprios, aceitando-lhes a verdade subjetiva. Em geral, quaisquer sentimentos hostis que eu possa nutrir em relação a determinadas pessoas tornam-se menos intensos tão logo eu seja capaz de alcançar uma compreensão empática de seus motivos. Como é natural – conforme sempre enfatiza o próprio Kohut –, deve-se levar em conta o fato de que a empatia com a vida interior de outra pessoa pode também ser usada para provocar danos ou para manipular. A fim de verdadeiramente ferir alguém, devo usar a empatia para sentir onde estão seus lados mais vulneráveis. Para manipular alguém, devo descobrir, por meio da empatia, como ele pode ser manipulado. Qualquer valor intrinsecamente positivo pode, é óbvio, ter efeitos negativos em determinadas situações – isso vale também para a empatia. No entanto, parece-me que, desde que estejamos tentando compreender de verdade os fenômenos psíquicos em toda a sua complexidade e buscando outros meios terapêuticos, é possível nos beneficiar da compreensão e da apreciação das ideias que motivaram outras abordagens teóricas e terapêuticas.

Kohut, dessa forma, postula a existência de uma "libido narcisística" que forma e transforma para, por fim, estimular a maturação da personalidade no decurso da duração de uma vida. Em circunstâncias propícias, esse processo de amadurecimento resulta nas qualidades que ele descreve como empatia, criatividade, humor e sabedoria. Essa visão é bastante contrária à da teoria psicanalítica clássica, segundo a qual um desenvolvimento saudável exige sempre a transformação da libido narcísica inicial em "libido objetal" (Freud, 1938; Jacobson, 1964). Em contrapartida, Kohut acredita que a assim chamada libido narcisística tem sua própria capacidade de transformação e maturação –

para o estímulo de um processo que poderíamos, de fato, igualmente chamar de individuação em sentido junguiano. Há dois fatores implícitos nessas observações que eu gostaria de discutir separadamente nos próximos capítulos. O primeiro tem a ver com as metas visadas pelo processo de maturação, ao passo que o segundo envolve a questão do relacionamento entre "libido narcisística" e a assim chamada "libido objetal" – em outras palavras, as possíveis interações entre o impulso do indivíduo em direção à individuação e a suas necessidades e imprescindibilidades sociais.

6
ALGUMAS METAS DA MATURAÇÃO NARCÍSICA E SEU SIGNIFICADO PARA O PROCESSO DE INDIVIDUAÇÃO

Baseado no que observou ao longo de seu trabalho como analista, Kohut expôs alguns dos resultados principais que a maturação narcisística busca alcançar: empatia, criatividade, humor e sabedoria. Jung considera de grande importância o aspecto prospectivo ou teleológico do processo psíquico, mas, no que concerne à individuação, "a meta só importa enquanto ideia; o essencial, porém, é o *opus* (a obra) que conduz à meta: *ela* dá sentido à vida enquanto esta dura" (OC 16/2, § 400). Contudo, todo processo de individuação é guiado por forças dinâmicas propositadas que se dirigem para o que podemos chamar de "a realização da totalidade específica de uma pessoa". Na realidade concreta, porém, não há pessoas "individuadas" que tenham realizado cada porção de sua totalidade; o propósito principal do processo de individuação é alcançar uma harmonia tão consciente quanto possível com aquelas forças do inconsciente que estão à procura de uma centralização de toda a personalidade. Isso implica entrar em contato com a própria vida interior que, para o indivíduo, pode resultar na descoberta de uma senda rumo à autorrealização. As forças centralizadoras do inconsciente são estruturadas pelo si-mesmo e costumam manifestar-se por meio de símbolos que transmitem um elemento "numinoso". Consequentemente, a dimensão religiosa e o si-mesmo como imagem de Deus desempenham papel central na psicologia junguiana. Nesse sentido, os escritos de Jung divergem das formulações meticulosas em demasia de um psicanalista como Kohut. Jung foi, assim, muitas vezes acusado de pregar e de defender um "caminho de salvação", de oferecer uma religião substituta, acusações que ele sempre rejeitou: "Não fui eu que atribuí uma função religiosa à alma; simplesmente apresentei os fatos que provam ser a alma *naturaliter religiosa*, isto é, dotada de uma função religiosa" (OC 12, § 14). Por "fatos", Jung tem em mente os inúmeros símbolos e imagens arquetípicos em sonhos e fantasias que se tornaram, tanto para ele quanto para seus analisandos, a fonte de uma experiência numinosa.

 Para Jung, porém, a questão decisiva sempre permanece: "Você se refere ao infinito ou não?"

(Jung & Jaffé, 1963, p. 356). E o infinito manifesta-se à consciência finita mediante inúmeros símbolos, figuras e paradoxos para os quais podemos usar grande variedade de termos. Visto que o infinito não pode ser compreendido pelo finito, nossa terminologia deve permanecer uma descrição provisória do que está acontecendo.

Um olhar mais atento sobre a concepção de Kohut da maturação da libido narcisística revela que ela aponta na mesma direção, uma vez que ela capacita o indivíduo a adotar uma atitude sábia, permitindo-lhe "reconhecer a finitude de sua existência e agir de acordo com essa dolorosa descoberta" (Kohut, 1957, p. 454). Por conseguinte, pode ser de alguma relevância ver as ideias de Kohut à luz do processo de individuação em sentido junguiano. Empatia, criatividade, humor e sabedoria são, indubitavelmente, inerentes à espécie humana, isto é, são padrões arquetípicos da experiência e do comportamento que "jazem adormecidos" no inconsciente. Podem tornar-se acessíveis à consciência no curso de um processo de maturação e de autorrealização e podem sofrer diferenciação. No caso de uma pessoa que é incapaz de demonstrar empatia, cuja criatividade é bloqueada ou que carece de humor e sabedoria, podemos suspeitar que, por uma ou outra razão, essas dimensões arquetípicas têm permanecido inconscientes e subdesenvolvidas, ou estão a manifestar-se de maneira distorcida. Kohut vê essas insuficiências como sintomáticas de transtornos narcísicos da personalidade e considera que elas podem ser minoradas por uma análise na qual a maturação da libido narcisística é alcançada. Segue-se, portanto, que tanto na psicologia analítica de Jung quanto na psicologia do si-mesmo de Kohut – e, podemos acrescentar, de acordo com Winnicott também –, os transtornos psíquicos são percebidos como conectados a bloqueios que, por várias razões, podem afetar processos vitais de maturação. Essas opiniões são próximas o suficiente para estimular uma reflexão comparativa – especialmente quanto à questão de como as metas de maturação narcisística de Kohut podem ser vistas e experimentadas em termos do processo de individuação em sentido junguiano. Tal comparação pode, pelo menos, contribuir para melhor compreensão mútua entre as duas escolas.

Empatia

Por empatia, Kohut quer significar "a maneira pela qual alguém reúne dados psicológicos acerca de outras pessoas e, quando elas dizem o que pensam ou sentem, imagina a experiência interior delas, mesmo que não esteja aberta à observação direta" (Kohut, 1957, p. 450). Mediante a empatia, "visamos discernir, em um único ato de cognição certa, configurações psicológicas complexas"

(Kohut, 1957, p. 451). Assim, a empatia é a função pela qual tentamos perceber e compreender o que está acontecendo nas outras pessoas. Estamos lidando aqui com um processo complexo cujos vários componentes não podem ser separados e analisados facilmente. Jung formula a hipótese de que a empatia baseia-se na projeção e na introjeção. Uma primeira fase envolve uma projeção, a que Jung chama "ativa". Com isso, ele quer dizer uma forma de projeção que é consciente e intencional, em oposição ao tipo de projeção passiva que acontece inconsciente e espontaneamente e, às vezes, é difícil de trazer à consciência. Tomada como um todo, porém, a empatia é – de acordo com Jung – um processo de introjeção:

> porque serve para levar o objeto a uma íntima relação com o sujeito. Para configurar esta relação, o sujeito destaca de si um conteúdo, por exemplo, um sentimento, e o transfere para o objeto, dando vida a este e incluindo-o na esfera subjetiva (OC 6, § 882).

Penso que essa definição não é satisfatória, porque Jung descreve a função da empatia como se o "objeto" estivesse sendo animado por conteúdo projetado, que deve, depois, ser atraído de volta para minha própria esfera subjetiva. Se esse fosse o caso, pareceria duvidoso que a empatia pudesse permitir-me entrar em contato com os conteúdos psíquicos realmente pertencentes à vida interior da outra pessoa (o "objeto"). Parece, na verdade, que eu apenas percebo minha própria projeção. O que é específico da empatia é a capacidade de colocar-se imaginativamente no lugar da outra pessoa, submeter-se ao que, em psicanálise, pode ser chamado de uma "identificação experimental" (Loch, 1965, p. 41). Relacionar-se de forma empática com outras pessoas costuma envolver certo esforço, pois a empatia é uma atitude que exige de mim pôr de lado temporariamente meus próprios sentimentos e necessidades e, de modo parcial, "saia de mim mesmo". Qualquer analista sabe o quanto a empatia pode ser extenuante no decurso de um longo dia na clínica. Caso esteja cansado ou absorvido por alguns de seus próprios pensamentos interiores, o analista pode ter de combater sua resistência à constante exigência de uma reação empática. Experimentalmente, é como se fosse preciso sair da própria casa a fim de fazer uma longa visita ao analisando em seus aposentos, com seu ambiente ímpar e sua atmosfera específica, quando de fato se preferiria ficar em casa. Em todo caso, visto que a equação subjetiva do analista está sempre envolvida em grande medida, a empatia – como instrumento para reunir informação – jamais é exata e precisa ser usada com cautela. Há sempre a questão de se o psicanalista está compreendendo algo no analisando mediante a empatia, ou se está projetando seus próprios sentimentos e fantasias nele. A única maneira que conheço de averiguar se minha reação empática é uma percepção ou uma projeção é obter a reação do analisando. Juntos, então, podemos chegar a um consenso suficientemente autêntico concernente à atmosfera em sua casa interior.

Creio que só podemos obter uma percepção limitada do que os outros são e sentem. Se esses outros vivem de forma totalmente diferente da nossa própria, podemos carecer de antenas adequadas para perceber a alteridade deles em seu direito próprio. Uma ampla série de experiências interiores, uma percepção diferenciada das sutis nuanças de sentimento e uma grande sensibilidade na autopercepção são, portanto, pré-requisitos para o uso da empatia como ferramenta para compreender uma variedade de pessoas diferentes. Contudo, permanece aberta a questão quanto a se isso de fato nos capacita a perceber processos psíquicos complexos nos outros, ou se não estamos justamente indo ao encontro de nossas próprias projeções.

Não deveríamos ficar tão surpresos ao chegarmos à compreensão de que a intuição empática é de confiabilidade limitada, dado o fato de que a empatia, como uma função da percepção, está enraizada na relação simbiótica inicial entre a mãe e o bebê. Essa empatia primária "prepara-nos para o reconhecimento de que, em grande medida, as experiências interiores básicas de outras pessoas permaneceram semelhantes às nossas próprias" (Kohut,

1957, p. 451). Desse modo, a capacidade de empatia é um potencial inato na psique humana e tem profundas raízes arquetípicas. Se, porém, durante o desenvolvimento da consciência, a diferenciação dessa capacidade for obstaculizada, ela pode permanecer fixada nesse nível primário. Como consequência, a pessoa vive sob a pressuposição de que todo o mundo sente o mesmo que ela e vice-versa. Como consequência, determinados aspectos de nossa personalidade permanecem fixados no nível do que Jung chama "identidade inconsciente" (ou "participação mística"). Ele vê essa identidade como resultado "de uma unicidade apriorística de sujeito e objeto [...] [ela] é, portanto, um vestígio desse estado primitivo" (OC 6, § 871).

Por outras palavras, a diferenciação entre o si-mesmo e o objeto não é bastante clara, e podemos, por conseguinte, presumir automaticamente que os outros experimentam, sentem e pensam da mesma maneira que nós. Tal fenômeno pode ser classificado como distúrbio da empatia. As pessoas que sofrem de tal distúrbio podem experimentar grandes temores e frustrações em seus relacionamentos com as outras. Estão convencidas de que compreendem o outro, enquanto, de fato, a outra pessoa muitas vezes se sente malcompreendida ou até mesmo invadida. Dão conselhos com as melhores intenções, inconscientes de que não conseguem estabelecer contato com a realidade do outro. Isso faz com que elas se sintam ofendidas por jamais serem apreciadas. De modo evidente, sofrem de falta de capacidade para imaginar uma realidade psíquica que seja diferente da própria. Dão a impressão de que simplesmente não estão munidas das "antenas psíquicas" adequadas.

Desse modo, torna-se compreensível que haja uma íntima relação entre transtornos de empatia e transtornos narcisísticos. Os dois tipos de transtornos originam-se nas dificuldades implicadas na fixação de fronteiras firmes entre o eu e o tu, entre objeto e sujeito, entre eu e si-mesmo (em termos junguianos). Voltaremos a esse aspecto mais tarde, em conexão com discussão mais detalhada sobre os vários sintomas inerentes ao narcisismo patológico.

Nesse ponto, gostaria de comentar brevemente uma forma de comportamento empático que Kohut classifica como distúrbio. É certo que Kohut tem razão ao definir a empatia como uma maneira de cognição que está sintonizada com a percepção de configurações psíquicas complexas. Porém, ele acrescenta que, quando a empatia é direcionada para áreas fora do campo psicológico, conduz a uma "percepção falha, pré-racional e animista da realidade e é, em geral, a manifestação de um infantilismo perceptivo e cognitivo" (Kohut, 1988, p. 248). Kohut, portanto, considera o uso da empatia no campo não psicológico sintomático de um distúrbio no comportamento empático. Discordo parcialmente dessa opinião. Às vezes, podemos sentir a necessidade de falar à lua, às árvores, às flores ou às rochas, como se tivessem alma. Não creio que tais impulsos sejam necessariamente sinal de patologia. Pode apenas ser nosso "lado lírico" querendo expressar-se; ademais, ninguém menos do que Goethe dirigia-se à lua em alguns de seus mais belos poemas. Também não consigo ver um distúrbio de empatia se nos sentirmos feridos em nossa alma ante o "sofrimento" de uma árvore que está sendo derrubada. Tais experiências provavelmente estão ligadas a fenômenos de nossa primeira infância, aos assim chamados "objetos transicionais" (Winnicott, 1971). Também estão relacionadas ao animismo de povos arcaicos que compreendiam seu ambiente natural como "animado", ou seja, infundido de uma alma. A meu ver, a diferença entre empatia como distorção de um teste de realidade e a empatia como conexão da alma com o ambiente está expressa na simples expressão "como se". Se falo à lua "como se" ela pudesse ouvir-me, compreender-me ou responder-me, permaneço em uma zona simbólica transicional: sei que a lua não pode de fato, ou seja, concretamente, replicar. Em última instância, sei que a lua "animou" parte de minha alma. Na terminologia da psicologia analítica, não veríamos esse modo de cognição como empatia, concentrando-se de maneira inadequada em fenômenos não psíquicos, mas antes como a projeção de conteúdos psíquicos que estão, pois, sendo captados no mundo exterior. Houve um tempo, porém, em que se acreditava realmente que o sol, a lua e as estrelas eram deuses. Em uma noite clara de luar, quando estamos sintonizados com os nossos mais profundos sentimentos, a lua ou as estrelas podem parecer que estão a falar-nos de um mistério profundo – apesar de nosso conhecimento racional de astronomia. Enquanto visitava Delfos, pessoalmente experimentei forte "compreensão empática" pelo deus Apolo ao escolher essa região particular como residência, dada à qualidade "divina" ou "numinosa", nos termos de Rudolf Otto (1936), de sua paisagem. Como é natural, estamos lidando aqui com projeções. Mas, se devêssemos retirar completamente tais projeções, correríamos o risco de uma insidiosa perda de alma em nossa "realidade". Se, por outro lado, direcionarmos nossa empatia para realidades não psicológicas e reificarmos sua percepção, estamos apreendendo o mundo de maneira anímica. O resultado poderia ser um grave distúrbio no teste de realidade, como é o caso, por exemplo, em vários estados psicóticos. Pertence à essência da empatia genuína que as fronteiras entre mim e o outro sejam transgredidas e reconhecidas simultaneamente. Por conseguinte, em primeiro lugar, precisamos saber onde estão as fronteiras entre o "eu" e o "tu". A experiência em um nível simbólico "como se" (p. ex., em um "diálogo" com a lua) exige que esteja intacta a aptidão para o teste de realidade, ou seja, devemos ser capazes de diferenciar entre a esfera material-concreta e a psíquica.

Agora ficará evidente o motivo pelo qual o terapeuta poderá observar a correlação entre a crescente diferenciação da capacidade de empatia e a maturação progressiva da libido narcisística. Esse amadurecimento também implica uma progressão no processo de individuação e é experimentado como um senso mais forte de identidade. Obviamente isso é indispensável se quisermos relacionar-nos de maneira flexível com a realidade psíquica de outras pessoas. A empatia sempre envolve também introspecção (Kohut, 1957) – visto que preciso de introspecção para perceber a mim mesmo, conhecer minhas próprias fronteiras e olhar criticamente para meus próprios motivos antes de poder empatizar-me de maneira adequada o suficiente com as necessidades psíquicas das pessoas separadas de mim.

Concluiremos nossa discussão aqui a respeito do lugar da empatia dentro do processo de individuação. A empatia constitui a verdadeira base de nossa capacidade de desenvolver e conservar relacionamentos maduros com outras pessoas. Conforme já mencionado, consideraremos os vários transtornos de empatia no sétimo capítulo. Também examinaremos o proeminente papel desempenhado pela empatia no processo analítico-terapêutico no capítulo dedicado ao tratamento dos transtornos narcisísticos da personalidade (oitavo capítulo).

Criatividade

A teoria do narcisismo de Kohut considera que a criatividade resulta de uma transformação bem--sucedida da libido narcísica. Visto que a criatividade detém posição tão saliente dentro do processo de individuação, gostaria de fazer algumas observações acerca desse complexo fenômeno. Posso, é claro, aludir brevemente a determinados aspectos que são relevantes ao nosso tema.

Criatividade (ou imaginação) tornou-se claramente um termo à moda. Atividades tais como trabalhar com argila, cerâmica, pintura, dança, meditação, jogos de areia e tocar guitarra são consideradas "realizadoras" ou "promotoras do crescimento" e devem, consequentemente, levar o epíteto de "criativas". Ser criativo, agora, é considerado em tão alta estima que as pessoas que tomam parte na onda da criatividade experimentam uma revalorização narcísea, um ganho na autoestima. Todas essas atividades criativas também chamam a atenção devido a seu valor psicoterapêutico (pintura-música-dança-movimento-drama-areia-jogo-terapia), e o negócio da criatividade parece estar florescendo. Contudo, é também um fato que tendências da moda devem ser levadas a sério, dado que costumam refletir necessidades coletivas autênticas e vitais até então negligenciadas. É uma tristeza que tendam a expressar tais necessidades de maneira tão importuna, propagandeando unilateralmente sua "verdade" e efetividade que tudo abrangem. Desse modo, tornam-se superficiais e incapazes de satisfazer necessidades individuais. Qualquer atividade da alma, porém, que de fato mereça ser chamada de criativa e produtiva é basicamente um mistério para a compreensão psicológica, devido à sua complexidade.

Desde tempos imemoriais, as manifestações de criatividade têm sido sempre dúplices. De um lado, há uma preocupação muito humana em experimentar e em reconciliar-se com a verdadeira força que criou o ser humano e o mundo. É uma consciência do mistério inerente à existência de um princípio criativo cósmico. É também um reconhecimento de que somos, em essência, criaturas de um poder maior do que nós. Por outro lado, experimentamos um potencial criativo em nós mesmos. É essa criatividade que cada vez mais capacita o ser humano a transformar a natureza em cultura – pensar, sentir e agir criativamente. A ideia de que Deus criou o ser humano à sua imagem está baseada, entre outras coisas, no conhecimento de que nos foi dado um potencial criativo, de que, à nossa própria maneira, somos capazes de ser pessoalmente criativos. Isso implica que – em contraste com outras criaturas viventes – não podemos apenas aceitar o "ser" do universo sem fazer perguntas acerca de seu "por quê, de onde e para onde". As respostas a tais questões são, uma vez mais, principalmente produto de nossa fantasia criativa – pelo menos desde que a ciência empírica não seja capaz de comprová-las – e assume a forma de imaginação mítica, conforme pode ser visto na abundância de mitos nas várias culturas.

Os mitos da criação são encontrados em todo o mundo e até mesmo em tribos arcaicas. Seus mitos narram como o ser humano e o mundo foram concebidos, nascidos e trazidos à existência por forças superiores. Costumeiramente fundamentam essa criação e, assim, conferem também sentido à sua existência.

Do ponto de vista psicológico, a criação do ser humano e do mundo significa que sua existência gradativamente entra no reino da consciência. Eles existem apenas na medida em que nós, de maneira consciente, sabemos a respeito deles. Como consequência, é na primeira infância que o efeito decisivo do princípio criativo encontra-se no primeiro plano; durante esse período, o bebê constantemente faz novas descobertas acerca de si mesmo e do mundo. O milagre do "nascimento psicológico" (Mahler et al., 1975) e o despontar da crescente consciência são eventos que deixam uma impressão inquestionavelmente profunda das forças criativas da natureza agindo em nós. De acordo com Jung, é o si-mesmo que, como o princípio estruturador inconsciente de toda a personalidade, estimula o desenvolvimento de uma consciência que pouco a pouco se concentra no eu – presumindo que esse processo seja facilitado pelo ambiente. As mitologias contam-nos acerca dos poderes criativos divinos na origem desse desenvolvimento – tudo isso fundamenta ainda mais a ideia de Jung de que, falando psicologicamente, a autoimagem não pode ser distinta da imagem de Deus que se manifesta no ser humano (OC 11/1).

Assim, podemos entender os sentimentos de onipotência do bebê: vivendo em uma "realidade unitária" e capturado em uma percepção narcisística do si-mesmo e do mundo, ele não é capaz de perceber quaisquer fronteiras entre o eu e o si-mesmo (em sentido junguiano). Ele, portanto, não consegue distinguir se é apenas o objeto de processos criativos ou se sua fonte jaz subjetivamente em si mesmo. Ainda existe uma unidade entre o si-mesmo, com seus impulsos criativos, e a consciência do eu *in statu nascendi*.

A descrição de Winnicott de como o bebê necessita da ilusão de ter *criado* o que ele sucessivamente *descobre* no mundo exterior (Davis & Wallbridge, 1981) mostra similaridades com a ideia do inconsciente criativo conforme desenvolvida por Jung e

Neumann. Também explica a "ilusão de onipotência" que pertence a essa primeira fase.

Outra contribuição extremamente original e importante de Winnicott são suas observações sobre o espaço intermediário e sobre o que ele chamou "objetos e fenômenos transicionais", visto que o desenvolvimento do eu implica um delicado ato de equilíbrio entre adaptação à realidade e criatividade autônoma (cf. Winnicott, 1971). O uso criativo dos objetos transicionais também apoia a capacidade do bebê de tomar em suas próprias mãos e compreender, por assim dizer, a necessária "criação do mundo", ativa e ludicamente. Isso reforça a percepção da criança de seu próprio ser subjetivo, culminando, por fim, no sentimento de: *eu* estou brincando. Durante esse desenvolvimento – e contanto que não seja muito estorvado pelo ambiente –, as crianças progressivamente se relacionarão de maneira mais ativa com seus impulsos criativos. Além de servir para "criar o mundo", a brincadeira da criança também serve para expressar conflitos inconscientes. Muitas vezes, as possibilidades para superar tais conflitos e, assim, facilitar o desenvolvimento emergem dentro do contexto de uma brincadeira, daí a razão por que a terapia lúdica pode ser usada com sucesso na psicoterapia. Parece que as crianças são as mais capazes de superar os vários desequilíbrios psíquicos inerentes a cada fase de desenvolvimento (mesmo no ambiente mais positivo) mediante a simbolização criativa na brincadeira.

Posteriormente na vida, uma autêntica necessidade de atividade criativa será amiúde provocada pela experiência de desequilíbrio psíquico (ou narcísico) – como é típico durante a puberdade e o início da adolescência. A criatividade, porém, torna-se, então, mais pessoal, posto que permaneça inspirada por impulsos oriundos do inconsciente. Pode-se sentir "o beijo da musa" – como diz o ditado alemão, referindo-se à figura mítica da musa que inspirava os antigos poetas e cantores e infundia-lhes "entusiasmo" (da palavra grega *entheos* = "deus em mim"). A criatividade, portanto, é necessária para transformar a natureza em cultura, fabricar, construir e combinar. É a criatividade do *homo faber*, que tem raízes arquetípicas e é representada na mitologia por Hefesto, o ferreiro divino, por exemplo. Os anões de muitos contos de fadas simbolizam principalmente impulsos criativos do inconsciente e estão relacionados aos Cabiros mitológicos ou aos Dáctilos, que extraíam minério do interior da deusa da montanha e usavam-no para civilizar o mundo. Eles são intermediários e representam um potencial para extrair tesouros do inconsciente criativo para a luz da consciência. Dado que o processo de individuação está baseado num relacionamento dialético entre a consciência do eu e o inconsciente, eles são vistos como símbolos muito valiosos apontando para o potencial criativo implicado nesse processo. Poderíamos também dizer que a tarefa da consciência humana é levar adiante ativa e autonomamente o processo criativo que jaz em sua própria origem; no entanto, uma vez mais, isso não pode ser bem-sucedido sem a ajuda da verdadeira fonte da criatividade que está situada no inconsciente.

Já mencionamos que Jung obteve boa parte de suas intuições acerca das tendências prospectivas da vida psíquica e a respeito do processo de individuação a partir das experiências que quase o esmagaram durante sua própria "enfermidade criativa". No tempo dessa crise, para ele tornou-se imperativo concretizar em palavras ou em imagens seus sentimentos interiores, sonhos e fantasias. Em particular, parece relevante para a presente discussão que todo esse processo tenha começado com "jogos infantis" aos quais Jung conscientemente se entregou – embora sentisse que era "uma experiência dolorosamente humilhante" (Jung & Jaffé, 1963, p. 198).

O alto valor que a psicologia analítica começou a atribuir à fantasia e à criatividade foi certamente derivado da experiência de Jung. A expressão de conteúdos oriundos do inconsciente mediante pintura, escultura, escritura etc. pode ter um efeito terapêutico, mas deveria ser desprovida de toda ambição artística. Sua meta é, antes, a representação de conteúdos psíquicos que estão prenhes de emoção e, portanto, anseiam por ser expressos; sua concretização criativa normalmente traz alívio. J. Jacobi escreve que tanto um caráter expressivo quanto outro impressivo são inerentes "às assim chamadas 'imagens provenientes do inconsciente'" (Jacobi, 1969, p. 36). De um lado, energia ativa inespecífica no inconsciente está sendo liberada, expressa e moldada; mas, de outro, seu sentido oculto também se torna compreensível. É possível permitir que a imagem "cause uma impressão" e meditar sobre essa impressão, obtendo, assim, acesso à reflexão de conteúdos psíquicos.

O desequilíbrio psíquico, em suas várias formas, normalmente é sinal de tendências colidentes entre esforços cônscios e incônscios, exibindo um dano mais ou menos grave do eixo eu-si-mesmo no sentido de Neumann. Pode ser muito útil, em tais casos, prestar atenção a sonhos e fantasias e dedicar tempo a atividades criativas espontâneas. Isso pode permitir ao si-mesmo, o centro organizador inconsciente da totalidade psíquica, expressar-se e contribuir de maneira terapêutica para a integração de conteúdos inconscientes na personalidade consciente[11].

---

11. A propósito das opiniões sobre a criatividade na psicologia analítica junguiana, cf. Gordon (1978), Jacobi (1969), Kast (1974), Neumann (1954, 1979) e von Franz (1972).

Kohut observou muito acertadamente que impulsos criativos podem aparecer de modo espontâneo durante a análise de personalidades narcísicas como "uma medida de emergência durante as fases do processo de elaboração [...] quando o eu relativamente despreparado do paciente deve lidar com um repentino influxo da libido narcísica anteriormente recalcada" (Kohut, 1988, p. 257). Em tais casos, atividades criativas durarão pouco tempo e desaparecerão tão logo se tenha alcançado uma distribuição da libido narcisística mais estável (p. ex., mediante autoestima reforçada ou na formação de ideais). É diferente o caso de pessoas que, antes da análise, já tinham padrões de atividade científica ou artística mais ou menos bem desenvolvidos. Elas experimentarão uma libertação da "libido narcisística" que pode fluir para suas atividades e enriquecê-las. Kohut acrescenta – formulando cuidadosamente, mas bastante alinhado com os adeptos da criatividade dos dias atuais – que "até certo ponto tais padrões pré-formados provavelmente existem em todos os clientes que se beneficiam dessa saída para o desenvolvimento de suas energias narcísicas, pois durante quase toda a adolescência ocorre algum tipo de experimentação com a criatividade" (Kohut, 1988, p. 257-258). Há, porém,

> uma diferença quantitativa decisiva entre os que abandonam todo interesse em atividades criativas com a passagem da adolescência e os que se aferram a tal

interesse, seja quais forem seu empobrecimento emocional e suas inibições. Nesses casos, muitas vezes se pode ver com grande clareza como, aos poucos, as catexias narcísicas terapeuticamente remobilizadas enriquecerão agora o interesse sublimatório conservado que antes era mantido apenas precariamente e como um *hobby* aparentemente sem importância pode se tornar uma atividade profundamente realizadora que – uma gratificação inesperada, mas não indesejada – pode até mesmo suscitar apoio externo à autoestima do paciente pela aprovação pública de suas realizações (Kohut, 1988, p. 258).

Posso confirmar essa experiência a partir do exercício de minha profissão. Encontra-se em contraste com o medo comumente expresso por pessoas criativas de que a análise possa levá-las a perder sua criatividade[12].

Estaria além da meta deste livro discutir detalhadamente os pré-requisitos psíquicos da criatividade artística ou científica. Em um capítulo posterior, acrescentaremos apenas algumas observações sobre determinados transtornos de criatividade, na

---

12. Pode-se, no entanto, lembrar também Lou Andrea Salomé, escritora que posteriormente se tornou psicanalista e que recordava ter tomado "uma das mais difíceis decisões em sua vida" quando advertiu seu amigo R. M. Rilke contra começar uma psicanálise. Ela era de opinião de que uma análise pode ser um risco para o artista talentoso porque envolveria uma intrusão nas regiões obscuras da criatividade (Peters, 1962). C. G. Jung tinha opinião diferente: "O gênio realmente criativo não se deixa estragar por nenhuma análise, mas liberta-se com ela" (Jung, 1943).

medida em que estes estão ligados a problemas de natureza narcisística. No que concerne ao processo de individuação, a criatividade está sempre envolvida, mas sem que se estabeleça uma prioridade em produzir obras artísticas ou científicas; está mais orientada para algo que pode ser chamado "estilo de vida criativo" (cf. tb. Kast, 1974). (Essa afirmação, é claro, não exclui a possibilidade de que a atividade profissional artística ou científica seja um autêntico elemento na "tarefa interior" estabelecida por um processo de autorrealização.) A ideia de um estilo de vida criativo também ecoa a opinião de Winnicott sobre a criatividade como "o colorido da atitude integral em relação à realidade externa" (Winnicott, 1971, p. 65). De acordo com ele, "viver criativamente é uma condição saudável", e "indivíduos que vivem criativamente [...] sentem que a vida vale a pena ser vivida" (Winnicott, 1971, p. 65, 71). Estão sendo motivados pelo "verdadeiro si-mesmo", e "apenas o verdadeiro si-mesmo pode ser criativo" (Winnicott, 1960, p. 148). Para Winnicott, o oposto de uma vida criativa é conformidade, e "a conformidade é uma base doentia para a vida" (Winnicott, 1971, p. 65). Ela impele as pessoas a adaptar-se demasiadamente à custa de sua própria vivacidade psíquica. A conformidade implica, ademais, que o "falso si-mesmo está agindo, e isso dá ao indivíduo uma sensação de irrealidade ('somente o verdadeiro si-mesmo pode sentir-se real')"

(Winnicott, 1960, p. 148) e uma percepção da futilidade da vida. Dito de outro modo, quando Winnicott fala de criatividade, está interessado em sua conexão à vivacidade psíquica e à espontaneidade. Isso é comparável à intenção de Jung quando escreveu a respeito de sua terapia: "O que viso é produzir algo de eficaz, é produzir um estado psíquico, em que meu paciente comece a fazer experiências com seu ser, um ser em que nada mais é definitivo nem irremediavelmente petrificado; é produzir um estado de fluidez, de transformação e de vir a ser" (OC 16/1, § 99).

Creio, no entanto, que seja importante não idealizar a percepção de tal estilo de vida criativo; do contrário, podemos reprimir sua sombra, o aspecto negativo que é inerente a tudo o que é humano. A experiência com a própria natureza pode ser, por exemplo, narcisística de modo negativo, ou seja, pode tornar-se demasiado egocêntrica se contamos com que as pessoas em nosso ambiente tomem parte no experimento e mostrem compreensão em relação a qualquer subsequente falta de consideração por suas próprias necessidades. Se nos empenharmos na "criatividade" somente para nós mesmos, estamos irrefletidamente impondo "destrutividade" aos outros. É claro que qualquer tentativa de autorrealização criativa pode implicar conflitos entre várias obrigações, e estes devem ser levados a sério.

Pessoas casadas, por exemplo, podem perder o contato um com o outro ou ver-se confrontadas com sérios conflitos envolvendo a necessidade de serem fiéis aos próprios sentimentos, de um lado, e a obrigação de respeitar as necessidades de seu parceiro ou de seus filhos, de outro. Com frequência podemos ser capazes de alcançar uma atitude mais criativa por meio de nossa capacidade de nos mantermos firmes e de suportar tensões entre opostos, mais do que fazendo inescrupulosamente experiências com nós mesmos ou com pessoas próximas a nós. Há sempre o risco de que essas pessoas possam ser usadas de modo incorreto e reduzidas ao papel de adaptar-se aos experimentos em nosso próprio estilo de vida "criativo".

Muita atividade criativa pode também envolver um tipo superficial de autoespelhamento, ou seja, uma revalorização narcisística do eu – visto que está conectado com um desejo de pertencer ao grupo altamente valorizado de pessoas criativas.

Em uma análise, alguns produtos criativos devem ser vistos como "presentes transferenciais"; os analisandos tendem a trazê-los quando estão sob a impressão – correta ou erroneamente – de que o analista valoriza muito qualquer coisa que ele considera criativa e, portanto, espera que eles consigam algo nesse campo. Ao fazer isso, porém, o analisando corresponde principalmente à expectativa do terapeuta, e uma atitude de franca conformidade não criativa, no sentido de Winnicott, pode predominar sobre a expressão criativa autônoma.

É essencial que o analista aprenda a diferençar a criatividade genuína dos vários tipos de "conformidade transferencial". Critérios estéticos artísticos não podem servir como referência; a questão essencial é se o produto criado expressa algo que proveio de uma profunda camada inconsciente ou não. Conteúdos imaginativos totalmente inesperados ou mesmo indesejados são, a meu ver, autênticos de uma maneira inconfundível. O inconsciente criativo tende a expressar-se por meio de manifestações inesperadas, provocando perplexidade, fortes afetos e também defesas. É essencial, conforme sugeriu Jung, referir-se conscientemente a esses conteúdos, uma vez que eles trazem a semente para um ulterior alargamento da consciência. Eles deveriam ser expressos e, se possível, compreendidos.

Contudo, devemos mencionar aqui alguns dos excessos que se seguiram ao conselho de Jung. Às vezes foi interpretado como uma sugestão tomar literalmente e não simbolicamente os conteúdos emergentes do inconsciente, ou até mesmo compreendê-los como "instruções do alto", às quais o indivíduo deve submeter-se. Algumas pessoas, sempre que pensam que as assim chamadas "instruções" não estão sendo expressas de maneira clara o suficiente pelos sonhos ou pela imaginação, tendem a fiar-se na astrologia, no I Ching – um antigo oráculo chinês –, no tarô ou em outros métodos divinatórios para descobrir a "vontade do inconsciente" e realizá-la na prática. Essa maneira de proceder suprime a *Auseinandersetzung* ["debate"], o confronto dialético entre o eu e o inconsciente, que causava grande preocupação a Jung. Assim, a consciência do eu abdicou de seu julgamento crítico. O inconsciente torna-se um "si-mesmo-objeto arcaico, idealizado", investido de poder mágico ao qual o eu se sujeita na crença de que essa é a essência de uma "vida criativa". Todo o processo pode, por fim, levar a uma rejeição a assumir qualquer responsabilidade pela própria vida.

Quando predomina atitude tão absurda e unilateral, uma abordagem dialética é substituída por uma adoração do inconsciente. No entanto, o eu, como centro da consciência, é também "dado por Deus" e é, em última instância, a base para qualquer responsabilidade que tomamos ou assumimos por nossas ações. É essencial que o eu mantenha uma abertura e uma relação íntima com a totalidade psíquica da qual ele faz parte. Entretanto, deve-se ter em mente que o significado de conteúdos do inconsciente, tal como estes se manifestam em sonhos e fantasias, é sempre ambíguo. O inconsciente expressa-se, em primeiro lugar, mediante símbolos que são, em essência, "a melhor formulação possível de algo relativamente desconhecido" (OC 6, § 904). Acreditar que um símbolo pode pretender expressar apenas uma linha de ação específica implica uma simplificação ilusória do "algo desconhecido". Parece-me que, ao fazer isso, qualquer impulso criativo oriundo do inconsciente seria cortado pela raiz.

Podemos dizer, em resumo, que a criatividade desempenha importante papel no processo de individuação, em concordância com a seguinte afirmação:

> Um estilo de vida criativo permitiria ao indivíduo confrontar seus problemas por conta própria e a partir do profundo de sua alma, bem como expressar-se na descoberta de soluções criativas. Isso é o que dá ao indivíduo a sensação de autoconfiança e a coragem de que necessita para ser criativo. Mas também o provê de *elevado sentimento de autoestima* [ênfase adicionada], um sentimento de que carecem gravemente as pessoas de hoje a fim de não se perderem nas massas (Kast, 1974, p. 125-126).

Humor

Muitas vezes podemos observar que as pessoas que sofrem da típica "vulnerabilidade narcisística" simplesmente "não entendem piadas". Elas tendem a suspeitar que as declarações dos outros são destinadas a serem um insulto à sua própria pessoa. Seria preciso tratá-las com o maior cuidado, como a pisar em ovos. É claro que isso não as torna particularmente populares, e as outras pessoas tendem a esquivar-se delas – afinal, quem gosta de ter de controlar o tempo todo suas reações espontâneas de modo a ter garantia absoluta de que nada esteja sendo dito que possa ser percebido como um insulto? Claro, o fato de serem evitadas pelos outros dá às pessoas narcisistas ainda mais razões para se sentirem magoadas e decepcionadas pela humanidade. Os problemas que elas sofrem em relação aos contatos humanos são alimentados de maneira contínua – igual a um círculo vicioso. É perfeitamente possível que "narcisistas" muito talentosos desenvolvam todo um arsenal de observações espirituosas e sarcásticas a fim de afugentar potenciais agressores – do contrário, temem tornarem-se, eles próprios, alvo da zombaria. No entanto, espirituosidade e sarcasmo não são sinônimo de humor autêntico; ao contrário, podem ser usados como armas defensivas na medida em que evitam que sentimentos de mágoa ou de embaraço "aproximem-se demais". Eles também mantêm as pessoas a certa distância. Qual é, pois, a relação entre humor autêntico e os problemas ligados ao narcisismo? Que lugar poderia ser atribuído ao humor no processo de individuação?

Se o leitor me permite, gostaria de dar seguimento ao tema de nossa discussão abandonando o nível abstrato próprio de um ensaio psicológico e, em vez disso, usar algumas anedotas que ilustram o relacionamento entre o verdadeiro humor e o narcisismo. A primeira pessoa que me vem à mente é um comediante suíço a quem muito admiro, chamado Franz Hohler. Um dia, enquanto falava a um público de psicólogos e contando-lhes como ele, às vezes, lida com o medo do palco, Hohler relatou como o pensamento de que todas as pessoas no teatro tinham vindo precisamente para vê-lo e de que mal podiam esperar por sua apresentação dava-lhe, vez ou outra, uma sensação de autoimportância. Ao mesmo tempo, ele sentia grande medo. Para lidar com isso, costumava então colocar-se diante do espelho no camarim, olhava para seu próprio reflexo, estirava a língua e imitava o balido de uma ovelha: "bééé!" (Ele também pode ter dito que costumava fazer o nariz ficar voltado para seu próprio reflexo.) Esse era seu modo pessoal e bem-humorado de manter um diálogo semelhante ao de Narciso com sua própria imagem especular. É como se tivesse a necessidade de sentir sua imagem refletida a rir-se dele, chamando-o de ovelha estúpida e estirando a língua para sentir-se um pouco normal novamente para seu show. *O que de fato Hohler faz é usar uma forma específica de humor a fim de conservar a distância necessária tanto das fantasias de ostentação quanto do medo de perder seu valor próprio.*

A propósito, pode-se indagar por que as pessoas divertem-se tanto em uma sala de espelhos a ponto de ficarem diante de seu próprio reflexo grotescamente distorcido quase a chorar de rir. Nenhum de nós pensaria em sentir-se ofendido por tal reflexo, porque sabemos que certamente não somos parecidos com isso "na realidade" e que ninguém nos veria dessa forma. É ridículo demais para ser verdade. Entretanto, algo mais também desempenha um papel: estamos olhando para o espelho distorcido porque escolhemos fazê-lo, não há nenhuma necessidade de experimentar a impotência que se poderia sentir se essa fosse de fato a imagem especular refletida pelos outros. Somos capazes de controlar o espelhamento. Por outras palavras, posso zombar de mim mesmo, mas não o aceitaria se outros o fizessem. O fato de que todos tendemos a aceitar sermos ridicularizados por outros muito menos voluntariamente do que estamos dispostos a rir de nós mesmos pode ser considerado quase uma lei psicológica. Há, então, certa margem dentro da qual podemos nos permitir caçoar de nossa própria pessoa, mas ficaríamos consideravelmente magoados com os outros se tentassem divertir-se do mesmo jeito à nossa custa.

A história seguinte – que aconteceu, de fato – deveria contribuir bastante para uma compreensão do relacionamento entre humor e narcisismo.

Uma orquestra de câmara estava dando um concerto em uma antiga igreja que acabara de ser renovada. A segunda peça do programa era um concerto para violino, de Haydn, que devia ser tocada por uma excelente musicista, uma mulher que tinha fama entre seus colegas devido a seu senso de humor realista. Antes mesmo que a orquestra tivesse começado a tocar a primeira peça –

na qual ela também tinha uma parte –, ela avisou aos músicos, de maneira estranhamente severa, que eles não deveriam, sob hipótese alguma, abrir a porta que levava à sacristia; ela de fato soava como se estivesse falando a respeito do "quarto proibido" dos contos de fadas. Ninguém foi capaz de compreender a ausência de seu costumeiro bom-humor, até que sua melhor amiga revelou em estrita confidencialidade "o segredo da sacristia" a alguns colegas: tal como muitos músicos, nossa violinista era obcecada pela ideia de que não seria capaz de tocar sua parte como solista se não pudesse esvaziar a bexiga imediatamente antes; os músicos falam de "dar uma mijada do medo do palco". O problema era que a antiga igreja não dispunha de sanitário e, então, não lhe seria possível sair da igreja antes de sua parte de solista. As duas senhoras tinha sido bastante criativas: haviam encontrado um penico velho e empilhado alguns objetos para apoiá-lo à altura correta, de modo que a violinista pudesse usá-lo sem sujar o longo vestido de noite branco. Elas haviam organizado um "ensaio de assentar-se" na sacristia, a fim de assegurarem-se de que tudo daria certo durante a breve pausa que antecedia o solo. Construíra-se, portanto, um sanitário improvisado que não era necessariamente apropriado para esse ambiente "sagrado", e não deveria ser visto por ninguém.

 O que aconteceu em seguida? Foi como se o diabo tivesse decidido revelar a todos os presentes a "profanação" da sacristia. Mal a orquestra havia começado a tocar, todas as luzes se apagaram – aparentemente um fusível *se queimara. Jovens da plateia correram para a sacristia sabendo que a caixa de fusíveis estava ali. Quando seu sofisticado "trono" foi descoberto, a violinista enrubesceu de vergonha e teria desejado que o chão a engolisse, enquanto seus colegas tiveram de lutar contra o ímpeto de rir a tal ponto que, de certa forma, não conseguiam continuar a tocar. Em pouco tempo, a senhora recobrou seu usual senso de humor e cuidou de seu importante negócio na sacristia antes de tocar sua parte solo. A essa altura, havia se acalmado o suficiente para ser capaz de concentrar-se na música e, naquela noite, interpretou sua peça de maneira particularmente expressiva.*

Esse episódio oferece-nos alguns pontos relevantes para a relação entre humor e narcisismo. A história do penico na sacristia obviamente contém o elemento de uma situação um pouco inconveniente transformando-se em comédia vulgar. Contudo, o que também torna a situação cômica é a atitude da violinista – sua certeza compulsiva de que não será capaz de tocar sua parte solo sem o ritual da micturição preliminar. Isso não significa que se deveria depreciá-la, ao contrário; grande número de artistas performáticos precisa de rituais de um ou de outro tipo. No entanto, no caso presente, a situação forçou a mulher permitir que outros dessem uma olhada demasiado íntima "nos bastidores". Uma musicista executando um solo em uma igreja antiga, cheia de afrescos magníficos, usando um vestido de noite branco e tocando a sublime música de Haydn deve quase sentir-se "perto dos deuses". Qualquer nota que esteja ainda que levemente desafinada, a mais leve hesitação ou o mais diminuto som dissonante de um violino serão experimentados como um anticlímax, maculando a perfeição da interpretação. Em tais circunstâncias, muitos solistas prefeririam que "o chão os engolisse", ou que pudessem tornar-se invisíveis! Requer-se grande dose de humor para ser capaz de resistir à identificação com a imagem ostentosa da pura perfeição – podemos também dizer, muito humor sensível. Pode ser um senso de humor que ajude a aceitar o fato de que artistas performáticos precisam desesperadamente de fantasias ostentosas que envolvem razoável quantidade de "libido narcisista-exibicionista". Ao mesmo tempo, seu senso de humor ajudará tais artistas a descobrir tolerância e compreensão suficientes para serem capazes de sorrir dos aspectos fracos e embaraçosos de tal necessidade. O humor pode também ser um auxílio na consecução de um relacionamento um tanto exequível entre o si-mesmo ostentoso e o si-mesmo realista – para usar a terminologia da teoria do narcisismo.

Nesse contexto, podemos também pensar nas famosas cenas nas quais os palhaços de circo ou os comediantes de lugares de diversões públicas usam instrumentos musicais para fazer o público rir. Todas as dificuldades que o palhaço enfrenta e que transformam seu concerto em uma farsa são bastante reais e refletem os medos torturantes experimentados pelos solistas clássicos. Em geral, os problemas são tão grandes que o "concerto" não pode nem sequer acontecer – ou, se finalmente acontece, os músicos parecem uma hilariante serenata de latas. Do que o público ri, afinal? Ri do palhaço por estar sendo estúpido e desajeitadamente tolo e por comportar-se de maneira tão grotesca? O riso é expressão de libertação, o sentimento de que, ao menos uma vez, as exigências de dignidade, decoro, perfeição, beleza, inteligência etc. podem ser deixadas de lado? (Deveríamos também acrescentar que, a fim de alcançar esse resultado, bons palhaços e comediantes precisam de muita disciplina, muito talento físico e muita habilidade. Mas estou falando aqui da figura do palhaço ou do comediante como ele se apresenta a seu público. O leitor pode interessar-se em uma monografia inspirada e interessante: *The Fool and His Sceptre* ["O louco e seu cetro"], de W. Willeford, 1969). Parece-me que o tipo de riso evocado pelo palhaço situa-se à margem daquela verdadeira linha tênue que separa o riso que zomba dos outros do riso que serve para distanciar-nos da seriedade mortal que governa a maioria de nossas atividades. As palhaçadas ridiculamente divertidas do truão proveem o público de gratificação narcisística, fazendo-o sentir-se muito mais inteligente. Por outro lado, faz-nos bem ver alguém ridicularizar a série de ideias que nós mesmos temos acerca de como as coisas e as pessoas deveriam ser. Os loucos – como as crianças – dizem a verdade porque olham para a realidade de maneira inocente, não distorcida por convenções. O que perfaz a essência do palhaço ou do tolo – e do lunático – é precisamente o fato de que ele não é prisioneiro das expectativas coletivas exigidas do cidadão comum. Ele não leva necessariamente a sério o que "alguém" deveria levar a sério; sua postura é um tanto desconcertada.

A psicologia analítica vê o tolo ou o palhaço como um arquétipo, ou seja, como a representarem uma predisposição que pertence à natureza humana. A questão em torno de um indivíduo ser capaz de relacionar-se consigo mesmo com humor autenticamente tolerante, portanto, depende do grau de parvoíce que seus ideais e seu si-mesmo ostentoso lhe permitirão. É normal que as pessoas que sofrem de vulnerabilidade narcisística sintam-se confusas e tendam a viver em constante receio de "fazerem papel de bobas". Sentem medo de comportar-se de "maneira inconveniente" e de não serem capazes de ajustar-se suficientemente bem ao que quer que se suponha em qualquer situação dada, e podem experimentar isso como uma perda traumática de autoestima, uma completa humilhação. Entretanto, muitas, se não a maioria das assim chamadas "situações embaraçosas", poderiam muito bem ser vistas a partir de seu lado cômico. Obviamente estão um pouco fora da moldura da convenção, do contrário não seriam "embaraçosas". Estar "fora de lugar" é o que envergonha e confunde as pessoas, e isso sempre depende do quanto as definições das normas do comportamento adequado são estreitas ou anchas, rígidas ou flexíveis. Até que ponto somos influenciados pelas convenções que limitam a esfera do "comportamento normal" – limites que os magoados narcisisticamente imaginam ser muito mais estreitos do que de fato são? Em que medida temos a coragem de ser e de expressar-nos espontaneamente? Isso sempre envolve um risco, o risco de que tal comportamento possa não ser considerado "apropriado" o bastante, ou que possa parecer deslocado. Isso costuma causar embaraço, e o grau em que somos capazes de conservar um sentimento de autovalor depende em grande medida de nossa capacidade de aceitá-lo com uma atitude de humor tolerante. Sentimos que estamos sendo "feitos de idiotas" ou temos um relacionamento suficientemente tolerante com nosso lado tolo a ponto de sermos capazes de rir da situação com os outros? Tudo depende de permanecermos ou não capturados em uma identificação com o arquétipo do tolo. Dito de outra maneira, se nos sentimos tolos em todo o nosso ser – ou se o eu é capaz de distinguir-se desse arquétipo e aceitar conscientemente sua eterna presença em nossa psique. Nosso senso de humor pode ser uma graça salvadora, permitindo-nos ser tolerantes o suficiente para com nossas próprias fraquezas e encontrar uma boa distância interior de nossa pretensão de perfeição.

Em geral, pessoas perturbadas narcisisticamente não são capazes de conseguir esse tipo de distância, visto que o sentimento básico de não estarem sendo levadas a sério domina sua vida. Continuam a esperar a aprovação dos outros, mas também suspeitam constantemente de que estão sendo ignoradas e rejeitadas. De forma inconsciente, sua expectativa fundamental – que foi formada por experiências de desvalorização na primeira infância – é que elas serão ridicularizadas tão logo se exponham a si mesmas. Ao mesmo tempo, experimentam uma terrível necessidade de serem, enfim, vistas, aceitas e levadas a sério. Inconscientemente, seu si-mesmo ostentoso anseia por ser espelhado pelo ambiente. Essas necessidades podem tornar-se esmagadoras e levar a um comportamento arrogante e ostentoso. Um enorme desejo de ser frequentemente o centro das atenções pode trazer conflitos com o ambiente; a crítica ou mesmo a completa rejeição que isso pode provocar serão, em seguida, experimentadas como mais uma ofensa. Esse tipo de tensão entre o medo e a esperança e entre sentimentos de inferioridade e sentimentos de ostentação faz parte da penosa experiência que tem sido esclarecida por Adler na psicologia sob o termo "complexo de inferioridade".

Pode-se ver com facilidade até que ponto o tolo mal-adaptado em nós, aquele que não leva as coisas a sério e que também não é levado a sério, representa uma figura extremamente ameaçadora para pessoas narcisisticamente perturbadas. Seu instável senso de autoestima as faz temer a exposição ao ridículo vergonhoso se lhe permitem expressar-se. Pode ocorrer também o oposto, porém, e as pessoas podem identificar-se com esse aspecto e desempenhar o papel de "truão". Estudantes às vezem fazem isso: algumas crianças assumirão o papel do "palhaço da classe" e conscientemente usarão a palhaçada a fim de atrair a atenção e satisfazer sua necessidade de valorização narcísea. Com frequência, podem-se ver pessoas expondo-se, por vontade própria, a si mesmas para serem ridicularizadas como uma forma de compensação para sua suscetibilidade. Uma vez que, ao mesmo tempo, tal comportamento permite que o grupo alivie um pouco da tensão, ele desempenha uma função bem-vinda. Seria, de fato, um grande alívio se nós não precisássemos levar tudo tão a sério neste mundo. Contudo, um olhar mais acurado sobre tal comportamento pode revelar uma história bastante triste: pessoas fazendo-se deliberadamente de tolas para evitar serem ridicularizadas pelos outros.

Minha própria experiência terapêutica confirma a observação de Kohut de que "o surgimento da capacidade de humor autêntico constitui ainda outro sinal importante – e bem-vindo – de que uma transformação de investimentos narcísicos patogênicos arcaicos aconteceu no decorrer da análise de personalidades narcísicas" (Kohut, 1971, p. 324, trad. bras., 1988, p. 266). Já dissemos que o humor constitui uma dimensão arquetípica potencialmente inerente à experiência e ao comportamento humanos, a qual, em essência, é simbolizada pela imagem do tolo. Como tal, representa um elemento importante da integridade humana, entendendo-se esta como completude e não como perfeição. A perfeição seria sacrossanta e intocável, seria inacessível até mesmo à mais sincera explosão de riso. Em oposição a isso, a completude inclui necessariamente o embaraço, a inépcia e também a estupidez. Em todo caso, exige-se certo grau de autoestima para ser capaz de aceitar esses lados na própria personalidade com humor tolerante e sem sentir-se desvalorizado como pessoa em sua totalidade. Esses são os lados que, na terminologia junguiana, seriam vistos como manifestações da sombra (cf. OC 9/2, § 13ss.). De acordo com a teoria do narcisismo, isso implica que o si-mesmo ostentoso está começando a transformar sua necessidade de perfeição e a vislumbrar a possibilidade de moldar ambições mais adequadamente realistas. Seja como for, o pré-requisito para o verdadeiro humor reside em nossa capacidade de nos afastarmos um pouco de nós próprios e de nossos pontos sensíveis e reconhecermos em nossa profundidade que nossa pessoa jamais será perfeita, visto que a perfeição é uma ilusão (alimentada pelo si-mesmo ostentoso).

Reconhecer em profundidade a imperfeição e as limitações inerentes à nossa humana existência certamente faz parte da atitude que, em geral, é denominada "sabedoria". Por isso, parece que o humor autêntico e a sabedoria estão intimamente interconectados e até mesmo dependem um do outro.

Sabedoria

Humor e sabedoria formam um par na medida em que é fácil a sabedoria sem humor tornar-se dura e pomposa, afastando-se demais, assim, de sua verdadeira essência. Pode ter sido essa uma das razões por que os gregos costumavam encenar uma comédia satírica imediatamente depois da apresentação de três tragédias centradas em torno da fragilidade humana, ou por que Shakespeare muitas vezes mitigava suas tragédias com farsas macabras ou com cenas grotescamente divertidas; até mesmo Beethoven compôs descontraídos *scherzi* em contraste com o *pathos* de suas sinfonias.

A sabedoria tende a escapar de qualquer definição inequívoca. Quando, porém, se fala a respeito de alguém e se diz que seu comportamento mostra "maturidade psíquica", ou que tem "uma atitude madura perante a vida", sugere-se que tal pessoa tem certo grau de sabedoria. Kohut considera que a sabedoria inclui a capacidade de aceitar – não apenas intelectual mas também emocionalmente – a inevitável imperfeição inerente à natureza humana (Kohut, 1977). Essa capacidade é, em todo caso, componente essencial do *mixtum compositum* ["composto misto"] a que chamamos sabedoria.

Em conexão com as ideias de Jung a respeito da sabedoria, gostaria de voltar a seu sonho do iogue, no qual ele compreendeu que sua vida empírica e sua existência no tempo também podiam ser vistas como um sonho ou uma meditação do iogue – uma representação simbólica do si-mesmo.

Essa figura onírica altamente numinosa é um bom exemplo do que Jung, em sua teoria psicológica, definiu como a "personalidade-mana" – da palavra melanésia *mana*, que significa um poder superior "extraordinariamente eficaz" (OC 7/2, § 388). As figuras que representam o arquétipo do "Velho Sábio" ou da "Grande Mãe" são equivalentes à personalidade-mana; são tanto personificações do que poderia ser chamado de "sabedoria na natureza" ou o si-mesmo junguiano com seu "conhecimento inconsciente". Não se pode deixar de concordar com Jung quando enfatiza o fato de que há um "conhecimento" natural capaz de ultrapassar o que conhecemos conscientemente. Em certo sentido, o inconsciente – nossa natureza interior – "sabe" mais do que nosso consciente. "Sabe", por exemplo, como a fisiologia complicada do corpo humano deve funcionar para que a vida seja mantida. "Sabia" disso muito antes que o ser humano começasse a observar cientificamente tais processos e a formular leis acerca de seu funcionamento. A própria consciência humana, com sua capacidade de reflexão, é um produto dos processos evolucionários ancestrais na natureza. Por outras palavras, é o conhecimento da natureza que reveste o ser humano com o potencial para desenvolver sua consciência do eu relativamente autônomo. Assim, o potencial humano para a consciência é uma manifestação de um misterioso conhecimento na natureza.

Em termos religiosos, essa intuição encontra sua expressão no mito bíblico da criação: Deus – a fonte original de toda a criação – criou o ser humano à sua própria imagem. O conhecimento e a sabedoria inerentes à criação do mundo produzem a capacidade de tornar-se consciente. A consciência do ser humano, por sua vez, luta por compreender os segredos do conhecimento da natureza – um empreendimento que se tornou mais e mais bem-sucedido em tempos modernos, para nossa vantagem, mas também muito para nosso prejuízo. Parece também que o conhecimento na natureza tem necessidade da consciência humana a fim de encontrar seu reflexo e um espelho de sua sabedoria (cf. tb. Jaffé, 1970).

Ao interpretar o mito de Narciso no primeiro capítulo deste livro, referi-me à convicção de Jung de que existe uma questão central, expressiva na vida do ser humano, a saber: "Está ele relacionado a algo infinito ou não?" Somente estando em relação ao infinito é que podemos, de acordo com Jung, evitar concentrar-nos em futilidades e levar uma vida que não tenha nenhum sentido. Ao mesmo tempo, a intuição de Jung de que tal atitude só pode ser alcançada se nos sentirmos simultaneamente ligados ao último grau e soubermos que "somos *apenas* isso" (Jung & Jaffé, 1963, p. 356-357) é também extremamente importante.

De um ponto de vista junguiano, poderíamos dizer que um relacionamento consciente com o "Velho Sábio" em nós mesmos e com seu conhecimento atinente ao infinito é parte essencial de uma atitude que merece ser chamada de "sábia". Isso pode ser assim – no entanto, somente sob a condição de que nosso eu empírico resista ao perigo de tornar-se inflado, ou seja, que permaneça capaz de diferenciar entre suas limitações e a infinidade do inconsciente (sou *apenas* isso).

Um exemplo concreto do tipo de problema que pode surgir nesse campo é aquele de um jovem que foi meu cliente. Ele padecia de um distúrbio narcisístico a tal ponto que se via impedido de obter até mesmo o mais leve vislumbre do que podemos chamar de uma "atitude" sábia. Pelo contrário, ele estava sendo afligido por pesados receios e acessos de fúria sempre que tinha de reconhecer suas próprias limitações. Para ele, era uma questão de 8 ou 80. Ou ele seria capaz de acreditar em si mesmo – e isso significava crer que era ou se tornaria eminentemente especial e absolutamente perfeito – ou cairia em completo desespero, sentindo-se reduzido a uma nulidade e sobrecarregado com uma vida que não era digna de ser vivida. Foi tão longe que chegou ao ponto da simples rejeição da realidade da morte. Com frequência sonhava com pessoas que eram atropeladas por um carro, mas toda vez que narrava tal sonho acrescentava, de modo desafiador, que ele simplesmente não conseguia aceitar o repugnante fato de que as pessoas tinham de morrer. Em segredo, tinha a esperança de que a análise o ajudasse a realizar o desejo de perfeição e onipotência. Contudo, a "sabedoria" em potencial estava ali e falava-lhe mediante o inconsciente. Sonhou o seguinte: um ancião está sentado, junto a uma anciã, em um banco no topo de uma colina baixa; ele está fumando um cachimbo calmamente. Ambos estão contemplando o vale distante e toda a atmosfera é um tanto tranquilizadora e meditativa.

Quando lhe perguntei quem era o casal, ele disse que, com certeza, não eram seus pais. Jamais se sentariam juntos em tal contemplação pacífica porque estavam constantemente discutindo e, ademais, o casal de anciãos não se parecia com eles de forma alguma. Acatando minha sugestão, ele tentou imaginar o que as pessoas em seu sonho poderiam estar contemplando e que tipo de visão poderia estar se abrindo para elas à medida que abrangiam com o olhar o mundo a partir da colina, isto é, de um elevado ponto de vista privilegiado. Àquela altura, estava atravessando um de seus típicos conflitos com uma namorada (ele interpretava o desejo dela de maior independência como rejeição e sentia-se magoado, mas tão logo ela precisava apoiar-se mais nele, sentia-se encurralado), e perguntei-lhe: "E o que você imagina que as duas pessoas anciãs de seu sonho poderiam ter a dizer acerca do conflito com sua namorada?" Ele não foi capaz de imaginar uma resposta à minha pergunta, visto que a totalidade do seu eu estava identificada com a condição "absolutamente miserável" na qual sentia que estava naquele momento. Era-lhe, pois, difícil colocar-se no lugar das pessoas anciãs e empatizar com elas em sua imaginação. Mas restava o fato de que ele sonhara com elas e, visto que não lhe lembravam ninguém que ele conhecesse, deviam ser interpretadas como tendências inconscientes de sua própria psique. Em certo sentido, elas são semelhantes ao iogue no sonho de Jung, mas falta-lhes aquele aspecto numinoso – elas parecem muito comuns, um pouco simples talvez. A aparência delas é, ainda assim, notável, levando-se em consideração o tormento narcisístico de meu psicanalisando, seu ardente desejo de onipotência e o fato de que ele estava sendo esmagado constantemente pelas limitações da realidade. Com razão, pode-se interpretá-las como personificações do si-mesmo em sentido junguiano, se bem que em uma forma correspondente ao estágio de desenvolvimento do jovem. Pode ser característico de sua situação psíquica que a "sabedoria" do inconsciente – o si-mesmo – devesse, precisamente, não manifestar-se como figura numinosa tocando o infinito, mas sim, em vez disso, duas modestas e satisfeitas pessoas anciãs que estão contemplando o horizonte e que são, de fato, apenas humanas. Inicialmente, elas ainda eram estranhas à consciência dele – isso é mostrado no sonho pelo fato de que elas estavam olhando para longe e não para o sonhador. Contudo, essas duas pessoas anciãs, sentadas em uma colina, podem simbolizar uma disposição intrapsíquica rumo ao desenvolvimento de uma atitude mais madura que lhe permitiria, um dia, distanciar-se de seu mundo ilusório atual e olhá-lo de uma "perspectiva mais elevada". Eu tinha boas razões para não insistir que ele integrasse a atitude dessas duas figuras e tentei, em vez disso, compreendê-lo em sua turbulência atual. Embora seja verdade que o casal de anciãos simboliza uma atitude perante a vida que poderia modificar sua ostentação ilusória, o fato é que tal atitude precisa crescer de maneira orgânica se quiser tornar-se parte dele no decurso de um processo de amadurecimento. Crescimento orgânico leva tempo.

Dissemos que Kohut acredita que uma pitada de sabedoria não é raridade no fim de uma análise. Entretanto, ao mesmo tempo ele adverte o analista (em minha opinião com muita razão) de aspirar a tal resultado. O analista não deveria nem sequer alimentar a expectativa de que algum dia possa ser alcançado:

> [...] não deveríamos, sob qualquer pressão, mesmo que seja sutil, induzir o analisando a lutar por ela [...] tais pressões e expectativas por parte do analista levam ao estabelecimento de identificações totais inseguras, com o analista tal como realmente é, com a fantasia do paciente sobre o analista, ou com a personalidade que o analista possa tentar apresentar ao paciente (Kohut, 1988, p. 269).

Isso nos leva a discutir o questionável aspecto de qualquer esforço por sabedoria. Quem não gostaria de ser considerado sábio? A imagem do "homem sábio" ou da "mulher sábia" pode bem corresponder a um ideal do eu que é principalmente narcisístico; pode também ser usurpado para satisfazer a necessidade de prestígio e de reconhecimento do si-mesmo ostentoso. Jung considerava que tal inflação do eu resultava, entre outras coisas, de uma identificação com a personalidade-mana (ou seja, como o "Velho Sábio"). Uma transferência idealizadora, por outro lado, costuma consistir na projeção de um "ser de uma sabedoria superior, [...] [e] de uma vontade igualmente superior" (OC 7/2, § 396) sobre determinadas pessoas no ambiente do psicanalisando ou sobre o analista. O analisando, então, se esforçará por modelar sua própria sabedoria segundo a do analista e o imitará inconscientemente. Esse é um tipo de identificação que pode, às vezes, ser necessária e fecunda para ulterior desenvolvimento, mas também pode revelar-se danosa para a autêntica autorrealização tão logo se torne fixa.

É óbvio que as pessoas dotadas de genialidade, tais como Freud ou Jung, facilmente prestam-se a modelos de identificação e atraem muitos seguidores. Jung, em particular, por volta do fim de sua vida, era considerado um "Velho Sábio". Para seus seguidores, isso envolve o risco de perder a busca por sua própria unicidade específica durante o processo de individuação. Eles podem, em vez disso, ser pegos – muitas vezes inconscientemente – pela imagem arquetípica do "Velho Sábio" e identificá-lo com a personalidade de Jung. Tornar-se a si mesmo é, então, confundido com o esforço por tornar-se tanto quanto possível como Jung (Jacoby, 1973a; Yandell, 1978).

Também podem surgir problemas de outro tipo: alguns jovens lutam por "ficar acima" das coisas, de maneira semelhante às duas pessoas anciãs no sonho de meu analisando que estão olhando o mundo do topo de uma colina. A expressão "manter a calma" costuma ser usada hoje em dia para descrever essa atitude. Ela pode permitir que alguém olhe desdenhosamente o mundo de uma perspectiva mais elevada, para ver a viciosidade por trás dos jogos que as pessoas jogam e fazer comentários irônicos esporádicos concernentes à diligência superficial e à felicidade saturada dos burgueses dos dias atuais. Certamente não se pode negar que esse tipo de observação contém um elemento de verdade. No entanto, também mostra uma atitude que implica uma evasão para o tipo de pseudossabedoria forçada que pode servir como defesa contra o ato de realmente entrar na vida.

A sabedoria é muitas vezes equiparada ao desprendimento. Para a psicologia do profundo, porém, esse ideal de uma impávida serenidade deve parecer suspeito. O que aconteceu com a sombra por trás da compostura? É possível permanecer constantemente desapegado sem separar-se das tendências menos maduras em si mesmo? Devo admitir que, ainda que tal atitude fosse genuinamente possível, não poderia aplicar-lhe o termo sabedoria: para mim, envolveria demasiado distanciamento do que significa a verdadeira humanidade, vivida com plenitude. Contudo, é inegável que alcançar certo grau de sabedoria pode ajudar-nos a encontrar melhor equilíbrio psíquico. Podemos, então, ser surpreendidos com menos frequência e intensidade por nossas paixões, nossos medos ou nossos vícios. Pode também permitir-nos ser um pouco mais flexíveis na lida com nossos complexos e descobrir uma atitude consciente "que permita a cooperação do inconsciente em vez de sua oposição" (OC 16/2, § 366). Ao "colocar-nos um pouquinho acima", podemos conseguir, com mais facilidade, entrar em contato com a alma em sua diversidade. É provável que estaremos mais dispostos a aceitar os altos e baixos que uma vida plena pode estar nos reservando.

A sabedoria certamente exige a coragem e a capacidade de questionar com criticidade nossas percepções do si-mesmo e do mundo. Em geral, tal questionamento resulta em certo senso de modéstia. Temos de compreender que a totalidade psíquica, o si-mesmo (em sentido junguiano), jamais pode ser plenamente percebida pelo eu. Em termos de nossa experiência cotidiana, pode ser útil ver o si-mesmo como um potencial psíquico para integrar vários padrões e tendências conflitivas de reação dentro da personalidade individual – Jung muitas vezes falou do si-mesmo como o que une os opostos, usando os termos *coniunctio* ou *complexio oppositorum* (OC 9/2, OC 14). O círculo ou a mandala é um símbolo eloquente dos processos práticos implicados em tal integração. Quando, por exemplo, contornamos conteúdos conflitivos mediante a reflexão e a meditação, muitas vezes descobrimos uma variedade de abordagens ao mesmo problema emergindo para a consciência. Psicologicamente falando, isso gera certa relativização do ponto de vista do eu e produz a experiência de maior flexibilidade e liberdade. Isso torna possível, pelo menos em parte, desvencilhar-se da identificação total com determinados conflitos, desejos ou receios. O eu pode, então, mudar sua postura e obter nova orientação. Isso não significa necessariamente que todo sofrimento tenha sido eliminado, mas talvez nova força tenha sido assim descoberta para suportá-lo e para lidar com ele de maneira equilibrada. O "além" imperceptível a que os símbolos do si-mesmo em geral acenam parece apontar para a capacidade humana inerente de distanciar-se do próprio eu, de descer às profundezas e de sentir o próprio enraizamento em dimensões suprapessoais de sentido.

Determinada sabedoria, juntamente com empatia, criatividade e humor, é, assim, dada ao ser humano como disposição arquetípica, e é por meio do processo de individuação que esse potencial pode encontrar expressão no aqui e agora da situação concreta e pessoal. Essas quatro qualidades descritas por Kohut são componentes essenciais desse processo, embora possamos acrescentar que eles estão baseados, em parte, em talentos inatos de que nem todas as pessoas são dotadas na mesma medida. Para que se tornem eficazes, porém, é preciso atingir alguma medida de maturidade psíquica. A verdadeira empatia, por exemplo, está disponível apenas para alguém que tem uma identidade do eu estável – e, portanto, flexível o bastante. A criatividade depende de um eu que esteja suficientemente aberto e receptivo aos impulsos do inconsciente criativo. O humor pressupõe alguma consciência dos próprios pontos fracos e tolerância para com eles, e sabedoria significa perceber a relatividade e reconhecer as limitações de todos os nossos empreendimentos e preocupações, sem nos iludir. Logo, parece legítimo vê-los como "formas de amadurecimento dentro do desenvolvimento da personalidade".

Não obstante, podemos perguntar-nos se é apropriado descrever a realização desses potenciais humanos em termos de uma "forma maturacional de libido narcisística". Tem mesmo a ver com narcisismo? Penso que podemos dar uma resposta afirmativa a essa questão se tomarmos o narcisismo (como em sua definição mais largamente aceita) no sentido de uma "concentração do interesse psicológico sobre o si-mesmo" (cf. Pulver, 1970, p. 337); e se compreendermos o termo si-mesmo não em seu sentido psicanalítico mais estreito, mas como o "centro do universo psicológico" (Kohut, 1977; OC 6). O interesse psicológico pelo si-mesmo, então, inclui nossa preocupação com seu aspecto dinâmico, nomeadamente com os processos maturacionais e com o desenvolvimento da personalidade. O si-mesmo, em sentido junguiano, ou seja, como a força motora por trás do processo de individuação, contém aspectos tanto pessoais quanto transpessoais da psique. De igual modo, descobrimos que, na opinião de Kohut a respeito do si-mesmo bipolar, um polo é formado pelos "ideais" que servem para guiar e canalizar as energias procedentes da ambição pessoal. Como consequência, seu conceito de narcisismo tem assumido uma relevância bem mais ampla. As formas maturacionais discutidas no presente capítulo são caracterizadas precisamente pelo fato de que necessitam, a fim de evolucionar, determinada modificação das formas arcaicas de narcisismo. Em escritos posteriores, Kohut preferiu usar a formulação "maturação do si-mesmo" (Kohut, 1984). Certamente podemos considerar que determinada cura das feridas narcisísticas deve acontecer e que um senso de autoestima realista o suficiente deve desenvolver-se antes que a autêntica autorrealização possa ser alcançada. Contudo, em minha opinião, isso é verdadeiro apenas em parte. Dúvidas sobre si mesmo, dolorosas oscilações do próprio equilíbrio interior e sentimentos de "ser lançado sobre si mesmo" – para usar a expressão de Heidegger –, são parte integrante da experiência da alma e do fluxo da vida. Tais sentimentos podem, sem dúvida, ser indicativos de transtornos narcisísticos muito graves, mas eles também podem ser provocados por uma crise mais ou menos séria que, como tal, pode muito bem envolver um potencial para o futuro crescimento da consciência. É exatamente a tarefa da psicoterapia e da análise facilitar a conexão dos clientes com esse potencial criativo do si-mesmo.

Como era um psicanalista freudiano, Kohut primeiramente usou o termo óbvio "libido narcisística" sempre que suas observações não diziam respeito à libido investida em objetos, mas sim, em vez disso, à energia que está na base do autodesenvolvimento. Contudo, já em 1971, ele insistia em que a libido narcísica não é caracterizada pelo fato de que está *direcionada* ao si-mesmo. Dentro de seu esquema geral, "o narcisismo é definido não pelo alvo do investimento instintivo (isto é, se ele é o próprio sujeito ou outras pessoas) mas pela natureza ou qualidade da carga instintiva" (Kohut, 1988, p. 36). A criancinha, por exemplo, investe narcisisticamente outras pessoas e, assim, experimenta-as de maneira narcisística. Para ele, elas tornam-se si--mesmo-objetos, ou seja, a criança experimenta-as como se fossem partes de seu próprio si-mesmo. Creio que a qualidade da libido narcisística descrita por Kohut é mais compreensível se for vista como "automorfismo" no sentido de Neumann (Neumann, 1973) ou como o ardente desejo de tornar-se a si mesmo. É a energia subjacente ao processo de individuação, e este processo – estimulado e direcionado pelo si-mesmo – permanece dependente de um ambiente facilitador. Precisa de "outros relevantes" para desenvolver-se. Consequentemente, chegamos à importante questão das relações entre narcisismo e "libido objetal", assim como entre o esforço humano pela individuação e a natureza social do ser humano.

Individuação e relacionamento-tu – si-mesmo e "objeto"

Já mencionamos que a psicologia analítica de Jung vê o si-mesmo como uma disposição *a priori* que tentará realizar-se no curso da vida do indivíduo. É comparável, metaforicamente falando, à semente de uma planta ou de uma árvore que já contém, em potencial, todo o organismo. Para que essa potencialidade venha a existir, a semente exige solo e um clima adaptado a suas necessidades. A potencialidade existente não se desenvolverá se as lesmas devorarem a jovem planta ou se um raio atingir a árvore. Minha comparação do si-mesmo (como o fator estruturador do desenvolvimento psíquico natural em cada indivíduo) com uma semente é justificada na medida em que essa imagem expressa o aspecto autônomo e inato do processo de desenvolvimento – ainda que a imagem não explore cada dimensão de seu significado. Conforme já mencionado, E. Neumann, o discípulo de Jung, escolheu o termo "automorfismo" para expressar a noção de um impulso rumo à autoformação (Neumann, 1973). Esse impulso, contudo, exige um ambiente facilitador para alcançar sua meta. Por outras palavras, com o fito de desenvolver nosso potencial inato, precisamos de um clima emocional favorável que normalmente é proporcionado por interações com outros relevantes, em primeiro lugar, com a mãe. Um clima emocional inadequado impede o desenvolvimento da criança e bloqueia-o ou distorce-o. Exemplos tais como o de Kaspar Hauser, que cresceu sozinho em uma torre escura, ou das várias crianças-lobos das quais se diz que foram criadas por lobos, parecem demonstrar esse fato.

Em geral, tais inter-relações entre dimensão inata e ambiente são reconhecidas atualmente, e mesmo uma psicologia que põe tão elevado valor na autonomia interior do processo de individuação deve levá-las em conta. A autorrealização depende da presença de outros relevantes que oferecem espelhamento e ressonância à própria existência de uma pessoa; isso se aplica ao desenvolvimento do bebê rumo à relativa autonomia da adultidade, bem como a pessoas em idade mais madura. Dito de outra maneira, como seres humanos, precisamos de pessoas que reajam a nós, valorizem-nos, questionem-nos, inspirem-nos – em resumo, pessoas que sejam significativas para nós. Essas pessoas são também os outros relevantes que frequentemente aparecem em nossos sonhos. Jung sugeriu que, a fim de compreendê-las melhor, não apenas olhamos para elas em sua dimensão "objetiva", mas também tentamos entender seu significado "subjetivo". Examinar um sonho no "nível objetal" envolve lidar com o aspecto relacional, ou seja, com a maneira pela qual o sonhador percebe as pessoas em questão ou com os sentimentos que ele tem relação a elas. No "nível do sujeito", por outro lado, focalizamos a importância que as figuras oníricas possam ter na vida interior do sonhador. Elas podem, por exemplo, personificar um modo de experiência específico, até então inconsciente ao sonhador. Seja como for, uma interpretação no "nível subjetivo" gira em torno da seguinte questão: "Que tipo de reação emocional a presença de um ser humano específico desencadeia em mim?" Muitas vezes é como se determinados relacionamentos humanos estivessem sendo "arranjados" pelo si-mesmo mais profundo para seus próprios propósitos de individuação. Isso é particularmente verdadeiro para aqueles relacionamentos mais profundos nos quais às vezes nos "enredamos" ou aos quais "nos amarramos". Claro, em tais casos, há o perigo de que possamos ter-nos tornado vítimas de alguns complexos inconscientes. No entanto, olhando de uma perspectiva mais profunda, às vezes temos de compreender que é, em última instância, o si-mesmo e seu ímpeto rumo à individuação que limitam a liberdade de nosso eu e impedem-nos de tratar nossos relacionamentos do jeito que queremos. Podemos pensar que há um laço demasiado forte, mas – a depender de como o consideramos – isso pode envolver ou um fenômeno neurótico ou uma oportunidade de maturação.

As necessidades que acompanham o ímpeto rumo à individuação "organizadas" pelo si-mesmo às vezes parecem estar em completo contraste com as intenções conscientes da pessoa. Aqui está um exemplo:

Uma mulher de 35 anos de idade parecia estar absolutamente certa de que queria divorciar-se do marido. Ela costumava queixar-se de que o marido era totalmente incapaz de compreender-lhe as próprias necessidades psíquicas e espirituais. Dizia também que estava experimentando uma aversão instintiva à presença física e sexual dele. Então, para seu espanto, sonhou que o marido estava tirando uma bola de ouro de um poço para ela.

Tanto a sonhadora quanto eu mesmo ficamos surpresos com esse sonho. A bola de ouro ou o globo áureo é um símbolo bem conhecido da totalidade ou do si-mesmo. Desde tempos imemoriais, o círculo e a bola, sendo redondos, têm sido vistos como representantes da forma ou figura mais perfeita. Na Antiguidade, eram considerados símbolo do ser como tal; no Extremo Oriente, o motivo circular, combinado com o quadrado, formam uma assim chamada mandala, que serve para meditação. Se dizemos que algo precisa ser "arredondado", expressamos o mesmo pensamento, visto que arredondar implica a ideia de completar. O ouro da bola no sonho reforça o símbolo de modo considerável – tem sido sempre um símbolo do valor mais elevado, pois brilha como o sol e dura mais do que qualquer vida humana, ou seja, existe eternamente. O sonho fez minha psicanalisanda lembrar-se do Príncipe Sapo – famoso conto de fadas. Na história, no fim de contas, a bola de ouro faz coisas acontecerem e abre no-

vas possibilidades para encontro e transformação. Nesse contexto, a imagem da bola de ouro pode representar o si-mesmo e suas tendências integrativas.

O sonho, é óbvio, estava dizendo que os planos de divórcio de minha analisanda não se ajustavam à totalidade de sua pessoa – uma vez que seu marido é até mesmo representado como determinante para seu processo de individuação. No fim, ela não se divorciou dele e, como se verificou, lidar com seus problemas matrimoniais tornou-se central para seu próprio desenvolvimento. Ser capaz de suportar as tensões inerentes ao relacionamento com um marido (algo que, sabe-se, é bastante difícil) tornou-se muito valioso para sua maturação e sua autorrealização. Podemos dizer, portanto, que em seu si-mesmo mais profundo, algo não concordava com sua intenção consciente de obter o divórcio.

Esse exemplo não deveria levar a um mal-entendido: não creio que somente relacionamentos que impliquem uma tarefa difícil têm a probabilidade de fomentar o processo de individuação. Também precisamos de pessoas com as quais possamos ter mútuos cuidado, compreensão e estímulo espiritual e emocional.

De fato, Jung costumava insistir que a individuação não deve ser equiparada ao individualismo egocêntrico. A autorrealização sempre implica envolver-se no nível interpessoal também. O processo de individuação só pode acontecer em relação a outras pessoas, à sociedade e à cultura na qual vivemos. Geralmente comporta tarefas que são específicas da personalidade específica e única do indivíduo. Contudo, de forma alguma a individuação tem a ver com uma atitude egocêntrica ou autocrática. Conforme o formula Aniela Jaffé:

> Uma das tarefas da individuação para o ser humano moderno é reconhecer que sua consciência autônoma, que se imagina tão superior e, no entanto, é tão influenciável, é dependente de condições sociais externas, assim como é determinada por fatores psíquicos interiores e, a despeito dessa intuição, conservar seu senso de responsabilidade e de liberdade (Jaffé, 1970, p. 94).

Podemos lembrar que, na psicologia de Kohut, o si-mesmo é visto como bipolar – um polo contém metas e ideais significativos (Kohut, 1971, 1977). Assim, conservar um equilíbrio narcísico também depende em grande medida de preocupações e escopos suprapessoais, visto que eles fornecem experiências de sentido. Isso é consistente com a parte da natureza humana que forceja rumo a uma consciência mais elevada e a conquistas culturais.

Contudo, nossa necessidade de contatos sociais está conectada em grande medida ao fato de que, a fim de nos sentirmos psiquicamente equilibrados, precisamos do espelhamento de nosso próprio ser e de uma ressonância empática. Não admira que, hoje em dia, consideramos uma tortura o isolamento de prisioneiros em uma única cela. Em seu último livro póstumo (Kohut, 1984), Kohut leva muito em conta essas observações. Ele enfatiza que o si--mesmo-objeto arcaico não pode ser transformado completamente em uma estrutura interna, seja no curso dos processos de amadurecimento da infância, seja durante a análise. Como consequência, não é possível alcançar nenhuma autonomia absoluta da personalidade: permanece a necessidade dos si-mesmos-objetos na idade madura, e o processo de desenvolvimento conduz da fusão original com si-mesmos-objetos arcaicos ao estágio em que um relacionamento empático com si-mesmos-objetos mais maduros tornou-se possível. Se entendo Kohut corretamente, parece que um si-mesmo-objeto *maduro* é caracterizado pelo fato de que é, de um lado, experimentado e aceito pelo indivíduo como, em certa medida, independente e separado. Contudo, ao mesmo tempo, traz *importância* emocional para o sujeito (para o si-mesmo em sentido kohutiano). Após desenvolver ainda mais suas ideias, Kohut expandiu o significado do termo "si-mesmos--objetos" para incluir uma herança cultural ou conteúdos espirituais, sempre que esses sejam emocionalmente significantes para o si-mesmo (Kohut, 1984, p. 203). Em um simpósio sobre psicologia do si-mesmo (realizado entre os dias 21 e 22 de janeiro de 1984, em Munique), Ernest S. Wolf respondeu à questão de se uma psicologia do si-mesmo baseada na obra de Kohut abolira de todo o termo "objetos" – em seu sentido clássico, psicanalítico – com o seguinte exemplo: se uma criança é encaminhada a um professor de música, em primeiro lugar ela experimentará o professor como um "objeto" que a capacita para aprender a tocar um instrumento musical; contudo, depois que a criança chega a conhecer pessoalmente o professor e desenvolve um relacionamento com ele, o professor torna-se um "si-mesmo-objeto".

Esse exemplo deixa claro: a partir do momento em que uma pessoa até então desconhecida torna-se significativa para mim, ela deixa de ser um "objeto" e torna-se um "si-mesmo-objeto". A mesma pessoa pode, portanto, ser tanto um objeto quanto um si-mesmo-objeto, a depender de como a experimento. O conceito de si-mesmo-objeto é resultado da abordagem metodológica de Kohut, ou seja, de sua tentativa de conseguir intuição psicológica por meio da empatia e da introspecção. Destarte, sua atenção estava voltada às várias nuanças da experiência subjetiva que pode ser despertada em nós por outras pessoas. Não surpreende, pois, que ele insistisse – em seu novo livro mais do que nunca – em sua convicção de que a maturação humana não está necessariamente preocupada em substituir si-mesmos-objetos por objetos amorosos, ou em progredir do narcisismo ao amor-objetal – como postula a clássica psicologia psicanalítica do desenvolvimento. Já em 1971, Kohut apresentou um bom argumento quando enfatizou que o resultado não específico da análise de posições narcisísticas importa em maior capacidade para o amor-objetal:

> quanto mais segurança a pessoa tem ao considerar sua própria aceitabilidade, quanto mais certo for seu sentimento de quem ela é, e quanto mais estiver seguramente internalizado seu sistema de valores – mais autoconfiante e eficaz será o modo como a pessoa poderá oferecer seu amor (isto é, estender seus investimentos libidinais-objetais) sem medo indevido de rejeição e humilhação" (Kohut, 1988, p. 246).

Isso significa que, de acordo com Kohut, o desenvolvimento não conduz do si-mesmo ao objeto, ou seja, do narcisismo ao amor objetal. É, ao contrário, caracterizado pela capacidade, do si-mesmo em amadurecimento, de experimentar e de formar seus relacionamentos com outras pessoas de forma mais madura e diferenciada. Logo, Kohut não distingue entre si-mesmos-objetos e objetos amorosos. "As relações si-mesmo/si-mesmo-objeto" maduras (um termo feio introduzido em seu novo livro) já não estão baseadas na fusão, mas sim em uma percepção mais diferenciada dos si-mesmos-objetos como indivíduos independentes, que podem ter necessidades que não são compatíveis com as nossas próprias. Basch escreve: "Quando uma pessoa consegue satisfazer as necessidades do si-mesmo-

-objeto de outra pessoa enquanto simultaneamente satisfaz as necessidades do próprio si-mesmo-objeto, então temos a situação que os psicanalistas chamam de amor-objetal" (Basch, 1981).

De acordo com Kohut, precisamos, durante toda a nossa vida, ser mantidos em segurança pela "matriz de relacionamentos maduros do si-mesmo-objeto", que é comparável ao oxigênio necessário para nossa sobrevivência biológica. Sem "ressonância empática", sem interação significativa com pessoas relevantes em nosso ambiente social, estamos fadados a cair em um espaço vazio.

Em minha opinião, porém, o conceito de si-mesmo-objeto, conforme usado em sentido mais amplo por Kohut em sua última obra, está superdimensionado. Torna-se demasiado global e perde sua importância específica, na medida em que Kohut atribui pelo menos três significados diferentes a esse termo:

a) O si-mesmo-objeto arcaico (idealizado), compreendido como uma fusão entre "si-mesmo" e "objeto" na experiência do bebê. Uma fixação inconsciente nesse estágio inicial resultará posteriormente em problemas emocionais ligados à falta de demarcação entre "representações do si-mesmo e representações do objeto". Várias formas de transtornos narcísicos originam-se nessa fixação – conforme veremos à p. 446s.

b) O si-mesmo-objeto "maduro". Com isso, Kohut denota pessoas em nosso ambiente a quem reconhecemos e aceitamos em sua "alteridade" separada. Elas, no entanto, permanecem si-mesmos-objetos na medida em que sua presença "significa algo para nós". Podemos sentir vários graus de apego a elas e podemos experimentar algo como estar no "mesmo comprimento de onda". Em terminologia junguiana, elas incorporam as qualidades do "nível do sujeito".

c) Os si-mesmos-objetos podem também ser experimentados em uma forma transpessoal. Conquistas que pertencem à nossa herança cultural ou aos conteúdos de nossa natureza espiritual podem tornar-se si-mesmos-objetos, a ponto de tornarem-se dotados de "alma".

Kohut, em outras palavras, chama de "si-mesmo-objetos" tudo o que tenha um sentido para nossa vida e que nos satisfaça ou inspire, sejam pessoas, ideias, obras de arte, crenças religiosas etc. O que é mais importante, "si-mesmos-objetos" não são nem "de dentro" nem "de fora"; são pessoas, coisas ou símbolos que podem ser experimentados simultaneamente em ambos os mundos: em um mundo que é organizado de modo "objetivo-extrospectivo" e em outro com uma organização "subjetivo-introspectiva" (Wolf, 1983, p. 313).

Podemos perguntar mais uma vez se o "objeto" e a possibilidade de compreender a realidade "objetivamente" desapareceram por completo da psicologia do si-mesmo de Kohut. Uma comparação com algumas ideais da psicologia analítica de Jung podem ajudar a responder a essa pergunta. C. G. Jung foi um dos primeiros a duvidar da "objetividade" imparcial do conhecimento psicológico, escrevendo que nossas funções perceptivas conscientes sempre se apoiam simultaneamente em premissas inconscientes. Qualquer teste de realidade só pode ser objetivo em parte, visto que é inevitável ele estar condicionado por nossas visões subjetivas. Ou seja, nossos conteúdos psíquicos são percebidos como uma projeção sobre o "objeto", uma vez que são inconscientes[13]. O objeto torna-se investido da projeção de conteúdos principalmente subjetivos. Qualquer percepção da realidade exterior (e, como é natural, da interior) está colorida de forma subjetiva pela "equação pessoal" do indivíduo que está percebendo. É muito importante para Jung que essa equação pessoal seja levada em conta tanto quanto possível, a fim de evitar a ilusão de objetividade inquestionável. Foi, portanto, essa intuição que motivou, entre outras coisas, seu estudo

---

13. Esta era a principal razão por que Jung estava tão interessado em alquimia como a química pré-científica. As ideias e os resultados "químicos" formulados pelos alquimistas não correspondem à realidade exterior; mas sim a *imaginatio* que acompanha seus experimentos revelava a realidade da psique. Os tratados alquímicos mostram os processos que estão acontecendo no inconsciente e sendo projetados sobre a matéria concreta ainda desconhecida. Assim, os alquimistas investiam a matéria com "qualidade da alma" (Jung, 1944).

dos vários tipos psicológicos (OC 6). Com sua tipologia, foi capaz de demonstrar que a "objetividade" aparece diferente para pessoas diferentes, a depender de sua atitude (extroversão ou introversão) e de sua função principal.

Neste século, a crença na objetividade do conhecimento científico teve de ser questionada, mesmo nas ciências naturais. Foi o físico Heisenberg quem formulou seu "princípio da incerteza", escrevendo que já não é possível descrever o comportamento de uma partícula atômica independentemente do processo de observação (Heisenberg, 1958, p. 15). Por outras palavras, descobriu-se que, na física nuclear, o observado está sempre influenciado pelo observador. Assim, consoante a Heisenberg, deve-se chegar à conclusão de que "a divisão corriqueira do mundo em sujeito e objeto, interior e exterior, corpo e alma já não é apropriada e coloca-nos em dificuldades" (Heisenberg, 1958, p. 24). As observações de Jung seguem as mesmas linhas de pensamento quando escreve que, nas camadas mais profundas do inconsciente, opostos como objeto e sujeito, espírito e matéria etc. deixam de ser entidades separadas (OC 8/2, § 251; Von Franz, 1970).

Por outro lado, a capacidade de distinguir entre os opostos é a base de toda consciência e de suas funções do eu. Mesmo que estejamos conscientes de sua relatividade, a distinção entre um nível objetivo e um subjetivo é um pré-requisito para lidar com nossa realidade cotidiana. Ela se apoia na diferenciação entre representações do si-mesmo e representações do objeto em sentido psicanalítico. Ao mesmo tempo, a sugestão de Jung (de que olhamos para nosso relacionamento com o mundo exterior em um nível tanto objetivo quanto subjetivo) demonstra grande intuição. Para chegarmos a uma compreensão plena das experiências psíquicas interiores, não podemos negligenciar a realidade exterior, e vice-versa. Normalmente seremos capazes de identificar um fato no mundo exterior que tenha composto os acontecimentos interiores, apesar de as fantasias e expectativas interiores influenciarem, por sua vez, nossa relação com o ambiente exterior.

Kohut, em seus escritos mais recentes, ressaltou com vigor sua intuição de que mesmo um si-mesmo maduro não pode ser plenamente autônomo. Dessa forma, ele questiona o ideal psicanalítico do indivíduo com autonomia plena, uma vez que não corresponde à realidade. Nós simplesmente necessitamos de "ressonância empática" durante toda a nossa vida, precisamos estar entretecidos no que ele chama de uma "matriz de si-mesmos-objetos" maduros. A questão é, portanto, não tanto se qualquer percepção da realidade é plena ou se é objetiva apenas em parte, mas saber até que ponto somos capazes de formar relacionamentos e experimentá-los como "nutrimento da alma", por assim dizer. Muitas formas de sofrimento narcisístico têm como característica mais precisa o fato de que o que quer que seja oferecido pelo ambiente não pode ser sentido como nutritivo. Deixa a pessoa faminta, até mesmo a morrer à míngua de contato e calor humanos e (auto)reconhecimento. Parece não haver ninguém, e as pessoas que sofrem tais mágoas costumam sentir-se rodeadas por "objetos" frios e distantes (em contraste com "si-mesmos--objetos" emocionalmente relevantes). Elas vivem sob a constante expectativa de não serem levadas a sério ou de serem desvalorizadas – uma razão por que qualquer interação com os arredores resulta em dolorosa luta, repleta de medo, desconfiança e insatisfação.

O conceito de Kohut do si-mesmo-objeto faz sentido dentro do contexto experimental a que ele se refere. Contudo, sua terminologia não consegue expressar a *característica* específica dos si-mesmos--objetos. Não é feita nenhuma distinção – para tomar um exemplo entre outros – entre um si-mesmo-objeto que assume a forma de uma ideia aparentemente patológica e inflada e um que consiste em uma rede de pessoas com as quais o sujeito é capaz de trocar sentimentos e ideias. Entretanto, tais variações – posto que indiquem diferentes estágios de maturação psíquica – podem, em última instância, servir para manter a autocoesão. A terminologia de Kohut também não indica se os relacionamentos em questão são mutuamente satisfatórios, com igual porção de dar e receber, ou se são feitos de desejos de dependência e de fusão. Os processos maturacionais que levam da fusão com um si-mesmo-objeto arcaico a relações "si-mesmo/si-mesmo-objeto" maduras deixam espaço para muitas fases intermediárias e inúmeros matizes de permeio. No que diz respeito à terminologia de Kohut, gostaria de sugerir que o termo paradoxal "si-mesmo-objeto" deveria ser usado somente em referência à fusão e ao apagamento das fronteiras entre as "representações do si-mesmo e as representações do objeto". No que tange a formas de relações mais diferenciadas, uma linguagem mais sutil poderia ser aplicada para designá-las, uma linguagem que expressasse a experiência específica em determinado relacionamento, ao mesmo tempo, porém, reconhecendo o padrão geral subjacente das "relações do si-mesmo/si-mesmo-objeto" e suas funções para a coesão do si-mesmo.

Em resumo, podemos dizer que o processo de individuação não pode realizar-se sem relacionamentos-tu; por outro lado, a realização e a coerência do si-mesmo em sentido kohutiano exige espelhamento, apoio e "nutrição" constantes de outros relevantes próximos. Em última instância, o que mais preocupa Jung e Kohut é que a complexa rede social de nossa vida não deveria levar-nos a perder nossa individualidade única; deveria, ao contrário, permitir que se desenvolvesse.

7
FORMAS DE TRANSTORNOS NARCISÍSTICOS

A fim de descrever os fenômenos chamados "transtornos narcisísticos" da maneira mais completa possível, precisamos, na prática, de três pontos de referência. Primeiro, existe a questão de quais atributos são significativos para permitir-nos reconhecer tais transtornos, ou seja, precisamos definir os critérios de observação na base de seu diagnóstico. O segundo ponto diz respeito à empatia de que precisamos para compreender o mundo interior das pessoas feridas narcisisticamente. Terceiro, deveríamos tentar explicar o contexto psicodinâmico dos transtornos e seu modo de formação dentro da vida do indivíduo. No que se segue, cada uma dessas três questões será tratada separadamente, mas a discussão, é óbvio, não pode pretender ser exaustiva.

A questão do diagnóstico

De acordo com Kohut, pode-se falar de transtornos narcisísticos sempre que a maturação da assim chamada "libido narcisística" tenha sido prejudicada. A coerência do si-mesmo pode ser afetada em grau menor ou maior, o que, mais uma vez, pode levar a uma desintegração de determinados componentes da personalidade e a uma distorção da autopercepção do indivíduo, particularmente do seu senso de autoestima. Em 1912, Jung, que não recorreu ao uso da expressão "transtornos ou desordens narcisísticos", não obstante definiu a neurose como uma "divisão do si-mesmo" (OC 7/1, apêndice). Em sua opinião, transtornos psíquicos em geral resultam de uma falta de harmonia entre a atitude consciente centrada no eu e as tendências pertencentes à totalidade da personalidade. Em outras palavras, por uma razão ou outra, o eu tem-se alienado do si-mesmo mais profundo; como resultado, não vivemos uma vida que corresponde ao nosso ser total.

O que Kohut chama de coerência do si-mesmo seria, em termos da psicologia analítica junguiana, uma exímia interação entre uma consciência do eu com relativa estabilidade estável e suas raízes emocionais, isto é, um eu que seria suficientemente consonante com a totalidade de sua natureza, algo que Neumann descreve como o "eixo eu-si-mesmo" (Neumann, 1973, p. 44). Se o eixo eu-si-mesmo está danificado, essa interação é perturbada, o eu não estará enraizado o suficiente e parecerá fraco, instável ou rigidamente defensivo.

Contudo, é legítimo equiparar os fenômenos que, em perspectiva junguiana, chamei "transtornos psíquicos em geral" aos transtornos narcisísticos? Se esse fosse o caso, nós compreenderíamos, certamente, por que, hoje em dia, quase todo diagnóstico traz "distúrbio narcisístico".

Considerando-se que os transtornos narcisísticos, com a maior frequência, afetam o senso de identidade e de autoestima de uma pessoa, parece provável que serão encontrados em quase todas as formas de transtorno psíquico mais leve ou mais grave. A maior ruptura da coerência do si-mesmo é encontrado na psicose esquizofrênica, que, nas palavras de Kohut, corresponde a uma extrema fragmentação do si-mesmo. Jung considera a psicose uma inundação da consciência do eu com conteúdos que manam do inconsciente. Como consequência, o senso de identidade do eu, seu relacionamento com a realidade e sua função de controle são afetados. A personalidade descompensa-se e torna-se incoerente.

Por outro lado, todos experimentamos alguma flutuação em nosso senso de autoestima, algumas dúvidas sobre nosso valor próprio; podemos ser hipersensíveis a insultos e críticas etc. Creio que, em certa medida, nosso equilíbrio narcisístico precisa ser abalado para que processos maturacionais aconteçam. É difícil uma pessoa que é ditosamente satisfeita consigo mesma ser motivada a levar um "estilo de vida criativo". Para efeitos de diagnóstico diferencial, devemos, portanto, elucidar o quanto os transtornos narcisísticos são graves, se constituem a estrutura básica da personalidade ou se simplesmente acompanham outras formas de neurose, estados-fronteiriços ou psicose esquizofrênica.

Geralmente Jung não é de ajuda alguma no que concerne a questões de diagnóstico diferencial. Freud apresentou suas descobertas de maneira sistemática e com uma orientação para a prática; desenvolveu uma teoria da neurose, uma metapsicologia e uma técnica de tratamento psicanalítico. Em contrapartida, Jung parece ter olhado com bastante ceticismo para as questões importantes para a "fundamentação teórico-racional" dos esforços terapêuticos do analista. Ele escreve, por exemplo: "Todo o psicoterapeuta que acredita em certa teoria e em determinado método deve estar prevenido para os casos em que poderá desempenhar o papel de bobo, isto é, quando se tratar de pacientes suficientemente hábeis para garantirem para si mesmos um abrigo seguro por trás dos termos pomposos da teoria, empregando o tal método com a finalidade de encobrir seu esconderijo" (OC 17, § 202). Se alguém quiser saber o que Jung tem a dizer acerca de questões ligadas a transtornos sexuais, angústia, culpa ou sintomas psicossomáticos etc., tem de dar-se ao trabalho de olhar os índices de seus livros para descobrir as referências importantes. O leitor pode, então, ser remetido a algumas poucas frases muito interessantes e relevantes no texto, mas estas estarão, em sua maioria, enterradas no meio da interpretação de material mitológico ou alquímico.

O estilo de Jung é uma consequência direta de sua preocupação psicológica particular. Em primeiro lugar e antes de tudo, ele queria observar os efeitos e os funcionamentos do inconsciente, sem ser influenciado negativamente por uma perspectiva clínica ou teórica. Ele estava preocupado com as seguintes questões: Como a psique inconsciente funciona? Como se expressa? Como se desenvolve e se transforma? Como se relaciona com a consciência? Para responder a essas questões, Jung usava as imagens mediante as quais a psique se expressa: explorava e entrava na realidade dela reunindo material simbólico descoberto em mitos, contos de fadas e ritos arcaicos e tirava sua compreensão psicoterapêutica do estudo deles. É como se estivesse a escrever do ponto de vista do poscênio do inconsciente, ou de dentro para fora. Infelizmente, essa forma de apresentar o material dificulta sua utilização para questões práticas de psicoterapia – daí as queixas expressas por muitos psicólogos e psiquiatras. Contudo, isso mostra que, em última análise, Jung sempre tinha em mente a pessoa em sua totalidade. Ele estava interessado na alma e em sua influência sobre o ser humano mais do que em sintomas isolados.

Mesmo assim, deveríamos lembrar que a teoria dos complexos de Jung é completamente importante para o diagnóstico e para a psicoterapia. Ele havia desenvolvido essa teoria, baseada no experimento de associação, no começo de sua vida e mesmo antes de encontrar Freud. Continuou a diferenciá-la e a aprofundá-la no decorrer de seu trabalho de pesquisa posterior (OC 8/2, § 196ss.; Kast, 1980). Em outra seção voltaremos à questão de se e em que medida um distúrbio narcisístico pode ser visto como correspondente aos efeitos de um "complexo materno negativo" em sentido junguiano.

Na discussão atual das questões em torno do diagnóstico, as seguintes observações, formuladas por Jung em 1929, serão de interesse:

> O material casuístico que tenho à minha disposição compõe-se de maneira singular: há uma decidida minoria de casos novos. [...] Aproximadamente um terço dos meus clientes nem chega a sofrer de neuroses clinicamente definidas. Estão doentes devido à falta de sentido e conteúdo de suas vidas. Não me oponho a que se chame essa doença de neurose contemporânea generalizada. No mínimo, dois terços dos meus pacientes estão na segunda metade da vida (OC 16/1, § 83).

Além disso, Jung menciona que seus pacientes são, em sua maioria, "indivíduos socialmente bem ajustados, muitas vezes altamente capacitados". Mas buscam ajuda da análise porque "os recursos do consciente estão esgotados – a expressão inglesa usual: 'I am stuck' = 'Estou encalhado' – define bem o seu estado" (OC 16/1, § 84). Eram pessoas que sofriam da falta de sentido em suas vidas e parecem ter reagido bem ao método de Jung de um confronto consciente com os conteúdos do inconsciente: ajudou-as a entrar em contato com seus recursos interiores e levou-as ao processo de individuação na segunda metade da vida.

Kohut, em sua descrição de pessoas narcisisticamente transtornadas, costuma mencionar o fato de que seus sintomas são, de certa forma, indefinidos e obscuros. Na maior parte dos casos, sofrem de "sensações de vazio e depressão sutilmente vivenciados, e no entanto pervasivas" (Kohut, 1988, p. 29), da falta ou lentidão de iniciativa, ou de interesse, e lamentam sua experiência interpessoal. Não obstante haja similaridades com os pacientes "encalhados" de Jung, é difícil dizer, com base nas escassas informações dadas por Jung acerca de seus casos, se o sofrimento delas corresponde ao que hoje em dia é chamado de distúrbio narcisístico. Em geral, parece que a estrutura do eu delas era mais estável do que a dos psicanalisandos transtornados narcisisticamente que vêm até nós hoje. Podemos avançar a hipótese de que as pessoas de uma classe média instruída que buscavam análise junto a Jung entre as duas guerras mundiais tinham sido educadas por pais que ainda eram capazes de identificar-se com os valores da sociedade em que viviam. As crianças educadas por aquela geração recebiam quase que naturalmente o ambiente seguro de que precisavam para desenvolver seu eu e para dominar as "tarefas estabelecidas pela primeira metade da vida" – que Jung entendia estarem relacionadas principalmente à adaptação social (OC 7/2, apêndice). Esse é menos o caso hoje, em uma época em que muitas pessoas compreendem, em tenra idade, o quanto todos os valores e normas sociais são questionáveis.

Nesta etapa, tentar traçar um quadro do tipo de contexto social no qual os transtornos narcísicos podem florescer nos levaria longe demais (o leitor pode ser remetido a Lasch, 1979). Contudo, há evidência bastante clara de que uma sensação geral de insegurança dentro da sociedade e a perda de valores orientadores contribuem para a dificuldade atual sentida pelos indivíduos em formar ideais que forneceriam orientação interior. Ao mesmo tempo, nossa "sociedade órfã de pai" (Mitscherlich, 1963) solapa cada vez mais o senso de identidade de muitas mães; assim, elas investem suas necessidades narcisísticas em seus filhos ou experimentam sua maternidade como uma exigência insensata feita por um mundo masculino chauvinista. É óbvio que nenhuma dessas atitudes (extremas) é particularmente benéfica para o cuidado empático de que necessita o bebê enquanto passa pelos processos iniciais de amadurecimento.

O próprio Jung escreveu que a neurose sofrida por seus pacientes poderia corresponder à "neurose contemporânea generalizada". Ela se expressaria não tanto em sintomas clínicos, mas antes em um sentimento de que a própria vida é absurda e sem escopo. Na opinião de Jung, isso é o resultado de uma hiperintelectualização e a correspondente cisão das raízes psíquicas do indivíduo (OC 9/1). Contudo, a estabilidade maior fornecida ao eu por sua identificação com o cânone cultural da época de Jung tinha sido, em última instância, superficial, e, a longo prazo, as frustrações psíquicas que ela encobria não puderam permanecer ocultas. (O fascínio imenso que o fascismo e o nacional-socialismo exerceram até mesmo sobre pessoas em posição de classe média aparentemente sólida não poderia ser explicado de outra maneira.) Assim, Jung considerou ser sua tarefa ajudar as pessoas a reconectarem-se com as raízes psíquicas em seu inconsciente, permitindo-lhes experimentar os processos psíquicos interiores oriundos do si-mesmo[14].

Do ponto de vista diagnóstico, é provável que muitos de seus pacientes tenham permanecido "encalhados" em uma fase mais tardia do desenvolvimento do que no caso das pessoas feridas narcisisticamente hoje, que muitas vezes sofrem de uma fixação do si-mesmo ostentoso na primeira infância.

---

14. A respeito da controvérsia acerca da atitude de Jung em relação à Alemanha nazista, cf. Jaffé (1968).

Isso, naturalmente, não exclui a possibilidade de que os pacientes de Jung estivessem sofrendo também, em determinados setores de sua personalidade, de transtornos narcisísticos mais profundos.

Entre os fenômenos aos quais se costuma chamar transtornos narcisísticos, Kohut distingue uma categoria específica e amplamente difusa que ele define como "formas de desordens narcisísticas analisáveis ou patologia do si-mesmo". É caracterizada por queixas um tanto vagas que, quando vistas de modo mais distinto, incluem as seguintes síndromes:

> (a) na esfera sexual: fantasias pervertidas, falta de interesse por sexo
> (b) na esfera social: inibições no trabalho, incapacidade para formar e manter relacionamentos importantes, atividades delinquentes
> (c) em suas características manifestas da personalidade: falta de humor, falta de empatia pelas necessidades e sentimentos de outras pessoas, falta de sentido de proporção, tendência a ataques de fúria incontrolável, mentira patológica
> (d) na esfera psicossomática: preocupações hipocondríacas com a saúde física e mental, perturbações vegetativas em vários sistemas de órgãos (Kohut, 1988, p. 33-34).

De acordo com Kohut, pode-se falar de transtorno narcisístico da personalidade quando uma série dos sintomas supracitados pode ser observada. No que concerne ao tratamento analítico, Kohut tem razão em advertir de que a decisão não deveria ser tomada unicamente com base na sintomatologia que se apresenta. Ele acredita que, qualquer que possa ser o diagnóstico inicial do analista, só pode ser verificado pela natureza do desenvolver-se espontâneo da transferência. Com outras palavras, mais uma vez se confirma a experiência geral de que a questão da conveniência de tratamento analítico não pode ser respondida somente com base na sintomatologia manifesta; é preciso, antes, levar em conta a estrutura geral da personalidade do paciente, seu modo de reagir e – isso é essencial – a qualidade da interação mútua entre cliente e analista. Esse é um aspecto importante e será discutido mais adiante, em conexão com questões ligadas à psicoterapia.

Aqui eu gostaria de discutir algumas das opiniões de Otto Kernberg sobre o narcisismo. O próprio Kernberg acredita que sua caracterização das personalidades narcisísticas coincidem em alguns pontos com a de Kohut, apesar do fato de que ele enfatiza mais o aspecto patológico dessa síndrome. Às pessoas que sofrem de "narcisismo patológico", ao que ele chama de "personalidades narcisísticas", aplicam-se as seguintes características:

> Apresentam várias combinações de intensa ambição, fantasias ostentosas, sentimentos de inferioridade e dependência excessiva de admiração e aplauso ex-

ternos. Juntamente com sentimentos de tédio e de vacuidade e busca contínua por gratificação de esforços por brilhantismo, saúde, poder e beleza, há sérias deficiências em sua capacidade de amar e de preocupar-se com os outros. Essa falta de capacidade de compreensão empática dos outros com frequência vem como uma surpresa, considerando-se sua adaptação social superficialmente apropriada. Insegurança crônica e insatisfação consigo mesmos, exploração consciente ou inconsciente e crueldade em relação aos outros são também características desses clientes (Kernberg, 1975, p. 264).

Contrastando com Kohut, ele também ressalta "a presença de inveja crônica e intensa e de defesas contra tal inveja – particularmente desvalorização, controle onipotente e retraimento narcísico – como características principais de sua vida emocional" (Kernberg, 1975, p. 264).

A descrição de Kernberg corresponde mais ou menos à imagem negativa que é atribuída a "personalidades narcisísticas" pelo público em geral. Ele enfatiza sobretudo as deficiências típicas de tais personalidades. Kohut faz mais concessões ao lado depressivo da pessoa com transtorno narcisístico da personalidade, à falta de autoestima e aos sentimentos de desencorajamento de que sofrem. Mas também indica que atividades delinquentes podem ser encontradas, juntamente com ataques de raiva incontrolável e mentira patológica (pseudologia). Contudo, ele adverte especificamente o leitor de que é muito raro que todas essas características sejam encontradas combinadas em um único cliente.

Em minha experiência, muitas das pessoas que consultam um psicoterapeuta podem ser diagnosticadas – com base em sua falta de autoestima, em sua vulnerabilidade e em suas dificuldades em criar relacionamentos satisfatórios – como a sofrer de um "distúrbio narcisístico da personalidade"; mas elas costumam ter um caráter muito correto, quase excessivamente meticuloso (o que quer que isso signifique em uma perspectiva psicodinâmica e desenvolvente). É bem verdade que muitas vezes a inveja está presente; contudo, tais impulsos não são necessariamente voltados contra a pessoa invejada, mas são, em vez disso, experimentados pelos clientes como parte de sua "própria natureza perversa". A tendência delas a ataques de ira narcisística, às vezes difíceis de dominar, nem sempre chegam à incapacidade de controlar o grau de intensidade nesses ataques.

Creio que as correções supramencionadas à imagem comum – e muitas vezes negativa – da personalidade narcisística é justificada, em especial porque Kernberg usa um tom quase moralizante ao fundamentá-la cientificamente. Podemos, é claro, lembrar também que muitas pessoas que sofrem de graves transtornos narcisísticos não impactam seu ambiente sendo "narcisísticas". Elas sofrem da falta de autoestima e parecem ser tímidas, modestas, superadaptadas e demasiado autocríticas. Conforme veremos, elas são as "vítimas" de tormentos provocados por seu próprio "si-mesmo ostentoso". Transtornos narcisísticos podem, portanto, assumir grande variedade de formas, e um diagnóstico provisório pode ser valioso como ponto de referência para o terapeuta. No entanto, jamais deveriam levar a uma abordagem teórica preconcebida e inflexível, segundo a qual somente um método terapêutico específico é adotado. Estamos a lidar, na prática, em primeiro lugar e acima de tudo, com indivíduos humanos que, cada um a seu modo próprio, sofrem de um desequilíbrio em sua própria pessoa; o diagnóstico é apenas uma ferramenta que nos permite explorar cuidadosamente vias adequadas de tratamento (decidir, p. ex., se deveria ser dada uma medicação adicional à psicoterapia). Mesmo no que diz respeito ao prognóstico (estimativa do grau de sucesso que a análise pode ter), não é suficiente levar em conta determinado diagnóstico. A capacidade do cliente para cooperação construtiva e a particularidade do relacionamento cliente/terapeuta são igualmente importantes.

A experiência subjetiva do ferimento narcisístico

Conforme vimos, todo diagnóstico representa uma tentativa de classificar uma experiência única e individual de dor e conflito em uma categoria de doença psíquica para cujo tratamento já existe certa experiência clínica. Em outras palavras, as pessoas buscam um psicoterapeuta porque sofrem de problemas de natureza aparentemente individual, especificamente pessoal. O especialista, porém, é capaz de identificar um padrão básico subjacente e relacionar os problemas a uma patologia "típica" (p. ex., "transtorno típico da personalidade narcisística").

Isso, naturalmente, não se aplica apenas ao diagnóstico feito a partir de características observáveis da personalidade. Abordagem semelhante deve ser usada ao descrever as diferentes experiências subjetivas decorrentes da grande variedade de ferimentos narcisísticos que afetam os indivíduos. Tais ferimentos só podem ser apreendidos mediante a empatia – e isso apenas até certo ponto. Em geral, minha empatia está ligada às experiências interiores de uma pessoa individual, e sempre que descubro, com base nos dados obtidos por meio da empatia, que tal experiência individual manifesta um padrão básico correspondente aos traços típicos de um transtorno narcisístico da personalidade, estou a tirar uma conclusão geral. Na prática, porém, é de vital importância que tal conclusão permaneça secundária. Nossa meta principal deve ser sempre uma compreensão individual da experiência singular do cliente. Do contrário, corro o risco de aprisionar as experiências individuais de meu cliente em um conceito generalizado atinente aos transtornos narcísicos da personalidade e de perder a liberdade para alcançar uma percepção empática das nuanças específicas de seus problemas psíquicos.

Essa é uma advertência que, espero, será lembrada pelo leitor quando chegar à minha descrição de como pessoas feridas narcisisticamente podem sentir-se subjetivamente. É óbvio que terei de limitar-me a comentar apenas os padrões básicos. Meu uso frequente de palavras como "muitas vezes", "talvez", "pode", "em muitos casos", "parece-me" etc. deveria servir como lembrete de que estou fazendo generalizações que não fazem justiça completa à experiência do indivíduo específico. Mesmo dadas tais limitações, acredito que uma tentativa de descobrir como os transtornos narcisísticos "podem" parecer "dentro" do indivíduo em questão é de vital importância – especialmente para a prática da psicoterapia.

Depressão, ostentação e vulnerabilidade

Acredito que, acompanhando o mito de Narciso, o problema central experimentado por pessoas feridas narcisisticamente está ligado ao tema do espelho e do espelhamento. Em contraste com o mito, no entanto, sinto que as pessoas que sofrem de graves distúrbios narcisísticos não experimentam, a princípio, uma fixação em sua imagem especular. Ao contrário, parecem perceber sua autoimagem – tal como é espelhada pelo ambiente – de maneira distorcida, a refletir pouco do seu verdadeiro ser. Além disso, a percepção desvirtuada que têm da própria autoimagem muitas vezes impede-as de assumir um olhar novo e imparcial perante o espelho. Ou seja, elas são incapazes de experimentar o espelhamento diário oferecido por seu ambiente consoante ao seu sentido realista. Alguém, por exemplo, que está oprimido por uma imagem de si mesmo extremamente negativa, conjugada com a convicção de que ninguém jamais o amará, pode ansiar por melhorar sua autoimagem e encontrar mais amor; mas achará muito difícil acreditar que outra pessoa de fato o ache atraente e digno de ser amado e que esteja sendo espelhado em conformidade. Se me vejo como feio, posso ficar aliviado por um momento se outras pessoas descobrem beleza em mim, mas, basicamente, não confiarei no julgamento delas. Se, por outro lado, tenho uma imagem ostentosa de mim mesmo, será uma afronta chocante para mim outra pessoa não confirmar essa imagem. Ficarei magoado ao extremo e poderei até mesmo buscar vingança. O fato de nossa autoimagem ser relativamente impérvia à influência exterior pode ser devido a uma defesa inconsciente contra seu polo compensatório. Se, por exemplo, minha autoimagem negativa for abalada por alguém que, de forma inesperada, expressa amor e apreço por mim, corro o risco de ser "engolido" pelo assim chamado si-mesmo ostentoso. Por outras palavras, posso ficar com medo de sentimentos ilusórios de euforia e de superestimulação. Quaisquer dúvidas sérias que forem lançadas sobre a autoimagem ostentosa do indivíduo podem provocar intensos medos ligados ao risco de completo colapso em seu senso de identidade e de autoestima. Embora vários matizes e modulações sejam observáveis com frequência, a autoimagem permanece relativamente fixada em torno de uma perspectiva distorcida. Um transtorno narcisístico, portanto, consiste principalmente em uma incapacidade de experimentar o espelhamento mútuo com outros relevantes – tão vital para nosso senso de identidade e de autovalor – de maneira não distorcida e satisfatória. Em tal caso, nenhum relacionamento parece ser capaz de fornecer o tipo de espelhamento correto; pessoas feridas narcisisticamente permanecem famintas, uma vez que o "alimento" oferecido pelos outros jamais corresponde às suas expectativas e é, por consequência, rejeitado. Poucas vezes podem assumir interações especulares espontâneas pelo que estas são, muitas vezes interpretando-as de maneira errônea ou reinterpretando-as segundo linhas que confirmam as convicções de sua autoimagem interior desvirtuada. Em geral, há uma grande lacuna entre sua autopercepção e a maneira pela qual são percebidas pelos demais. Logo, tais pessoas sentem-se isoladas e incompreendidas por seu ambiente.

O fato de que, ao mesmo tempo, a autopercepção de pessoas narcisisticamente transtornadas possa ser influenciada, com muita facilidade, pela menor reação de outras pessoas em seu ambiente não contradiz necessariamente minhas observações prévias. Tais influências provocam fortes flutuações na autovalorização de tais pessoas, mas em geral não as ajuda a alcançar percepção mais realista de si mesmas. Elas podem, às vezes, obter um senso mais diferenciado do autovalor em nível cognitivo. Contudo, dado que seu transtorno na autoestima está situado em nível emocional, a introspecção cognitiva não ficará enraizada na personalidade e permanecerá sem efeito duradouro. Entre todas essas flutuações entre ostentação e depressão, *um* modo básico de autovalorização distorcido – seja ostentoso, seja depressivo – normalmente prevalecerá e não poderá ser modificado sem dificuldades. A autoestima ferida e baixa costuma vir conjugada com intensos receios e repetida expectativa de ter de sofrer, uma e outra vez, novos golpes aniquiladores. Como consequência, tais pessoas tenderão a retirar-se em profunda resignação e desencorajamento. No fundo, um secreto desejo ardente de amor, apreço e até mesmo admiração pode persistir. Entretanto, as pessoas feridas narcisisticamente terão dificuldade em reconhecer isso, visto que pode reforçar de modo considerável seu sentimento de inutilidade ao ser colocada a torturante questão – quem iria amar ou admirar alguém como *eu*? A mera descoberta de tais ávidos anseios pode provocar nelas um aumento no ódio a si mesmas e na autodepreciação. Não é, portanto, nenhuma surpresa se pessoas com tal baixa autoestima sintam o espelhamento positivo como extremamente desconfortável, não importa quanto por ele tenham ansiado.

As pessoas que sofrem do tipo de ostentação que é comumente chamada "narcisística" são compelidas a investir grandes quantidades de energia em defender-se contra qualquer coisa que possa colocar sua ostentação em questão. Como consequência, elas tornam-se dependentes de uma infalível "gratificação narcisística" da parte de seu ambiente. Em geral se descobrirá um desequilíbrio meio trágico em sua "economia psíquica", na medida em que inconscientemente atribuem seu valor mais elevado a um traço especial da personalidade ou a um talento especial que parecem possuir. Tendem, por outras palavras, a projetar o si-mesmo (em sentido junguiano) sobre determinados traços pessoais e não são capazes de distinguir sua integridade como seres humanos de tal atributo especial, idealizado ao extremo. De forma inconsciente, sentem-se assim: sou grande (em cada aspecto de minha inteira personalidade), visto que sou tão extraordinariamente belo, atraente, inteligente, criativo etc. Contudo, o montante de meu autovalor e, com isso, de minha autoestima, seria destruído se eu fosse forçado a compreender que minha beleza, meu encanto, minha inteligência e minha criatividade não são (ou já não são) excepcionais. A vulnerabilidade narcisística de pessoas ostentosas não é, portanto, brincadeira: a mínima ofensa pode provocar nelas um sentimento de pânico, visto que experimentam toda a sua personalidade a ruir como um castelo de cartas.

A essa altura, pode ser apropriado refletir sobre o fenômeno da vulnerabilidade narcísica e sobre o efeito que exerce sobre nosso equilíbrio psíquico. Para começar, quero chamar a atenção para experiências, de certa maneira, "normais" de nossa vida cotidiana. Cada um de nós teve a experiência de "ter sido irritado", de ter sido ofendido e magoado por, digamos, uma observação que foi feita. O que foi ferido foi nosso sentimento de autoestima. Via de regra, reagimos espontaneamente à mágoa com impulsos agressivos e podemos até mesmo sentir a necessidade de vingança. No mundo dos animais, a agressão é desencadeada principalmente quando seu território precisa ser defendido; está, portanto, atrelada ao instinto de preservação do animal. De modo semelhante, pode-se contar com o fato de que, em humanos, a agressividade pode corresponder a uma necessidade ancestral de defender o território da esfera pessoal, ou seja, de restabelecer o mais rapidamente possível a coerência do si-mesmo e libertá-lo de invasores hostis – como penetrantes sentimentos de vergonha e tormentosas dúvidas sobre si mesmo. Tentamos repelir tais inimigos reagindo à pessoa que provocou a invasão deles em nós. De modo experimental, isso pode assumir formas tais como: "Vou dar-lhe o troco"; fui tratado injustamente, ele feriu a integridade de minha pessoa; devo ao meu "autorrespeito" obter vingança e puni-lo – ainda que seja apenas não lhe devolvendo o cumprimento, deixando de falar com ele ou demonstrando, de algum outro jeito, que fui injustiçado.

Com bastante frequência, posso ter de admitir que a pessoa que me ofendeu estava certa. Isso não implica necessariamente que não me sentirei agressivo. Mas minha agressão será direcionada de maneira mais ou menos destrutiva para minha própria pessoa. Eu me identificarei com o agressor. Posso, então, experimentar dúvidas sobre mim mesmo que, por sua vez, solaparão todo o meu senso básico de autoestima, e isso poderá parecer como se eu tivesse caído em uma espécie de poço sem fundo. Esse tipo de experiência, não importa se assuma uma forma amena ou mais severa, frequentemente está na base de várias formas de depressão. É claro, dúvidas destrutivas sobre si mesmo também podem ser despertadas em circunstâncias nas quais nenhuma ofensa intencional é evidente. A esse respeito, vem-me à mente um famoso solista de concerto que costumava tomar como certo que cada uma de suas apresentações seria seguida por estrondoso aplauso e muitas chamadas ao palco. Ele considerava isso evidente, e tal fato não afetava seu estado psíquico nem de uma maneira nem de outra. No entanto, sempre que os aplausos eram levemente menos entusiasmados, não conseguia dormir naquela noite e ficava atormentado por dúvidas sobre si mesmo. Esse homem fornece-nos um exemplo do quanto é fácil um senso de autoconfiança – ou mesmo de auto-harmonia – estável ser demolido tão logo a "ressonância empática" não corresponda ao que é esperado. Podemos observar que as pessoas responsáveis por insultar nossa autoestima, em geral, tenderão a ser grosseiramente sobrestimadas – sinal de que se tornaram "si-mesmos-objetos" no sentido kohutiano. Não só o que elas dizem, mas também o que deixaram de fazer, é, então, revestido de enorme importância. De quando em vez, uma dolorosa mágoa é provocada menos por um ataque direto do que por um "pecado de omissão" (p. ex.: "Meu filho não me deu os parabéns no meu aniversário"). Determinadas atenções são sonegadas, ou alguma expectativa silenciosa não é correspondida, e isso pode levar-nos a sentir-nos esquecidos, desvalorizados e narcisisticamente magoados.

Claro, todos nós temos contínua necessidade de reconhecimento, de que os outros reconheçam nossa existência e nosso valor. Em certo sentido, essa dependência do reconhecimento dos outros – ou seja, da aprovação social – desempenha papel central em manter unida a sociedade. Todavia, há pessoas particularmente vulneráveis e sensíveis e cuja autoestima parece depender de infinda gratificação narcisística. A esse respeito, existem, é óbvio, vários graus de dependência ou de independência, e até mesmo pessoas que são autoconfiantes o suficiente jamais podem ser completamente imunes a mágoas narcisísticas. Em tais casos, porém, a ofensa pode ser vista em contexto mais amplo e superada dentro de período de tempo razoável. Essas pessoas conseguem lidar de maneira fecunda com o "ponto sensível" que foi tocado, e, em última instância, a ofensa sofrida servirá de amadurecimento da personalidade. O autocontentamento torna as pessoas indolentes e priva-as de sua vivacidade. As pessoas que parecem capazes de manter constante equilíbrio são tediosas; não se pode evitar a suspeita de que estejam separadas de maneira insalubre de sua vida emocional.

Pessoas dotadas de autoestima realista o bastante são, na maioria dos casos, capazes de lidar com suas mágoas usando sua capacidade de diferenciação. Assim, logo serão capazes de distinguir os elementos concernentes ao seu próprio si-mesmo daqueles provenientes do ofensor. As pessoas que nos magoam, quer de modo voluntário, quer não, costumam ter suas próprias razões para fazê-lo; compreendemos tais razões da melhor maneira ao identificar-nos com a situação delas. E, devo acrescentar, as observações críticas ou negativas que nos são dirigidas não são sempre totalmente injustificadas. Deveríamos tomá-las como parte do espelhamento de que precisamos para conhecer-nos; não podemos evitar reconciliar-nos com os aspectos não amados e feios de nossa imagem especular se estivermos preocupados com nossa própria verdade.

Visto que, em geral, a pessoa que provocou a ofensa narcisística "aproximou-se demasiado de nós", chegou até mesmo a "irritar-nos intensamente", sentimos a necessidade de colocar tal pessoa em seu devido lugar. Nesse sentido, a recuperação de uma mágoa consiste na reconstituição das necessárias fronteiras do eu; logo, é comum obtermos uma perspectiva nova, menos desproporcional sobre o evento. Contudo, enquanto o "ofensor" continuar "em nossa mente de maneira persistente", é impossível vê-lo em seu contexto próprio e apropriado. Ele se torna opressivo, fundido com nosso próprio mundo psíquico. Nós o experimentamos como um "si-mesmo-objeto" arcaico negativo (para usar novamente o termo paradoxal, mas muito apropriado, forjado por Kohut). O transtorno narcisístico ou a ameaça à coesão do si-mesmo são, portanto, equivalentes a uma demarcação insuficiente do próprio território interior de uma pessoa.

Tal falta de demarcação não se manifesta forçosamente como uma permeabilidade indiscriminada, mas pode, ao contrário, assumir a forma de uma impenetrável posição de "ouriço", tencionada a proteger o eu de invasores – sejam eles de fora ou do próprio inconsciente. Esses são fenômenos ligados a uma instabilidade na autoestima e constituem problemas narcisísticos que, até certo ponto, fazem parte integrante de quase todo tipo de transtorno psíquico. (Cf. nossas reflexões sobre diagnóstico diferencial no início deste capítulo.)

Influências do si-mesmo ostentoso

Psicodinamicamente falando, o si-mesmo ostentoso pode ser interpretado de várias maneiras (cf. p. 359-363). Contudo, a influência que ele exerce no campo da autoavaliação e do equilíbrio narcíseo pode ser detectada com facilidade. Em casos de ostentação narcisística, as pessoas identificam-se com o si-mesmo ostentoso (pelo menos até certo ponto) de forma inconsciente, embora elas ainda sejam capazes de manter suas funções de teste de realidade. (Uma identificação absoluta e acrítica com o si-mesmo ostentoso resultaria em megalomania psicótica.) Entretanto, a maioria das pessoas que sofrem de transtornos narcisísticos defende-se simultaneamente contra as fantasias ostentosas. Dessa forma, encontram-se na desagradável situação de ansiar por admiração e, ao mesmo tempo, temê-la. Sempre que se tornam conscientes de que estão recebendo admiração, seu desconforto é tão grande que impede a satisfação de quaisquer desejos oriundos do si-mesmo ostentoso.

Estou pensando, por exemplo, em um dramaturgo relativamente bem conhecido, cuja avidez por louvor e admiração parecia sem limites; ao mesmo tempo, era sensível ao extremo a qualquer forma de crítica. Um dia, durante um prestigiado festival, no qual uma de suas obras estava sendo encenada, depois que o público aplaudiu devidamente, ele estava em uma sala lateral ansioso por generosos elogios. No entanto, sempre que alguém vinha cumprimentá-lo pelo sucesso, ele se sentia tão embaraçado que não conseguia olhar a pessoa no rosto. Isso, por sua vez, desencorajava outras pessoas de expressarem sua admiração. Certa vez, outro dramaturgo contou-me que levava semanas para recuperar-se de um sucesso e de toda a barafunda que provocava e encontrar-se novamente.

Kohut usa uma formulação acertada para caracterizar tal estado de espírito de uma exaltação incômoda quando escreve a respeito do "incômodo causado pela intrusão da libido narcísica exibicionista no eu" (Kohut, 1971, p. 190). O mais leve indício de louvor pode provocar imediatamente a mais desagradável superestimulação e inundar a pessoa de fantasias de ostentação. Um comentário favorável pode, por exemplo, liberar um dilúvio de fantasias autônomas, incontroláveis, da seguinte natureza: "Fui elogiado. Como foi formulado o encômio? [enquanto cada palavra dá voltas e mais voltas na mente da pessoa]. De que modo se pretendeu? Será que de fato me admiram? É claro, sou uma pessoa bastante excepcional e eles finalmente o perceberam". Todavia, é provável que suspeitas defensivas sejam formuladas ao mesmo tempo: "O que aquele cara quer de mim ao me elogiar assim? Está apenas tentando me lisonjear – ou talvez não esteja?" O problema com esse tipo de pensamento é que resulta no sentimento de que a base para autoavaliação realista foi afastada de sob os próprios pés. Em tais situações, muitas vezes ouvi pessoas dizerem: "Não sei mesmo onde estou – nem comigo mesmo, nem com os outros; estou totalmente confuso". Assim, além de sofrerem uma dolorosa vulnerabilidade a ofensa narcisística, elas podem também se sentir submersas em um desconfortável estado de superestimulação por uma simples palavra de louvor, e essa experiência pode vir acompanhada por transtornos ocasionais nos hábitos do sono ou por desorientação temporária. Concomitantemente, uma contrariedade adicional pode muitas vezes surgir do fato de que a pessoa deva lutar tão duramente com um "disparate" tão tolo. "Será que não tenho algo melhor a fazer?"

Essa pergunta, cheia de autocensura, pode ser feita em uma sessão analítica, e, em sua entonação, costumo ouvir a voz recriminadora da mãe ou do pai, a qual se tornou uma introjeção do paciente. Com muita frequência, uma pessoa relevante na primeira infância, aquela que não prestou suficiente atenção empática às atividades narcisistas-exibicionistas da criança, que as rejeitara ou as proibira, permanece atuante como uma "figura" introjetada, com a consequência de que quaisquer sentimentos de ostentação, autoimportância ou autovalor são imediatamente submetidos a dura autocrítica. Como resultado, o indivíduo em questão temerá as necessidades de seu próprio si-mesmo ostentoso e ficará envergonhado delas; elas não serão admitidas de forma alguma, nem sequer expressas para os outros. Impulsos vitais rumo à consecução de autovalor são, assim, separados. É preciso ser bem-comportado e modesto – "autoelogio não é nenhum elogio". Essa cisão é simultaneamente a causa de uma paralisante falta de iniciativa. Sempre que o si-mesmo ostentoso e seus sentimentos arcaicos de onipotência – "Posso fazer qualquer coisa, tenho formidável valor" – são separados, o indivíduo sente-se incapaz de fazer algo e experimenta-se como alguém absolutamente inútil. Esse indiferenciado "tudo ou nada" é característico das raízes arcaicas das quais esse tipo de problema de autovalor aparece.

Alguns dos sintomas enumerados por Kohut como característicos de transtornos narcísicos de personalidade encaixam-se no fato de que elementos vitais do si-mesmo estão separados. Tanto a falta de interesse sexual quanto as inibições no trabalho frequentemente observadas são indícios de um distúrbio no campo da vitalidade e de suas forças motrizes. Isso também vale para as tentativas compensatórias e, na maioria das vezes, malogradas de fazer frente aos sentimentos de vacuidade interior com a ajuda de álcool, drogas, masturbação excessiva etc. Em tal constelação, a masturbação não parece ser um substituto da satisfação sexual; em vez disso, pode servir à necessidade de simplesmente sentir-se vivo. Pode também ser uma tentativa de compensar sentimentos de inferioridade – em especial quando as fantasias que a acompanham incluem um desejo de ter o próprio corpo admirado pelo parceiro sexual.

Além disso, é a hipersensibilidade para com as reações do ambiente que cria muitas dificuldades para formar e conservar relacionamentos significativos – outro sintoma característico de transtornos narcísicos da personalidade. Uma vez que o indivíduo transtornado narcisisticamente experimenta os outros em grande medida como si-mesmos--objetos arcaicos, tem grande dificuldade em respeitar e tolerar a autonomia deles. Qualquer iniciativa independente que eles tomarem pode implicar, pelo menos por um tempo, a dissolução da fusão deles com o si-mesmo e, assim, constituir uma ameaça à sua coerência. Tais experiências também costumam vir acompanhadas de sentimentos de frustração e de rejeição e podem, portanto, ser um gatilho para a liberação de incontroláveis acessos de raiva – outro sintoma descrito por Kohut. A assim chamada "raiva narcisística" brilha continuamente no poscênio e inflama-se ao mais tênue sinal de possível rejeição ou mesmo de espelhamento incompleto da parte de pessoas relevantes. É uma raiva que explode sempre que devo compreender que o mundo não é como desejo que seja, que as onipotentes necessidades do si-mesmo ostentoso são impotentes. No campo político, esse tipo de raiva pode ter efeito perigoso na medida em que é praticamente certo que prepare o solo para todos os tipos de psicoses irracionais de massa. Algumas pessoas transtornadas narcisisticamente podem ser um fardo em seu ambiente familiar por contarem com uma infinda participação empática em tudo, mesmo nos aspectos mais triviais de sua vida cotidiana. Outro sintoma de distúrbio narcisístico que mostra de maneira clara a influência do si-mesmo ostentoso deve ser mencionado: a *pseudologia phantastica*, uma forma patológica de mentira que visa principalmente enfatizar a ostentação da pessoa e pode chegar até a trapaça profissional. Tenho de fingir para mim mesmo e para os outros que "sei de tudo" e que sou onipotente – esse é o propósito das fantásticas histórias da carochinha. Mas quem pode se dizer completamente inocente por jamais ter fingido algo quando precisou "livrar a própria cara"?

Em geral, pessoas narcisistas têm má reputação e costumam encontrar pouca simpatia. Seu desejo de reconhecimento e admiração pode, consciente ou inconscientemente, fazer tantas exigências aos outros que elas se deparam com a rejeição. Como consequência, elas sempre descobrem outras provas de que não são apreciadas e tomam isso como uma confirmação de sua autoimagem negativa. Estão presas em um círculo vicioso. Quanto mais urgente é a necessidade de gratificação narcisística, tanto mais são rejeitadas. A rejeição, então, torna-as ainda mais famintas de reconhecimento. A palavra "reconhecimento" está intimamente relacionada a "conhecer" ou "ser conhecido". "Ser conhecido" também significa ter sua existência confirmada, sentir que se tem o direito de viver. Sempre que tais necessidades vitais de reconhecimento e de reação especular encontraram rejeição na primeira infância, a experiência delas permaneceu associada à vergonha e ao constrangimento. Manifestá-los aos outros é visto como algo humilhante. Há, portanto, difusa tendência a precaver-se contra eles. Por conseguinte, a pessoa pode cair em um estado de resignação. Alguém que sofre de tal rejeição pode ser demasiadamente modesta e pode expressar gratidão excessiva ao menor sinal de atenção dos outros.

Às vezes, outra possibilidade de compensação pode ser observada. Muitas pessoas que sofrem de desequilíbrio narcisístico podem ser tremendamente encantadoras. Podem ceder à sensação de serem admiradas pelos outros devido a seu encanto sedutor e, assim, permitir-se ser extremamente exigentes – a ponto de se comportarem como divas. Seu encanto é o verdadeiro talento que podem ter sido obrigadas a desenvolver na primeira infância a fim de satisfazer às necessidades narcisísticas de seu pai ou de sua mãe (p. ex., o orgulho da mãe: "Vejam que filho encantador eu tenho"). Com muita frequência, seu comportamento fascinante era o único jeito que conhecia para "coagir" os demais a cuidarem delas. Em todo caso, pode parecer que esse tipo de fascínio valerá a pena, mas também costuma ter uma característica defensiva e nem sempre impede o indivíduo de cair no desespero e no vazio.

Transtornos no campo da empatia

Conforme já mencionado, Kohut vê a empatia como uma forma maturacional da libido narcisística, que é a razão por que pessoas magoadas narcisisticamente quase sempre sofrem distúrbios nesse âmbito. Uma forma particular dessa capacidade prejudicada de empatizar foi descrita anteriormente (sexto capítulo, p. 228ss.). É uma forma que se baseia em nossa pressuposição inconsciente de que os sentimentos e pensamentos dos outros são idênticos aos nossos próprios. Esse é um estado que Jung descreveu como "participação mística" (OC 6, § 781), na qual não é fácil distinguir o "meu mundo psíquico" do "seu mundo psíquico"; assim, parece difícil empatizar com a "alteridade" do outro.

No entanto, muitas vezes podemos observar que as pessoas narcisisticamente transtornadas defendem-se contra qualquer forma de demonstrar empatia, uma vez que esta leva à proximidade humana. Para elas, isso envolveria o risco de fundir-se com o outro e de ter dissolvida sua própria frágil identidade do eu. Veremos no oitavo capítulo como, em tais casos, mesmo uma atitude empática do terapeuta pode ser recebida com ambivalência. Apesar de o analisando, em última instância, ansiar pela empatia do analista, não obstante ele pode temer intromissão. Esse é especialmente o caso quando os analisandos, a partir de sua primeira infância, tiveram de proteger seu "verdadeiro si-mesmo" contra invasões traumáticas por figuras parentais não empáticas. Com frequência tem sido o caso em que um dos pais se apega ao filho por demasiado tempo numa tentativa de satisfazer suas próprias insuficiências narcisísticas. Como resultado, o filho pode ter experimentado grandes dificuldades em desenvolver uma capacidade de empatia com os outros ou em tolerar empatia em relação a si mesmo. Quanto menos estável for nosso senso de identidade, mais precisamos defendê-lo contra influências exteriores. Isso também se torna evidente se pensarmos naquelas formas de identidade que precisam ser mantidas pelo estabelecimento de um "esquema de inimigo comum".

Há inimigos contra os quais defender-se, e mostrar empatia pelas próprias motivações deles seria uma ameaça ao muito necessário senso de identidade de grupo. Poderia haver uma influência "atenuante" sobre o rígido laço comum mantido pelo ódio. Esses são fenômenos conhecidos que não precisam de exemplos adicionais. Em todo caso, uma atitude empática pode implicar o perigo para pessoas com identidade fraca. Às vezes, elas temerão, ao compreenderem outras pessoas de maneira empática, perder seu próprio equilíbrio. Esse tipo de distúrbio, embora seja causado por um senso de demarcação aparentemente rígido e forte demais, em última análise está conectado à falta de limites do ego.

Outra forma de distúrbios no domínio da empatia é digna de menção. Há pessoas que parecem ter uma infinda capacidade de mostrar empatia com a situação psíquica de outras pessoas. Elas irradiam empatia "em abundância", por assim dizer. Olhando-se mais de perto, torna-se evidente que elas têm grandes dificuldades em demarcar sua própria pessoa do mundo exterior. Passam todo o tempo mostrando empatia com a desdita no mundo e com as necessidades dos outros, enquanto permanecem desconectadas com suas próprias necessidades individuais. Atender aos seus próprios desejos e carências está atrelado a um sentimento de culpa e parece ser proibido. É como se fossem incapazes de viver por iniciativa própria, parecem "ser vividas" por outros. Sacrificam-se por outras pessoas e por todos os tipos de boas causas e, ao fazê-lo, encontram uma satisfação que pode certamente ser chamada neurótica. A experiência mostra que as pessoas que sofrem dessa forma bastante difusa de distúrbio narcisístico (que pode ser facilmente confundido com "verdadeiro cristianismo") foram criadas por uma mãe (ou outra figura parental) que não teve capacidade suficiente de se adaptar, em termos empáticos, às necessidades vitais da criança. Como consequência, a criança foi obrigada, em um estágio demasiado precoce de amadurecimento, a adaptar-se às necessidades da mãe. Ela, portanto, teve de desenvolver "antenas" sensíveis que lhe permitiam assegurar um pouco do amor da mãe ao sintonizar-se com as expectativas conscientes ou inconscientes dela. Tal constelação pode, na verdade, incentivar o talento para a empatia sensível, e não admira que Kohut (1971, p. 277ss.) mencione essas conexões em suas discussões dos talentos especiais exigidos de um analista.

Há também a questão de até que ponto é possível obter acesso, mediante a empatia, ao domínio não verbal de outras pessoas. Em tal tentativa, certamente se deve contar com grande porção de incerteza. Kohut parece limitar a empatia "como um modo de perceber dados psicológicos acerca de outras pessoas" àquelas condições nas quais as pessoas "dizem o que pensam ou sentem" (Kohut, 1957, p. 450). As palavras permitem-nos expressar nossas experiências interiores apenas de modo impreciso e muitas vezes só dão indicações ou dicas sobre seu verdadeiro significado. As pessoas normalmente experimentam mais do que elas são capazes de expressar mediante a linguagem; seus sentimentos são mais complexos e podem até mesmo divergir de suas palavras. A genuína empatia, portanto, significa a capacidade de compreender, de maneira imaginativa, a experiência interior de alguém, a despeito do fato de que não possa ser expressa plenamente em palavras. As pessoas que sofrem de um transtorno no domínio da empatia, em geral, só podem compreender literalmente as palavras faladas. Destarte, ficam com a sensação de estarem perdidas, ou apenas não entendem "nada". Perguntam-se, desamparadas: "Como alguém poderia dizer tal coisa?" Creio que esse tipo de perplexidade é característica de pessoas que sofrem de um transtorno na esfera da empatia. Tal distúrbio as faz sentirem-se confusas, desconfiadas e isoladas, e sofrem tanto por "não compreenderem o mundo" quanto pelo fato de o "mundo não compreendê-las".

O si-mesmo ostentoso e a criatividade

Os testemunhos pessoais de indivíduos criativos, sejam artistas, sejam cientistas, corroboram minha observação de que, no caso deles, lutar com o si-mesmo ostentoso e suas ideias de perfeição prenhes de energia é uma necessidade psíquica e, ao mesmo tempo, a maldição de suas vidas. Gostaria de citar, entre incontáveis exemplos, uma carta escrita por Beethoven a uma jovem, na qual ele discute essa dimensão: "O verdadeiro artista não tem orgulho algum; infelizmente, ele vê que a arte não tem fronteiras. Percebe de maneira vaga como está longe de sua meta e, enquanto outros o admiram, lamenta não ter alcançado o horizonte no qual o gênio melhor brilha como um sol remoto" (como citado em Riezler, 1944, p. 46). Kohut deve estar aludindo a tal anseio por perfeição quando escreve sobre um "si-mesmo ostentoso persistentemente ativo, com suas pretensões delirantes que podem incapacitar gravemente um eu medianamente dotado" (Kohut, 1971, p. 108). Contudo, ele acrescenta: "O eu de uma pessoa dotada [...] pode muito bem ser impelido a usar suas capacidades máximas, e assim, a um desempenho realisticamente excepcional pelas exigências das fantasias ostentosas de um si-mesmo ostentoso persistente, pouco modificado" (Kohut, 1971, p. 108-109). No entanto, gostaria de acrescentar aqui que, em casos de produto criativo, não somente o si-mesmo ostentoso (como a fantasia arcaica de perfeição ilimitada) é a força motriz. O si-mesmo-objeto idealizado (isto é, "o gênio melhor" mencionado por Beethoven) pode ser até mesmo de importância maior. Dizendo-o de outro modo: sou motivado a uma atividade criativa justamente porque preciso provar e exibir meus próprios talentos, unicidade e magnitude? Ou é também uma ideia transpessoal, uma visão ideal que antecipa a obra que tento criar, que é o verdadeiro incentivo para meu empreendimento? Essas são duas características diferentes das forças que impulsionam à criatividade, e ambas são necessárias para as realizações criativas. Psicologicamente falando, via de regra podemos observar que uma fusão inconsciente do si-mesmo ostentoso com o si-mesmo-objeto idealizado está exercendo sua influência sobre pessoas criativas e ações criativas. Na mesma carta, Beethoven escreve que apenas a arte e a ciência podem elevar os seres humanos ao nível dos deuses.

Com respeito à sua discussão sobre a criatividade, deve-se dar crédito a Kohut por relativizar a validade de suas posições teóricas. Isso lhe permite permanecer flexível em sua avaliação e abster-se de usar "critérios clínicos" para medir a normalidade psíquica. Ele pode, então, levar em conta o fato de que um si-mesmo ostentoso, em sua forma não modificada, pode precisamente ser um pré-requisito para grandes realizações criativas. Contudo, em minha experiência, ele é também, e com mais frequência, a causa de bloqueios graves no domínio criativo, porque suas ilimitadas exigências estão constante e impiedosamente criticando qualquer tentativa de expressão criativa. Apenas o que é perfeito pode ter permissão para vir à luz; qualquer atividade criativa normal ofende o si-mesmo ostentoso. Dada essa dinâmica, o indivíduo em questão pode ou viver sob a ilusão de ter criado algo absolutamente perfeito – reprimindo ou misturando qualquer autocrítica – ou será incapaz de criar algo, sabendo que o produto final jamais satisfará as enormes exigências do si-mesmo ostentoso. Sentimentos de inferioridade ou de vergonha irão impedi-lo de expressar suas próprias ideias. Estas não têm permissão para assumir forma, e se, em um momento auspicioso, têm a permissão para contornar o "censor interior", podem muito bem ser destruídas posteriormente. Por conseguinte, estamos lidando com inibições muito graves das necessidades "narcisistas-exibicionistas", bem como com um medo às vezes apavorado de ter de mostrar algo que não seja absolutamente perfeito, visto que isso poderia evocar o risco de uma perda total do autor-respeito. Muitos estudantes, por exemplo, sofrem desse tipo de bloqueio. Não se saem bem ao escrever trabalhos escolares exigidos para a obtenção de sua graduação e, assim, chegam profissionalmente a um beco sem saída, embora possam ser muito talentosos. A terapia, em tais casos, consistiria em uma tentativa (muitas vezes longa) de modificar a influência do si-mesmo ostentoso.

Raiva narcisística e a "sombra" (em sentido junguiano)

Creio que o fenômeno da "raiva narcisística" tem consequências tão importantes que gostaria de discuti-lo em detalhes relativamente grandes: não só ela tortura a pessoa em questão, mas também seu ambiente é às vezes afetado de maneira desagradável ao extremo. À guisa de introdução, gostaria de dar primeiramente um exemplo corriqueiro, de certa forma inofensivo, de raiva narcisística. É certo que qualquer um que dirige um carro saberá que todos estamos suscetíveis de praguejar contra um motorista lento demais, a quem não podemos ultrapassar porque há demasiado tráfego e que nos obriga a diminuir constantemente a velocidade. Sentimo-nos irritados por ter de adaptar nossa velocidade à dessa "lesma". Na maioria dos dias, somos capazes de ser suficientemente pacientes. Mas, se estamos nervosos, cansados, de mau humor ou apressados, podemos ter vontade de eliminar da face da terra o cara que está bloqueando nosso caminho! Depois de termos praguejado contra o motorista, podemos também pensar: "Eu deveria poder ter a estrada só para mim! Contudo, essas circunstâncias não o permitirão". Pelo menos por uma vez, gostaríamos de desabafar toda a raiva provocada por estarmos sendo espremidos em todos os tipos de ajustamentos e adaptações. O tráfego rodoviário obriga-nos a experimentar em primeira mão um exemplo perfeito da colisão entre nossas fantasias de onipotência e os fatos nus da realidade; a depender de nosso humor, isso pode produzir exasperação ou até mesmo raiva.

É bem verdade que tal acesso de raiva mostra nosso desamparo e não tem a menor influência sobre a situação; pode, no máximo, levar-nos a repreender-nos por nos comportarmos de maneira tão infantil. É, de fato, a criança em nós que está zangada e quer ser ouvida. Não estou tentando dizer que tal rebelião contra o Moloque personificado pelo tráfego rodoviário não seria mais do que justificável. A criança em nós, no entanto, não se detém a pensar que nosso próprio carro está contribuindo com sua parte para essas condições horríveis. É claro, não podemos esperar que uma criança mostre tal perspicácia: ela simplesmente fica zangada com qualquer coisa que a contrarie ou lhe cause desconforto.

Há, portanto, um aspecto muito irracional na raiva narcisística, uma vez que é produzida por uma "visão narcisística do mundo" (Kohut, 1972, p. 645). Nos termos usados pela psicologia analítica, essa visão narcisística do mundo corresponderia à "realidade unitária" da criança, "na qual os mundos parciais de fora e de dentro, mundo objetivo e psíquico, não existem" (Neumann, 1973, p. 11). É esse campo da experiência infantil que pode fazer com que a raiva narcisística flameje. Em grande detrimento do ambiente, ela não tem nem lógica nem imparcialidade e é extremamente autocentrada. Portanto, as pessoas tendentes à raiva narcisística enfrentarão muita rejeição do mundo exterior. Isso, por sua vez, contribui para uma intensificação da raiva, uma vez que se sentem malcompreendidas e abandonadas por Deus e pelo mundo inteiro. Contudo, com igual frequência, a raiva será isolada e inacessível – desde a tenra infância, deparou-se com a desaprovação parental. No adulto, os "pais introjetados" ou o "supereu" ainda tentam impedi-lo de alcançar consciência alerta. É, portanto, um passo importante na análise quando um paciente torna-se consciente dessa raiva e encontra a coragem de expressá-la – mesmo que a direcione contra o analista (como figura parental na experiência da transferência). De qualquer maneira, é essencial no tratamento de tais casos que o analista descubra alguma compreensão empática pelos aspectos irracionais dessa "mundivisão narcisística". Isso pode ajudá-lo a evitar assumir postura moralista.

Ele pode, não obstante, aproveitar uma oportunidade favorável para confrontar, com delicadeza, o cliente com os aspectos inconsistentes e irrealistas de sua visão narcisística do mundo.

A raiva narcisística acontece de muitas maneiras, as quais, de acordo com Kohut (1972, p. 645), vão desde o ódio profundo e inalterável de alguém que sofre de paranoia à raiva de duração relativamente curta provocada pela menor ofensa em uma pessoa narcisisticamente sensível. O fato de estar enraizado em uma visão narcisística do mundo, ou seja, de corresponder a um modo de experiência arcaico, explica por que aqueles que estão dominados pela raiva narcisística mostram total falta de empatia para com os motivos da pessoa que provocou a desproporcionada explosão de raiva. Há, é claro, formas de comportamento agressivo que não provêm necessariamente de defeitos narcisísticos. Mas o fato de que a raiva tem sua fonte narcisística explica, de acordo com Kohut, não apenas a razão pela qual a pessoa em questão desejará obstinadamente retribuir a ofensa infligida ao si-mesmo ostentoso, mas também por que "uma implacável fúria" inflama-se sempre que se perde o controle sobre o espelhamento do si-mesmo-objeto ou em qualquer altura que o si-mesmo-objeto não está disponível (Kohut, 1972, p. 645). Essa constelação pode resultar, por outro lado, em destrutivas dependências amor-ódio, tais como aquelas mostradas em *Dança macabra*, de Strindberg, ou em *Quem tem medo de Virginia Woolf*, de Albee. Ela implica, contudo, uma dimensão que pode ser socialmente perigosa. A sede de vingança e a necessidade de corrigir um erro ou de expurgar um insulto tornam-se profundamente enraizadas, quase compulsivas, pelo que quaisquer meios podem ser usados para alcançar tal fim. Exemplos desse tipo de comportamento podem ser encontrados no romance *Michael Kohlhaas*, de Kleist, ou no excelente filme de Milos Formann, *Ragtime*.

Conforme mencionado, a pessoa que foi magoada narcisisticamente, em geral, é incapaz de sentir empatia pelos motivos do "inimigo", não consegue compreendê-lo e jamais lhe perdoará. Lamentavelmente, pois, as pessoas que, em sua primeira infância, foram vítimas de humilhação ou até mesmo de brutalidade, costumam ser compelidas, de modo inconsciente, a vingar sua dor psíquica tratando as pessoas em seu ambiente adulto da mesma maneira. Assim, podem se tornar extremamente perigosas se obtiverem poder e influência – cf., por exemplo, a análise que Alice Miller faz de Hitler ou do assassino J. Bartsch (Miller, 1980).

Precisamos também nos referir ao impacto da raiva narcisística na psicologia de nações inteiras. Uma nação que foi humilhada buscará vingança mediante guerras e atividades terroristas. Grandes setores da população estarão de acordo com tais atividades, na esperança de reconquistar o autorrespeito.

Não se deveria tratar de modo superficial o fenômeno da raiva narcisística. Ela pode criar uma atmosfera que é dissimuladamente explosiva, esperando apenas a mais tênue oportunidade para irromper. Contudo, em minha opinião, tanto no nível individual quanto no coletivo, o maior perigo espreita sempre que a raiva arcaica alia-se à busca de ideais elevados e à necessidade de encontrar sentido na própria vida. Em tais circunstâncias, a raiva, com suas consequências, pode flamejar-se "em nome de" não importa que ideal (p. ex., em nome de Cristo, Alá, Mãe Igreja, uma sociedade perfeita, revolução etc.). Qualquer horror, raiva e espírito vingativo podem, então, ser justificados com base no "ideal" a que se está aparentemente servindo.

Do ponto de vista junguiano, a raiva narcisística, com o espírito de vingança e com a inveja que pressupõe, deve ser imputada à "sombra" (OC 9/2, § 13; Jacoby, 1985, p. 153ss.). Para Jung, a sombra contém aquelas características e tendências que são incompatíveis com a autoimagem da pessoa, que experimentará grande dificuldade em aceitar aqueles aspectos de sombra como parte de si mesma. Exige-se certa maturidade e flexibilidade a fim de tolerar a experiência dos próprios lados sombrios. Personalidades narcisísticas, porém, são incapazes de fazê-lo, uma vez que aceitar até mesmo a minúscula parte de sombra significaria que "não sou perfeito – toda a minha existência é, portanto, absolutamente sem valor" (ou seja, "não passo de sombra"). Ou, em relação ao si-mesmo-objeto idealizado: "A pessoa que amo tanto [pai/mãe, parceiro, pessoa ideal ou até mesmo o analista] não é perfeita". O desencanto é, então, total; a pessoa sente-se desesperadamente desiludida e pode até mesmo temer o chão fugir-lhe de sob os pés: "Eu acreditava tanto nele/nela, e agora nada mais restou". Nossos ideais, tais como verdade, justiça, gentileza etc. (que são, em última instância, aspectos da perfeição), não estão imunes ao ataque da sombra. Esse é particularmente o caso se a pessoa se identifica com ideais, tomando-os como princípios rígidos que, em tese, deveriam permanecer válidos em cada caso e por toda parte. Qualquer "sombra de dúvida" deve ser evitada a todo custo, visto que pode erodir a sensação de segurança da pessoa e até mesmo provocar sérios problemas de identidade.

Seria bastante óbvio para o observador externo que as pessoas possuídas pela raiva narcisística não são capazes de reflexão autocrítica; elas não compreenderão o aspecto desproporcionalmente escuro-sombrio de sua raiva, nem sua implacabilidade. É desesperadora a necessidade delas de acreditarem que sua fúria é perfeitamente justificada. É mais como se uma sombra diabólica estivesse "esfregando-se as mãos" por trás de suas costas e elas, como consequência, corressem o risco de expressar essa sombra em nome de ideais valiosos (por ex., a transformação da sociedade). A consciência do eu parece ser "devorada", por assim dizer, pela sombra, embora acredite estar perseguindo seus próprios fins em plena liberdade. A fase de diferenciação entre o eu e a sombra ou ainda não foi alcançada ou foi deixada de lado mais uma vez, após uma regressão a um nível arcaico que pode ter sido causado por acontecimentos traumáticos. Há, porém, uma distinção a ser feita aqui: o traço emocional da raiva intensa e do espírito de vingança tem suas raízes na esfera arcaica, mas isso não se aplica aos conteúdos cognitivos e à maneira propositada pela qual tais pessoas visam restaurar a condição que, a seus olhos, equivale a um estado de justiça (divina).

Algumas observações sobre a terapia podem ser evocadas por enquanto, embora elas antecipem o próximo capítulo. De um ponto de vista terapêutico, em tal constelação é inútil – e pode até mesmo ser danoso – tratar diretamente o problema da sombra. Isso apenas produziria um embate entre duas "moralidades" diferentes. Contra a convicção do cliente ("Perante tanta injustiça, minha ira é mais do que justificada"), o analista teria uma tarefa difícil em insistir que "Você deveria conscientizar-se de sua sombra"; e o cliente se sentiria, uma vez mais, malcompreendido e vítima de injustiça. Kohut também é de opinião que "a transformação da raiva narcisística não é alcançada de forma direta – por exemplo, por meio de apelos ao eu para aumentar-lhe o controle sobre impulsos raivosos –, mas é realizada indiretamente, de modo secundário à transformação gradual da matriz de narcisismo de onde a raiva surgiu" (Kohut, 1972, p. 646). Ele continua: "Concomitantemente a essas mudanças, a raiva narcisística amainará de forma gradual, e as agressões do analisando, moduladas com ponderação, serão empregadas ao serviço de um si-mesmo muito bem estabelecido e a serviço de valores estimados" (Kohut, 1972, p. 647). As afirmações de Kohut soam bastante otimistas, considerando-se que os clientes muitas vezes estão possuídos de uma raiva extremamente obstinada. Em minha experiência, é muito difícil imaginar um comportamento terapêutico adequado. No próximo capítulo, apresentarei uma análise que se concentrou em torno da raiva narcisística.

Visões etiológicas e psicodinâmicas dos transtornos narcisísticos

Já tendo tentado lidar com alguns aspectos da experiência subjetiva da mágoa narcisística, permanecem as questões de como tais transtornos se originaram e de como sua psicodinâmica pode ser explicada.

Gostaria de começar a discussão com a observação de que quase todos os meus psicanalisandos que sofrem de transtorno narcísico contaram-me que sua mãe tinha sido, a seu próprio modo, muito "dedicada" a seus filhos. O pai costumava ficar no poscênio, relegando a criação dos filhos inteiramente à sua esposa, e não era capaz de estabelecer um relacionamento com a criança. Contudo, em alguns casos, o pai era descrito como um tirano doméstico imprevisível, muitas vezes temperamental, pelo que mãe e filho assistiam-se mutuamente em proteger-se dele. Com frequência, a mãe queixava-se do pai à criança, impedindo, assim, um íntimo relacionamento pai-filho. No entanto, em um momento posterior, de repente ela "aliava-se" ao pai contra a criança. Em alguns casos, o pai desfrutava de uma importante posição social e era a um tempo idealizado e temido por seus filhos. No geral, uns poucos analisandos contaram a respeito de uma mãe que quase não tinha tempo, enquanto exemplos de mães que cuidavam da criança de maneira superprotetora eram mais comuns. Obviamente estavam muito orgulhosas de certas qualidades na criança e tentavam incentivá-las, enquanto, de modo concomitante, tentavam desvalorizar outras facetas da personalidade da criança. A presença delas podia ser coercitiva, esmagadora, embora, ao mesmo tempo, exigissem ajuda, cuidado e "amor" da parte da criança. Em uma idade demasiado precoce, muitas vezes a criança tinha de carregar o fardo de partilhar os problemas conjugais da mãe.

É claro, esses tipos de memórias estão conectados a fases posteriores na infância e não remontam à experiência dos primeiros relacionamentos primordiais, que presumivelmente são a fonte do distúrbio. Contudo, essas memórias podem permitir ao analista reconstruir uma imagem das primeiras interações mãe-filho – se complementada por outros elementos de observação, tais como sonhos, sentimentos de transferência/contratransferências e as imagens básicas do si-mesmo e do mundo que o cliente traz consigo. No entanto, tal reconstrução permanecerá sempre especulativa, e, em minha opinião, seu valor para o trabalho prático tem suas limitações. Devemos, porém, partir da hipótese de que o estado psíquico atual de um cliente tem suas raízes no passado, mesmo que, na psicologia analítica de Jung, as forças arquetípicas desempenhem papel essencial; essas são conexões complexas que serão discutidas na p. 449 deste livro.

Hoje, profissionais da psicologia do profundo concordam em grande medida (a respeito da opinião junguiana, cf. Neumann, 1973; Fordham, 1976) que a formação de um senso de autoestima relativamente saudável, junto com uma identidade do eu estável o bastante, depende muito de se a mãe ou outra pessoa cuidadora estiveram "ali", foram capazes de mostrar empatia com a criança, de reconhecer sua existência e de apreciar seu verdadeiro ser. As várias formas de transtornos narcisísticos, portanto, em geral resultariam da falta de apoio para os impulsos da vida da criança. Quando as necessidades naturais da criança – ter seus sentimentos de onipotência e suas atividades "exibicionistas" espontâneas empaticamente espelhadas pela mãe – não são satisfeitas ou o são apenas de forma insuficiente, sente-se rejeitada em seu próprio ser. Visto que, nessa fase – conforme dissemos antes –, o si-mesmo da criança ainda não se distinguiu da mãe, sua atitude de repúdio simultaneamente se arraigará como um profundo sentimento de autorrejeição. Devido à rejeição, a maioria das fantasias infantis de onipotência e de perfeição (do si-mesmo ostentoso de Kohut) será reprimida ou cindida em terna idade. Não poderão amadurecer, ser integradas e prover o indivíduo de um senso de autorrespeito suficientemente realista, mas antes serão condenadas a levar vida independente no inconsciente, fixadas em nível arcaico. Deficiências maturacionais mais ou menos graves desse tipo muitas vezes se devem ao fato de que a própria mãe sofreu transtorno narcisístico. Como consequência, ela só será capaz de perceber e de aceitar a criança como parte de seu próprio si-mesmo e se sentirá pessoalmente ferida por qualquer tentativa da criança de resistir às suas ideias e exigências. De maneira indireta, uma mensagem será recebida pela criança, dizendo que autoexpressão espontânea é indesejável ou que determinadas necessidades são "vergonhosas" e más. Conforme Jürg Willi tão apropriadamente o formula, "a criança é criada em um paradoxo: sou eu mesmo apenas se correspondo às expectativas de minha mãe a meu respeito; se, porém, sou do jeito que me sinto, então não sou eu mesma" (Willi, 1975, p. 71). Isso é, sem dúvida, uma fonte para a confusão de identidade, e, à medida que as coisas prosseguem, a criança pode, então, perder a conexão com suas próprias necessidades mais profundas, ou pode permitir apenas aquelas que não interferem no único papel que lhe foi atribuído: encarnar o "tesouro precioso" da mãe (ou do pai). As memórias que me foram contadas por clientes narcisisticamente transtornados coincidem com essa descrição geral.

Antes de considerar o papel desempenhado pelo pai na gênese de transtornos narcisísticos, gostaria de discutir uma objeção que tem sido apresentada por colegas junguianos. Eles sustentam que junguianos não precisam do conceito de transtorno narcisístico, uma vez que correspondem largamente aos fenômenos atribuídos ao domínio de um complexo materno negativo. Por outras palavras, alguém que padece de distúrbio narcisístico tem, de um ponto de vista junguiano, um complexo materno negativo. A discussão dessa objeção também me dará uma oportunidade de tratar brevemente da teoria dos "complexos", que é tão decisiva para os aspectos terapêuticos da psicologia de Jung. O complexo materno negativo pode servir como um bom exemplo.

Todo profundo alcance ou "complexo à tonalidade afetiva" (OC 4, § 69) que opera a partir do inconsciente tem raízes arquetípicas, pelo que, sob o conceito de arquétipo, Jung compreendeu a disposição inata no ser humano para experimentar e perceber de um modo que é típico da espécie humana. Ele escreve:

> A forma do mundo em que nasceu já é inata no homem, como imagem virtual. Assim é que pais, mulher, filhos, nascimento e morte são, para ele, imagens virtuais, predisposições psíquicas. Tais categorias aprioristicas são de natureza coletiva: imagens de pais, mulher, filhos em geral, e não constituem predestinações individuais. Devemos pensar nestas imagens como isentas de um conteúdo, sendo, portanto, inconscientes. Elas adquirem conteúdo, influência e por fim se tornam conscientes, ao encontrarem fatos empíricos que tocam a predisposição inconsciente, infundindo-lhe vida (OC 7/2, § 300).

Se agora tentarmos exemplificar essa visão em relação ao arquétipo da mãe – no qual o complexo materno está enraizado –, podemos dizer o seguinte: há uma aptidão ou disposição inata na criança para concretizar a imagem (virtual) do maternal na primeira fase de sua existência. É-nos permitido dizer que o bebê traz para o mundo uma predisposição para experimentar "ser cuidado pela mãe" e a conectar-se com isso. Quando Winnicott chega a postular a importância da ilusão do bebê de que ele próprio pode criar a mãe ou a teta (cf. Winnicott, 1965), ele muito se aproxima da ideia junguiana da criatividade arquetípica. Corresponde ao conceito de Jung (OC 7/2, § 300ss.) da disposição arquetípica do bebê que lhe permite concretizar imagens virtuais relacionadas ao "maternal" quando encontra sua própria mãe. A mãe pessoal, portanto, está sendo "criada" pelas necessidades vitais arquetípicas do bebê. Está claro, pois, que sua "concretização" desse ser para a criança e para a satisfação ou a rejeição de sua necessidade arquetípica de "ser cuidado pela mãe" exercerá influência determinante sobre a forma assumida por suas fantasias acerca de si mesma e do mundo. Em todo caso, a criança experimenta o maternal em seus aspectos de "sustentação" ["holding"], de rejeição ou, às vezes, de "devoração" muito tempo antes de a mãe tornar-se uma pessoa real, humana e individual.

Logo, o complexo maternal negativo surge de uma situação na qual essa necessidade arquetípica original não foi suficientemente satisfeita. O desenvolvimento do eu, portanto, não está enraizado em uma "matriz frutuosa"; ao contrário, a *imago* da "mãe terrível" arquetípica (p. ex., a bruxa) domina

(Jacoby et al., 1978, p. 195ss.). O solo será preparado para a criança crescer na desconfiança, adotando uma imagem negativa do si-mesmo e do mundo. Tal experiência arquetípica básica constituirá o assim chamado "elemento nuclear" do complexo (Jacobi, 1959, p. 8; Kast, 1980). Esse elemento age como um magneto e gradualmente tem cada vez mais domínios sob sua influência. Assim, o complexo negativo torna-se mais forte e afeta demasiados domínios da vida psíquica; sua influência, então, tende a matizar e distorcer o modo pelo qual o si-mesmo e o mundo são vistos e interpretados. Quando um complexo materno negativo e forte torna-se crônico, as pessoas podem passar a vida com uma sensação básica de que não há nada, em absoluto, em que fiar-se, nem fora, no mundo, nem dentro de si mesmas. São afligidas, em outras palavras, por uma ansiedade mais ou menos poderosa, livremente flutuante. Os resultados são rejeição de sua própria vitalidade interior e isolamento desconfiado de seu ambiente. A expectativa de serem rejeitadas pelas pessoas que as rodeiam leva-as a ter constante dificuldade com relacionamentos. Outras pessoas poucas vezes são vistas como são, e sim, ao contrário, são malcompreendidas como partes de um "arquétipo" que rejeita ou devora uma "Grande Mãe". Tais pessoas são geralmente hipersensíveis a toda nuança no comportamento dos outros, propensas a interpretar a mais leve dissonância como rejeição ou ofensa. Essa hipersensibilidade e esse queixume, por sua vez, provocam a rejeição dos outros.

Na maioria das pessoas, o traço de agressividade, em si uma função necessária do instinto vital, não foi suficientemente integrado na personalidade e colocado sob controle consciente. Conforme Neumann o formula: "A situação patológica de uma criança abandonada em seu desamparo e sua dependência faz com que ela irrompa em raiva, em um desejo canibalístico e sádico de devorar sua mãe" (Neumann, 1973, p. 76). Mais adiante na vida, a agressão incontrolada, suscetível a explodir à mais leve provocação, e a intensa inveja de todos aqueles "que se deram tão bem" são geralmente sintomas de um complexo materno enraizado em um relacionamento primordial transtornado.

De fato, as características apenas enumeradas parecem corresponder à lista de sintomas típicos de um transtorno narcisístico da personalidade, embora o complexo materno negativo tendesse a expressar-se mais especificamente em traços depressivos. No entanto, curiosamente, Alice Miller vê um relacionamento entre transtornos narcisísticos tanto de tipo ostentoso quanto de tipo depressivo e a "prisão" interior erigida pela mãe. Tanto o indivíduo ostentoso quanto o depressivo veem-se "*compelidos* a corresponder às expectativas introjetadas da mãe; contudo, enquanto a pessoa ostentosa é seu filho bem-sucedido, a depressiva vê-se como um malogro" (Miller, 1979, p. 64). Também em sua interpretação, em seguida, a imagem da mãe afeta o modo de experiência narcisística. Do ponto de vista junguiano, porém, precisamos acrescentar que a imagem interior da mãe não pode ser apenas uma introjeção da mãe pessoal, ainda que a mãe real, mediante seu cuidado materno, tenha contribuído para alguns de seus aspectos. Tal como se mencionou anteriormente, as fantasias arquetípicas da criança contribuem com menor ou maior porção para a "criação" dessa imagem da mãe. Creio que, em especial no caso de uma imagem materna negativa, podemos avaliar tanto a profundidade quanto a severidade de um transtorno ao descobrirmos se os aspectos destrutivo-maternais estão relacionados mais a elementos impessoais e arquetípicos ou a traços humanos na mãe pessoal.

Essas diferenças podem ser vistas o melhor possível em sonhos. Penso, por exemplo, no tipo frequente de sonhos nos quais o sonhador tem a experiência comumente assustadora de cair – com frequência em um barranco ou em um poço sem fundo. Tais sonhos indicam que ele não é capaz de sentir chão firme sob seus pés. É muito provável que, devido a uma falta de "sustentação" materna, ele não conseguiu aprender a confiar em sua própria capacidade de manter-se firme ou a desenvolver autoconfiança. Muitos analistas junguianos teriam uma interpretação muito diferente desse tema; eles confrontariam o sonhador com o fato de que provavelmente esteja a posicionar-se "muito alto" e que o sonho seja positivo nisso que está a dizer-lhe para "descer". Em muitos casos, essa interpretação pode ser apropriada. Contudo, lembra-nos demasiado o adágio moralizante de que "o orgulho precede a queda"; também envolve o risco de o analista repetir a atitude moralizadora adotada pelas primeiras figuras parentais em relação aos impulsos espontâneos da criança, reforçando, assim, as inibições neuróticas do psicanalisando (cf. tb. Mattern--Ames, 1987). O elemento arquetípico e impessoal da imagem materna negativa tende a expressar-se mediante sonhos de catástrofes na natureza, tais como terremotos e desmoronamentos. "A Mãe Natureza" mostra-se, assim, uma força tremendamente ameaçadora à vida. Mas a "Grande Mãe", em seu aspecto negativo, pode também assumir uma forma mais humana, embora permanecendo inundada por fantasias arquetípicas. Ela pode, por exemplo, ser simbolizada por uma bruxa dominadora, que mantém o sonhador prisioneiro em seu castelo. Se, nos sonhos, acontece um confronto com a mãe pessoal, o problema da mãe é relativamente acessível ao eu, e isso, às vezes, reflete um passo decisivo no desenvolvimento psíquico de uma pessoa.

Um exemplo do exercício de minha profissão pode servir para ilustrar tais conexões. Uma cliente depressiva, para quem – em razão de um relacionamento gravemente transtornado com sua mãe – a "realidade unitária" deve ter-lhe parecido mais com o inferno do que com o paraíso, teve o seguinte impressionante sonho: ela jaz prisioneira e abandonada em uma masmorra escura e é importunada por uma voz gritando sem parar. Diz a voz: "Você está condenada! Você é culpada! Tudo está perdido!" Mas, quando ela escuta com mais atenção, de repente compreende que é *apenas* a voz de sua mãe e sente-se enormemente aliviada.

O elemento essencial nesse sonho de inferno-prisão é, sem dúvida, o reconhecimento da sonhadora de que a voz de condenação perde seu anonimato e torna-se a voz de sua mãe pessoal tão logo ela ousa prestar-lhe atenção. Para minha cliente, isso significava concretamente um passo definitivo no desenvolvimento, e é provável que fosse em razão de nossa abertura, no decurso da longa análise, de muito espaço para a interpretação de sua transferência intensamente ambivalente. Havíamos lidado, em especial, com seu medo de provocar minha rejeição se ela ousasse expressar necessidades simbióticas, relacionando-as repetidamente a seu relacionamento inicial com a mãe. Assim, aos poucos foi tendo confiança em si mesma para expressar raiva contra mim por abandoná-la sempre que o tempo das férias avizinhava-se. Logo se tornou capaz de exprimir seja sua inveja de minha "perfeição", seja os ciúmes em relação a todos os pacientes que eu estava atendendo além dela, porque, em sua mente, eles todos eram tanto mais maravilhosos e inteligentes do que ela. Entretanto, após tais "confissões", ela costumava ser atormentada por receios de rejeição e por sentimentos de culpa, acusando-se de ser ingrata, mesquinha e perversa.

Em minha experiência, é crucial para qualquer análise aprofundada que se permita que as necessidades simbióticas sejam reconhecidas e expressas. É também da máxima importância que o analista seja capaz de aceitar os sentimentos de ódio, inveja ou ciúmes e compreendê-los em seu contexto. Somente assim podemos esperar que, ao introjetar a atitude do analista, o cliente possa aprender a ser mais tolerante consigo mesmo – uma atitude que facilitaria, além disso, maior diferenciação da consciência. Pode igualmente servir para relativizar a crença absoluta dessa analisanda de estar condenada, visto que é *apenas* a mãe pessoal introjetada que rejeita os impulsos essenciais vitais da cliente. Uma mãe (pessoal) é, afinal de contas, alguém com quem uma pessoa pode pleitear na adultidade; ela já não é equiparada à "ordem do mundo", como foi o caso na infância. É um ser humano com suas próprias limitações, visto que foram removidas as projeções que a transformaram na Grande Mãe, cuja atitude é o "supremo julgamento" (Neumann, 1973, p. 87).

A dimensão arquetípica e suas implicações para a psicoterapia prática são um tema importante, e voltaremos a ele no próximo capítulo. Entrementes, devemos retornar à questão que motivou nossa digressão para a teoria dos complexos de Jung. Havíamos indagado se os casos que Kohut descreve como transtornos narcísicos da personalidade poderiam também ser considerados pessoas padecentes de um "domínio do complexo materno negativo" em termos de Jung. Pode-se dizer o seguinte: posto que ambos os conceitos possam ser aplicados a uma série de sintomas amplamente idênticos, não creio que sejam intercambiáveis. Foram formulados com base em perspectivas diferentes. O conceito de transtorno narcisístico da personalidade tenta definir as dificuldades que as pessoas podem encontrar ao reconciliar-se consigo mesmas e com sua autoimagem específica. A expressão "complexo materno negativo", por outro lado, aplica-se à maneira pela qual a *imago* maternal negativa afeta o ser subjetivo da pessoa. A formulação "domínio do complexo materno negativo" seria também um diagnóstico menos específico, visto que, embora todo transtorno narcisístico tenha suas raízes em um complexo materno negativo[15], o mesmo com-

---

15. Isso também pode aplicar-se às mães que estragaram com mimos e admiraram o filho de modo superprotetor e cujas necessidades narcisísticas estimularam sua ostentação ilusória. Alguns clientes, no entanto, podem entender que essas mães tenham sido "positivas".

plexo pode ser encontrado em outros tipos de doenças psíquicas (p. ex., transtornos de estados-fronteiriços ou em psicoses). Pelo próprio fato de observar a *predominância* desse complexo, podemos sugerir que o elemento paternal está subordinado. O arquétipo do pai não foi capaz de estabelecer seu próprio reino de influência. A "separação dos pais primordiais arquetípicos" (Neumann, 1949) ainda não aconteceu. Tal constelação deve ser encontrada em muitas formas de transtornos narcísicos da personalidade, mas também faz parte de outros transtornos psíquicos.

A fim de compreender em contexto mais amplo como os transtornos narcisísticos aparecem, devemos também levar em conta o papel do pai. Conforme já mencionado, nos casos que conheci no exercício de meu trabalho até agora, o relacionamento com o pai não foi satisfatório. Ele ou ficava muito em segundo plano, deixando a criação dos filhos a cargo de uma mãe dominadora, ou assustava os filhos com alguns acessos de raiva, às vezes violentos. Em ambos os casos, a criança não tinha a oportunidade de compensar a mãe opressivamente dominadora ao apoiar-se em um pai forte e compreensivo. (Acerca da fenomenologia do arquétipo do pai, cf. Jacoby, 1985, p. 81ss.) Como consequência, a necessidade de idealização, tão essencial para o desenvolvimento de uma criança, não pôde ser satisfeita. A fusão com um "si-mesmo-objeto idealizado", no sentido kohutiano, não pôde ocorrer na fase correta. Tal carência na primeira infância pode levar, posteriormente na vida, a uma sensação básica de tédio: não há nada neste mundo capaz de despertar o entusiasmo de tais pessoas, e nenhuma causa é digna de seu envolvimento. Assim, metas ou ideais transpessoais não exercem atração vital e não são capazes de compensar de modo significativo a sensação de vacuidade interior que afeta muitos clientes feridos narcisisticamente. São deixados com uma sensação generalizada de desorientação interior.

Em outros casos, a necessidade de fundir-se com um si-mesmo-objeto idealizado sobrevive na forma de um anseio inconsciente; pode, por exemplo, encontrar essa expressão na escolha de um parceiro amoroso que só está esperando para ser idealizado. A outra pessoa pode atrair avidamente e desfrutar a auréola de glória que lhe foi emprestada, e isso, por sua vez, se refletirá de volta sobre o parceiro idealizador. Ocorre um "conluio narcisístico" no sentido de Willi, visto que os parceiros precisam um do outro a fim de satisfazer suas necessidades narcisísticas de idealização e admiração, de acordo com a fórmula: "Posso adorá-lo porque você [para mim] é tão ostentoso – posso ser tão ostentoso porque você me adora" (Willi, 1975, p. 80).

O desejo de fundir-se com um si-mesmo-objeto idealizado pode também manifestar-se de outra maneira, a saber, no associar-se do indivíduo a um grupo com uma ideologia religiosa ou política. Às vezes isso pode assumir dimensões perigosas, dado o fato de que quanto mais arcaico for o intenso desejo de fusão do indivíduo, menos ele será capaz de usar sua capacidade crítica. Ele pode, assim, ser vítima de ideologias fanáticas que prometem, em nome de um ideal elevado, a realização dos impulsos mais primitivos. Há inúmeros exemplos de como se tem abusado – e ainda se abusa – da necessidade dos jovens de idealização. As esperanças investidas em tais grupos comumente são duplas: os jovens, de um lado, anseiam por encontrar parentesco e "sustentação" fazendo parte de um grupo que é, depois, experimentado como uma "Grande Mãe" (Neumann, 1956); por outro lado, estão em busca de uma imagem paterna ideal, procurando uma autoridade para validar normas e para metas e escopos comuns.

Seja como for, problemas tanto na esfera maternal quanto na esfera paternal contribuem para a gênese dos transtornos narcísicos da personalidade, visto que impedem o desenvolvimento pleno de um senso de identidade suficientemente estável. Na maioria dos casos, a observação mostra que os pais já sofriam de distúrbios psíquicos (em especial narcísicos) e, com isso – de maneira involuntária –, dificultavam o amadurecimento emocional do filho. Vistas de fora, porém, em geral tais famílias parecem estar intactas.

É um tanto importante discutir brevemente as teorias de Otto Kernberg, porque são relevantes para o procedimento terapêutico. De interesse especial serão os pontos nos quais suas opiniões sobre o narcisismo diferem das de Kohut. Apesar de sua importante contribuição para a moderna "teoria das relações objetais", Kernberg pertence à tradição psicanalítica clássica, na medida em que considera o narcisismo secundário um sistema defensivo. (A propósito das opiniões de Freud sobre o tópico, cf. p. 165 deste livro.) A defesa está direcionada contra um "desenvolvimento patologicamente aumentado da agressão oral", pelo que é difícil avaliar até que ponto "esse desenvolvimento representa um forte impulso agressivo constitucionalmente determinado, uma falta de tolerância à ansiedade constitucionalmente determinada em relação a impulsos agressivos ou uma severa frustração nos primeiros anos de vida" (Kernberg, 1975, p. 234). Aqui, um fator constitucional deve ser levado em consideração, o qual costuma estar bastante ausente da literatura psicanalítica. Mas é, claro, uma combinação do fator constitucional com influências ambientais que estabelece o cunho para o desenvolvimento posterior da criança. E, uma vez mais, é o fator constitucional que é obrigado a estabelecer um limite para algumas tentativas otimistas de modificar estruturas patológicas mediante a análise ou a psicoterapia analítica. Isso é, às vezes, difícil de ser reconhecido pelos terapeutas – pode, por outro lado, servir como uma desculpa barata para o malogro do tratamento. Se Kernberg tem razão em sua pressuposição de que algumas crianças nascem com uma agressividade excepcional, é compreensível que a mãe delas achasse difícil oferecer cuidados maternais bons o suficiente; ou, pelo menos, que as interações mãe-filho necessariamente envolvessem distúrbios pelos quais a mãe, sozinha, não poderia ser responsabilizada. Kernberg nada mais acrescenta à exposição sobre o fato constitucional que, como tal, é improdutivo para a psicanálise, mas passa a examinar o contexto familiar e sua influência sobre a gênese dos transtornos narcísicos da personalidade. Suas observações concordam com minha experiência segundo a qual, nesses casos, a mãe (ou outra pessoa que assume esse papel) normalmente parece ter estado "funcionado bem" e proporcionado à criança um "ambiente respeitável". Ao mesmo tempo, ele a descreve como fria, dura e dissimuladamente agressiva, implicando uma óbvia falta de empatia para com as necessidades da criança. Ademais, Kernberg confirma nossa observação geral de que a seguinte conexão é de importância central para o desenvolvimento do "narcisismo patológico" (cf. tb. p. 344 deste livro): normalmente se pensa que, no início da história de suas vidas, esses clientes eram dotados de um traço ou talento específico que deveria provocar admiração, mas também inveja nos outros. "Por exemplo, atratividade física incomum ou algum talento especial tornou-se um refúgio contra a sensação básica de não ser amado e de ser objeto de ódio vingativo" (Kernberg, 1975, p. 235).

Kernberg, então, também vê o si-mesmo ostentoso (ele assumiu o termo de Kohut, cf. Kernberg, 1975, p. 266) como o fator principal de distúrbio em personalidades narcisísticas. Contudo, enquanto Kohut considera o si-mesmo ostentoso a representar uma fixação em um nível arcaico do si-mesmo "normal" da criança, Kernberg descreve-o como uma estrutura patológica do si-mesmo que serve ao indivíduo como defesa contra conflitos violentos ligados ao amor e ao ódio. Para ele, o si-mesmo ostentoso é uma

> condensação patológica de alguns aspectos do si-mesmo real (a "unicidade" da criança reforçada pela experiência inicial), o si-mesmo ideal (as fantasias e autoimagens de poder, riqueza, onisciência e beleza que compensavam a criancinha pela experiência de grave frustração oral, de raiva e de inveja) e o objeto ideal (a fantasia de um pai ou uma mãe sempre generosos, sempre amorosos e receptivos, em contraste com a experiência da criança na realidade; uma substituição do objeto parental real desvalorizado) (Kernberg, 1975, p. 265-266).

Naturalmente fará diferença para a abordagem terapêutica se eu considerar o si-mesmo ostentoso uma estrutura patológica de defesa que precisa ser dissolvida tanto quanto possível por meio de interpretação analítica, ou se eu o vir como uma entidade que, embora normal em si mesma, foi fixada em um nível arcaico de desenvolvimento. No primeiro caso, compreenderei a importância das fantasias ligadas ao si-mesmo ostentoso de uma única maneira: elas não passam de uma parte do sistema de defesa. Assim, não levo em conta o fato de que as fantasias costumam ter um sem-número de significados. É verdade que as fantasias, sejam de superioridade, sejam de inferioridade, podem sem dúvida ter uma função compensatória. Elas servem, entre outras coisas, como uma defesa contra o outro polo. Mas, se me concentro apenas em analisar a defesa, faço-o com base em minha crença em uma pressuposição teórica patentemente bem estabelecida. E mesmo que a teoria esteja correta (e, em muitos casos, não podemos senão concordar com Kernberg), um cliente pode sentir-se incompreendido e magoado ao ver que, uma vez mais, suas fantasias e necessidades não estão sendo levadas a sério – nem sequer por seu terapeuta, que as interpreta como somente parte de sua estrutura de defesa[16]. Devemos

---

16. Isso não quer dizer que um cliente jamais deveria ser confrontado com sua verdade por ele ser narcisisticamente tão vulnerável. Contudo, em assuntos concernentes à psique, a "verdade" não é algo absoluto. Por exemplo, é uma questão de perspectiva psicológica se interpreto as fantasias de um cliente em termos somente de sua função defensiva ou se focalizo seu conteúdo real e consigo ver nelas alguns aspectos prospectivos também.

também levar em consideração que, em razão de se envergonharem delas, muitos pacientes narcisistas sentem grandes dificuldades em entrar em contato com suas fantasias ostentosas, quanto mais admiti--las perante o analista. Assim, surge a questão: não é compreensível que o cliente desvalorize o analista a fim de proteger-se das interpretações arrogantes deste último? Será que o analista, que sempre "sabe melhor", não repete o comportamento das figuras parentais que, devido a essa mesma atitude, contribuíram para o transtorno do cliente? Sempre que o analista trabalha a partir de uma pressuposição teórica de que o si-mesmo ostentoso serve apenas como defesa contra a raiva inconsciente, então a profecia, na realidade, torna-se autorrealizável se o paciente, em reação a tal interpretação, realmente o ataca de maneira agressiva. De uma forma ou de outra, o caso (ou seja, a teoria) não está provado. Contudo, pareceu-me importante mencionar alguns dos riscos inerentes à interpretação de defesas, em especial quando estamos trabalhando com clientes magoados narcisisticamente. No fim das contas, não podemos depender de regras técnicas estabelecidas. O que de fato importa é a autoconsciência do terapeuta, sua sensibilidade para com as necessidades de determinada situação e o uso flexível das "ferramentas" à sua disposição.

Em geral, os analistas junguianos são céticos em relação a qualquer preconceito teórico. Dificilmente pensariam em considerar que as fantasias sejam patológicas como tais. Para eles, mesmo fantasias tais como ser alguém muito especial ou possuir poder, riqueza, conhecimento superior ou beleza (fusão entre o si-mesmo real e o ideal no sentido de Kernberg) podem ter um significado simbólico. O mesmo vale se um analisando imagina ter pais de conto de fadas, "régios e todo-amorosos", que assumem o lugar de seus próprios pais (fusão com o "objeto ideal"). É verdade que fantasias desse tipo podem ter servido ao cliente, em sua infância, como uma estratégia de sobrevivência, permitindo-lhe compensar qualquer situação traumática que teve de viver. O fato de que elas surjam do inconsciente em um tempo e em situações em que o processo de maturação da criança possa estar gravemente necessitado de tais manifestações arquetípicas é devido às atividades do si-mesmo (em sentido junguiano). Para o adulto, essas fantasias ostentosas são problemáticas na medida em que indicam uma contaminação parcial do eu com o si-mesmo da infância. As fantasias ostentosas da infância, originalmente úteis, não puderam ser modificadas o suficiente no curso do desenvolvimento. Em outras palavras, não há diferenciação bastante clara entre o eu e o si-mesmo; considerações semelhantes aplicam-se à distinção entre o mundo pessoal e o mundo-tu ("o mundo dos objetos"). No geral, tais observações de fato corroborariam a teoria de Kohut do si-mesmo ostentoso.

Na situação terapêutica, tais fantasias não deveriam ser descartadas por serem consideradas "apenas infantis". Pelo contrário, deveríamos tentar conscientemente compreendê-las e descobrir seu significado passado e presente. Com frequência, elas são uma indicação de que, para o proveito do paciente, outros processos de maturação e de diferenciação precisam acontecer. Esperançosamente, tais processos podem seguir seu curso natural se uma atmosfera de tolerância e de compreensão mútua puder ser oferecida na análise. À medida que, no processo, o cliente torna-se mais tolerante e autoconfiante, a função defensiva do si-mesmo ostentoso se tornará amplamente supérflua. Pode ser útil, de vez em quando, interpretar um comportamento defensivo específico, mas em geral as defesas serão abandonadas de modo bastante espontâneo.

Estivemos preocupados até aqui com alguns aspectos psicoterapêuticos essenciais que podem soar bastante simples e convincentes. Na prática diária, porém, parecem tremendamente complexos e algumas vezes cansativos. Assim, no próximo capítulo, vamos dedicar-nos a uma discussão mais pormenorizada da prática psicoterapêutica no tratamento de distúrbios narcisísticos da personalidade.

8
TRATAMENTO PSICOTERAPÊUTICO DE TRANSTORNOS NARCISÍSTICOS DA PERSONALIDADE

Observações gerais a respeito da abordagem analítica da psicoterapia

Surge a questão a respeito de se existem métodos ou técnicas específicos que sejam particularmente bem-sucedidos no tratamento dos distúrbios narcíseos da personalidade. Como dissemos, tanto Jung quanto Kohut consideram que os distúrbios psíquicos, chamados agora geralmente de transtornos narcisísticos da personalidade, resultam de um bloqueio na autorrealização. A abordagem terapêutica, então, se concentraria em encorajar, tanto quanto possível, os impulsos rumo à individuação originários do si-mesmo (Jung) ou dos processos maturacionais do si-mesmo (Kohut). Em contrapartida, Kernberg, que vê o aspecto defensivo do narcisismo patológico, usa um método centrado em técnicas concebidas para facilitar a modificação terapêutica das resistências narcisísticas (Kernberg, 1975). No curso de sua experiência, Kohut chegara à conclusão de que determinadas hipóteses psicanalíticas, ligadas tanto à teoria quanto à técnica, teriam de ser modificadas para que os problemas encontrados nos transtornos narcísicos da personalidade pudessem ser tratados de modo eficaz. Ele apresentou os primeiros resultados de seus esforços no livro *Análise do Self* (Kohut, 1971). Desdobramentos ulteriores dessa abordagem e a elaboração de novas técnicas para o tratamento de transtornos narcísicos da personalidade levaram-no à formulação de uma teoria psicanalítica diferente, que agora é chamada "psicologia do si-mesmo" (Kohut, 1977). Visto que as ideias principais da psicologia do si-mesmo de Kohut aproximaram-se tanto da abordagem junguiana, uma comparação entre os métodos psicoterapêuticos das duas escolhas poderia ser bastante interessante para o profissional.

No que tange a Jung e sua abordagem analítica, sabe-se bem que, depois de separar-se de Freud, ele se desfez de grande número das regras de ouro da psicanálise. Parou de usar o divã sobre o qual o cliente deveria estender-se e já não acreditava que o analista devesse ser o mais "invisível" possível. Em vez disso, fazia com que o analisando se sentasse em uma poltrona diante dele. Abandonou também a regra psicanalítica básica da livre-associação e tentou facilitar o diálogo no qual os problemas do analisando e as manifestações de seu inconsciente pudessem ser discutidos. Em vez de interpretar continuamente o comportamento e as declarações do psicanalisando em termos de transferência, Jung permitia-se ter reações humanas espontâneas que, por sua vez, davam ao paciente "alimento para o pensamento". Em lugar de ouvir de maneira passiva o cliente em uma atmosfera de atenção livremente flutuante, costumava expressar com espontaneidade suas ideias acerca dos sonhos ou de outro material, e às vezes até mesmo contar acontecimentos de sua própria experiência, caso sentisse que isso seria útil. Não considerava que questões filosóficas fossem apenas racionalizações a serviço de uma defesa contra ímpetos pulsionais e medos, mas considerava-as preocupações legítimas e importantes. Jung também reduziu o número de sessões semanais. Enquanto, com Freud, a psicanálise comportava sessões diárias, ou pelo menos cinco horas por semana, Jung acreditava que, em média, uma ou duas horas por semana seriam suficientes. O próprio trabalho do analisando complementaria as sessões. Por "próprio trabalho", Jung tencionava que o analisando tomasse nota de seus sonhos e associações, talvez mantendo um diário, pintando ou trabalhando com argila e praticando imaginação ativa.

Quais foram as considerações que forneceram a base para tais modificações? Jung via a análise como um processo *dialético*. Por dialético entendia não apenas o confronto entre o analista e o analisando, mas também o diálogo psíquico entre o eu e o inconsciente. Ele acreditava que a escolha de uma abordagem dialética havia tornado impossível usar uma técnica racional, "pois exige que o médico saia do seu anonimato e preste contas de si mesmo, exatamente como faz com o paciente" (OC 16, § 23). O procedimento dialético exige certa igualdade na parceria humana, e esse foi o motivo que fez Jung trocar o divã pelo relacionamento face a face entre o médico e o cliente. Terapeuticamente falando, ambos os ambientes, o divã e as poltronas de frente uma para a outra, têm vantagens e desvantagens. O estender-se sobre um divã serve certamente para encorajar a regressão que uma terapia possa tencionar. Na medida em que a análise clássica considera a reativação e a interpretação dos conflitos da primeira infância como sua principal ferramenta terapêutica, o ambiente do divã é uma opção adequada. Jung, por outro lado, acreditava que, em muitos casos, o tratamento de uma neurose não exigia a busca de suas raízes na primeira infância. Sua crescente experiência convenceu-o de que nossa psique, como a totalidade de nossos processos cônscios e incônscios, é capaz de autorregular-se, isto é, tentará encontrar e conservar certo equilíbrio. Esse equilíbrio é perturbado por doença psíquica; a neurose, como resultado, implica uma falta de harmonia entre as diversas partes da personalidade. Conforme mencionado previamente, Jung considera a presença de sintomas neuróticos indício de que, por uma razão ou outra, o processo da autorrealização natural e o desenvolvimento da consciência foram bloqueados. Uma vez que o equilíbrio entre os processos conscientes e os inconscientes foi disturbado, determinados conteúdos do inconsciente podem assumir caráter hostil ou ameaçador e invadir a consciência. Por isso, Jung era de opinião que "a única maneira possível de tratá-los [os conteúdos inconscientes] na prática consiste em assumir uma atitude consciente que permita a cooperação do inconsciente em vez de sua oposição" (OC, 16/2, § 366). Em outros termos, quando o inconsciente manifesta-se de maneira ameaçadora, está, em última análise, visando alargar a atitude consciente que permitirá uma integração de seus conteúdos.

Os conteúdos do inconsciente são expressos principalmente por meio de sonhos. Destarte, para Jung, tal como para Freud, os sonhos representam a *via regia* para o inconsciente. Jung observa que é precipuamente mediante a atividade onírica que o inconsciente exerce sua função reguladora. Os sonhos, portanto, muitas vezes são significativos nisso que compensam a atitude consciente.

> Quanto mais unilateral for a sua atitude consciente e quanto mais ela se afastar das possibilidades vitais ótimas, tanto maior será também a possibilidade de

que apareçam sonhos vivos de conteúdos fortemente contrastantes como expressão da autorregulação psicológica do indivíduo (OC, 8/2, § 488).

Ao sustentar que os sonhos compensam a atitude consciente, Jung difere consideravelmente das ideias de Freud. Ele não concebe o sonho como um disfarce para desejos reprimidos, mas antes como manifestação da capacidade da psique de se autorregular e, portanto, de curar a si mesma. Portanto, não usa a livre-associação para remontar à origem da atividade onírica inconsciente e descobrir os impulsos e desejos latentes por trás dela. Para ele, a declaração essencial é o próprio texto do sonho. Inquire não apenas acerca do significado e do propósito do sonho na situação presente do sonhador, mas também a respeito de seu potencial criativo em relação à totalidade da pessoa. Os sonhos precisam ser levados a sério, ser experimentados, refletidos e, tanto quanto possível, compreendidos. Jung também sugeriu que o sonhador pode desenhar ou pintar imagens oníricas impressionantes, ou que – conforme já mencionado – pode imaginar como a sequência de sonhos poderia ser ulteriormente desenvolvida. A razão para tais sugestões jaz na observação de que podemos lidar melhor com nossos conflitos e medos, uma vez que são expressos em imagens. Dessa forma, estabelece-se entre o eu e o inconsciente um relacionamento que pode ajudar-

-nos a superar tendências conflituosas e fomentar os processos da autorrealização ou da individuação.

Em contraste com a teoria psicanalítica, na qual são descritos complicados mecanismos psíquicos e técnicas sofisticadas, as opiniões de Jung sobre a psicoterapia soam relativamente simples. Ele queria formular sua teoria o mais ampla e geral possível, permitindo que cada pessoa encontrasse sua própria abordagem individual, sem ser obstaculizada por teorias e técnicas. Escreve:

> Como não existe montaria isenta do perigo de ser cavalgada e até sua morte, da mesma forma é coisa duvidosa fiar-se demasiadamente em teorias da neurose e em métodos de tratamento. De minha parte acho sempre cômico o fato de que certos médicos hábeis em negócio afirmam aplicar banhos e tratar segundo o método de "Adler" ou "Künkel" ou "Freud" ou até mesmo "Jung". Não existe tal tratamento, nem pode existir. Se alguém tentar fazê-lo, corre certamente o risco de fracassar. Ao tratar do senhor X, sou obrigado a empregar o método X, assim como devo aplicar o método Z à senhora Z. Isto significa que o método e os meios de tratamento dependem sobretudo da natureza do paciente (OC 17, § 203).

A "natureza do paciente", porém, só pode ser compreendida adequadamente se o analista aprendeu a compreender a "linguagem do inconsciente" tão bem quanto possível. Essa era uma questão central para Jung. Ter experimentado o impacto do inconsciente e ter alcançado determinado discernimento do sentido de suas manifestações (tais como sonhos e imaginação) era, em sua opinião, um pré-requisito para qualquer analista. O trabalho de pesquisa de toda a sua vida visava fomentar tal discernimento e ofereceu-nos uma chave para abrir a porta das profundezas do inconsciente. De modo geral, então, podemos dizer que Jung introduziu um estilo muito heterodoxo de análise que permite ao analista, ao adaptar-se às necessidades psíquicas e à individualidade única de cada cliente, renunciar a teorias e técnicas preconcebidas. Isso implica uma atmosfera de liberdade no encontro analítico, uma liberdade que, de minha parte, considero muito importante e sem a qual não gostaria de trabalhar.

Naturalmente, não há método sem desvantagens e riscos implícitos. Não podemos negar, por exemplo, que no ambiente junguiano determinadas resistências inconscientes em relação à modificação terapêutica possam permanecer *despercebidas* durante períodos de tempo mais longos. No entanto, a atitude de Jung para com as resistências também difere daquela da escola freudiana. A psicanálise considera que as resistências são em grande parte responsáveis pela perpetuação das neuroses; por conseguinte, deveriam ser interpretadas e dissolvidas tanto quanto possível. Em contrapartida, escreve Jung:

> Em caso de dúvida, podemos guiar-nos pelas resistências do paciente. Minha tendência é levar a sério as resistências mais profundas – pelo menos inicialmente – por mais paradoxal que isso possa parecer. [...] Esta humildade do médico é perfeitamente adequada, visto que, por um lado, a psicologia universalmente válida ainda não existe, e que, por outro, os temperamentos não são todos conhecidos. Muitos psiquismos são mais ou menos individuais, e não se enquadram em nenhum dos esquemas existentes (OC 16/1, § 76).

Por outras palavras: a resistência do cliente pode, às vezes, servir para defender sua individualidade autêntica contra interpretações que não correspondem a seu modo de ser. Alguns tipos de resistência contra o inconsciente podem também ter um propósito legítimo, na medida em que protegem o cliente da irrupção de uma psicose latente. Parece-me, porém, que uma terapia só pode ser eficaz se o analista estiver consciente da resistência do cliente. Dada essa consciência, ele pode, então, decidir por si mesmo se uma interpretação é necessária ou não. O risco de a resistência permanecer despercebida é maior quando o analista e o analisando estão conversando em um ambiente face a face, que – em contraste com o ambiente do divã e suas regras psicanalíticas básicas – não é diferente dos encontros sociais cotidianos. O cliente pode começar a falar a respeito de um problema filosófico interessante e envolver o analista em acalorada discussão. O analista pode, então, ser tentado a defender seu próprio ponto de vista ou oferecer um pouco de sua "sabedoria" (o que ele muitas vezes leu em Jung). Enquanto se concentra em tentar compreender os sonhos, o analista às vezes fica cego ao fato de que, ao mesmo tempo, fantasias ou sentimentos constrangedores podem continuar no cliente. É certamente mais difícil que o analisando expresse suas fantasias e seus pensamentos acerca do analista enquanto está sentado diante dele. Por outro lado, é um ambiente que favorece um contato direto entre parceiros e admite a espontaneidade. O fato de o analista e o analisando serem capazes de "ler o rosto um do outro" e "comunicar-se com seus olhos" é importante, visto que potencialmente inclui toda uma gama de comunicação não verbal. Em minha experiência, muitas nuanças no contato visual podem desempenhar um papel; alguns clientes não podem suportar olhar para mim, ao passo que outros, ao encarar-me, continuam a controlar com suspeita a menor de minhas reações. Tais fenômenos podem contar ao analista toda uma história acerca dos medos da infância e de sua manifestação na situação de transferência atual. Battegay menciona que determinadas pessoas, especialmente as que sofrem de mágoas narcísicas, às vezes não conseguem tolerar a solidão do divã. Sentem-se melhor e mais fortes quando lhes é permitido o contato visual direto com o psicanalista (Battegay, 1979). É óbvio que, de um ponto de vista terapêutico, tanto o divã quanto a poltrona têm vantagens e desvantagens (Dieckmann, 1979; Jackson, 1961, p. 35ss.; Stern, 1978), e acredito que não há nenhuma razão para ser dogmático acerca dessa questão. Muitos analistas junguianos hoje parecem preferir o divã. Pessoalmente, tendo a dar aos analisandos a escolha. Se eles escolhem o divã, porém, nunca me sinto completamente fora de seu campo de visão. Eles podem ou não querer olhar para mim, e são livres para fazer uma ou outra coisa.

Dada a liberdade que acompanha as inter-relações espontâneas, podemos perguntar-nos o que impede um analista de abusar do paciente consciente ou inconscientemente. Como a mundivisão do analista, sua necessidade de poder, sua possessividade, sua sexualidade ou sua vulnerabilidade narcisística influenciam o cliente e o ambiente analítico, caso esses complexos não forem, pelo menos em parte, mantidos sob controle por regras técnicas (considerando que a eficiência de regras técnicas a esse respeito é, com a maior probabilidade, uma ilusão!)? E o que Jung quer dizer quando escreve que o analista "preste contas de si mesmo, exatamente como faz com o paciente" (OC 16, § 23)? Essa formulação tem sido às vezes (mal) compreendida como a significar que o analista deveria contar ao cliente seus próprios sonhos ou falar acerca da maneira segundo a qual ele lida com determinados problemas etc. É óbvio que tem havido muita discussão a respeito de se tal intimidade pode ter uma influência positiva na terapia.

O perigo principal reside no fato de que o analista pode inconscientemente – e com a melhor intenção terapêutica de "prestar contas de si mesmo" – estar satisfazendo sua própria necessidade de fazer confidências; em seguida, ele notaria o quanto isso está sobrecarregando o cliente e desviando este último de suas necessidades. Essas complexas questões de fato fazem parte da questão da transferência/contratransferência e serão tratadas separadamente nas seções subsequentes deste capítulo, mas elas mostram até que ponto a profissão de analista é arriscada. A consciência de Jung de tais problemas era a razão para sua exigência de uma análise completa do analista. Com efeito, ele foi o primeiro a fazê-lo, e foi sob sugestão de Jung que Freud viu a importância da assim chamada análise didática. Agora ela é compulsória virtualmente em toda escola de psicologia do profundo. Espera-se que um analista, ao ser, ele próprio, analisado, possa alcançar consciência maior de seus complexos e fragilidades, de seus valores e pontos de vista pessoais. Tais intuições são uma *conditio sine qua non* na realização de sua tarefa. Mas voltaremos a esse assunto mais adiante.

As modificações trazidas por Kohut à técnica freudiana clássica são menos radicais do que as de Jung. Ele observa mais de uma vez – e mais uma vez em seu último livro (Kohut, 1984) – que ele não introduziu basicamente nenhuma nova técnica. Sem dúvida, ele conserva a regra de livre-associação e limita suas atividades terapêuticas à interpretação de associações, sonhos, sentimentos transferenciais etc. De acordo com ele, o elemento decisivo no processo de cura é a experiência do cliente da assim chamada "frustração ideal" (Kohut, 1984, p. 98). Essa é uma ideia que exige comentário adicional.

Como bem se sabe, desde Freud, toda psicanálise clássica deveria ser realizada em clima de completa "abstinência". É a famosa "regra da abstinência" que não permite que o analista satisfaça nenhuma das necessidades expressas pelo cliente, visto que isso lhe proporcionaria uma satisfação substituta e poderia ter uma influência negativa sobre a análise. Implica também que mesmo as questões mais inofensivas dirigidas ao analista não sejam respondidas e que o analista não reaja a nenhuma das exigências do cliente – à exceção de interpretar seus motivos subjacentes e inconscientes. Tal aplicação da regra de abstinência com base em princípios técnicos é, na experiência de Kohut, demasiado rígida e certamente não *ideal* para a terapia; ele acredita que um si-mesmo em desenvolvimento tem, por natureza, necessidades fundamentais que precisam ser levadas em conta pelo analista se a análise quiser dar resultados. Uma das necessidades básicas mais importantes em todos nós é nosso desejo de "ressonância empática": precisamos ser compreendidos de modo empático. Essa necessidade deveria ser satisfeita tanto quanto possível pelo analista, visto que sua "imersão empática" na experiência consciente e inconsciente do cliente contribuirá de modo notável para o processo maturacional do si-mesmo. Considerando-se o fato de que a falta de reação empática dos "si-mesmos-objetos" na infância do cliente é responsável, pelo menos em parte, por seu transtorno narcisístico, é essencial que o analista esteja preparado para compreender empaticamente seu mundo experimental. Caso contrário, o cliente corre o risco de experimentar o comportamento distante e neutro do analista como repetição de seu trauma primitivo e como reiterada prova de que ninguém o compreende. Ao mesmo tempo, é óbvio que nenhum analista jamais será capaz de compreender completa e absolutamente seu psicanalisando. Essa experiência pode ser fonte de contínuo desencanto para o cliente, mas, em última instância, pode ter uma influência positiva em seu processo maturacional.

Tais desapontamentos são provocados precisamente pela ausência de completa fusão com o analista, resultando em uma frustração que é descrita como "ideal", na medida em que deixa o cliente entregue à própria sorte. Se tais desilusões forem trabalhadas de maneira eficaz, podem oferecer um impulso para o cliente desenvolver progressivamente suas próprias estruturas psíquicas e tornar-se mais independente. Isso exige que, à parte a compreensão empática, ofereçam-se ao cliente interpretações explicativas das interconexões psicológicas relevantes. A atividade terapêutica do analista, portanto, envolve dois passos: primeiro, uma *compreensão* empática da experiência consciente e inconsciente do cliente; segundo, a *explicação* do sentido relevante para essa experiência em contexto psicológico mais amplo (Kohut, 1984, p. 104ss.).

Dada a grande importância terapêutica que Kohut atribui à experiência da frustração ideal, ele quer relativizar a famosa máxima de Freud segundo a qual o analista deveria tomar-se por modelo o cirurgião que põe de lado todos os seus sentimentos e até mesmo sua simpatia humana (Freud, 1912b, p. 115). Ele cita a passagem da correspondência posterior de Freud, que também oferece provas de uma opinião mais flexível. Entretanto, o dito de Freud ainda conserva validade respeitada – a ponto de muitos analistas sentirem-se culpados tão logo não se conformem a ele. E tal culpa dificultará sua espontaneidade emocional (Kohut, 1977, p. 225). Não se pode deixar de concordar com Kohut quando sente que a neutralidade da parte do analista não deve ser equiparada a uma reação mínima (Kohut,

1977, p. 252). Em sua opinião, muitas resistências do cliente podem ser devidas a "certa rigidez, artificialidade e discrição certinha" no analista, ou seja, a uma atitude que não oferece a "ressonância empática" essencial (Kohut, 1977, p. 255). A seguinte citação mostra até que ponto Kohut modifica a regra da abstinência:

> Se, por exemplo, as insistentes questões de um cliente são as manifestações transferenciais da curiosidade sexual infantil, essa reação da infância mobilizada não deverá ser frustrada, mas, ao contrário, se delineará com maior clareza se o analista, ao *responder primeiramente* às questões e só depois mostrar que suas respostas não satisfizeram o cliente, não cria rejeições artificiais da necessidade do analisando de receptividade empática (Kohut, 1977, p. 252-253).

Gostaria de comentar aqui que mesmo psicanalistas modernos que assumem postura bastante crítica em relação às ideias de Kohut (p. ex., Thomä, 1981) têm se perguntado por que o famoso conselho de Freud de que o analista deveria permanecer "opaco para os analisandos" jamais foi questionado e tem sido aplicado tão literalmente por sucessivas gerações de analistas. Em resposta a essa questão, Thomä formula a hipótese de que os psicanalistas, sendo muitas vezes confrontados com as várias seduções de uma situação complexa, tendem a apreciar tais recomendações, que oferecem um chão firme para sua difícil empreitada (Thomä, 1981, p. 46). É interessante que o próprio Freud nem sempre se comportou em adesão rigorosa às suas regras psicanalíticas e, ironicamente, se deveria chamá-lo de o primeiro "dissidente" da ortodoxia psicanalítica. Cremerius, portanto, é da opinião de que Freud, como médico, tem sido fundamentalmente excluído da discussão sobre a técnica que tem agitado tanto nos institutos de treinamento psicanalítico (Cremerius, 1982, p. 496). Freud, claro, usou várias ferramentas (sugestões, conselhos pedagógicos e outros, consolação, partilha de suas convicções pessoais, envolvimento de sua própria pessoa), o que não era, em rigor, analítico (Cremerius, 1982, p. 496). Ele também não tentou ocultar de seus seguidores sua abordagem aberta, liberal e pouco convencional da análise; oficialmente, porém, advertiu-os de fazer a mesma coisa. Ele escreveu: "Eu pensei que o melhor fosse demonstrar o que não se deveria fazer. Queria chamar a atenção para aquelas tentações que são contraproducentes à análise"; em seguida, porém, Freud acrescenta: "Como resultado, os discípulos obedientes não compreenderam a flexibilidade dessas orientações e a elas se entregaram como se fossem um decreto proveniente de um tabu. Um dia isso deverá ser revisto" (carta a Ferenczi, 1928, como citado em Cremerius, 1982, p. 503).

A observância estrita das regras psicanalíticas às vezes trouxe tal rigidez ao relacionamento entre analista e cliente (esse aspecto inspirou inúmeras caricaturas sobre o tema da psicanálise!) que Paula Heimann sentiu-se impelida a publicar um ensaio intitulado "Acerca da necessidade de o analista ser natural com seu cliente" (Heimann, 1978). Thomä também dedica um capítulo a "A arte de ser natural" (Thomä, 1981, p. 66ss.). Começando na década de 1950, tem havido uma tendência geral na psicanálise de atribuir mais importância à personalidade do analista – bem à parte dos aspectos ligados à transferência/contratransferência (Klauber, 1980; Little, 1957; Winnicott, 1947). Como bem se sabe, esse é um fator a que Jung atribuiu a maior importância o tempo inteiro.

Em um artigo, um psicanalista chegou ao ponto de questionar o valor da regra psicanalítica básica da livre-associação (Von Schlieffen, 1983). Ele sente que o cliente está sendo colocado em um impasse: de um lado, a regra segundo a qual ele deveria dizer livremente o que lhe viesse à mente interfere em sua autonomia. Contudo, ao mesmo tempo, exige-se que se comporte do modo o mais autônomo possível, ou até mesmo se torne independente mediante a análise:

> Alguns analistas realmente me dão a impressão de que o acordo da regra básica pretende acalmar seu próprio receio de que seu psicanalisando possa ter um segredo que ele abriga e conserva para si mesmo, não o partilhando com o analista. [...] Poderia acontecer que alguns

analistas ficassem contrariados ante a ideia de que não sabem tudo acerca de seus analisandos? (Von Schlieffen, 1983, p. 494ss.).

Essas reflexões nos levam de volta a Jung. Conforme se mencionou anteriormente, ele deixara de usar a regra básica desde 1912, após sua ruptura com Freud. Mas havia também outro axioma inviolável da psicanálise que ele teve de questionar – a ideia de que a transferência é o pré-requisito, o alfa e o ômega de toda e qualquer análise. No decurso de sua vida, Jung expressou opiniões muito contraditórias acerca da função terapêutica da transferência. Por exemplo, em 1935, escreveu:

> Uma transferência é sempre um estorvo, jamais uma vantagem. Cura-se apesar da transferência e não por causa dela. [...] Se ela não existir, tanto melhor; o material surgirá da mesma forma. Pois não é isso que possibilita a abertura do paciente; toda a revelação que se quiser ter estará encerrada nos sonhos (OC 18/1, § 349, 351).

Contudo, em 1946, publicou um estudo detalhado sobre esse tema, intitulado *A psicologia da transferência*, no qual encontramos a seguinte mensagem: "Creio que não é exagero supor que praticamente todos os casos que requerem tratamento prolongado gravitam em torno do problema da transferência. Além disso, ao que tudo indica, o êxito ou o fracasso do tratamento tem, no fundo, muito a ver com ela" (OC 16/2, p. 46). Há outra passagem no mesmo livro que parece oferecer um meio-termo entre essas duas posições extremas:

> Apesar de eu ter, inicialmente, atribuído uma importância suprema à transferência, como Freud, tive que reconhecer, à medida que as minhas experiências se multiplicavam, que até esta importância é relativa. A transferência pode ser comparada àqueles medicamentos que para uns são remédio e, para outros, puro veneno (OC 16/2, p. 46).

Jung não parecia muito interessado em lidar com a transferência em seus clientes por meio de interpretações detalhadas e diferenciadas. No entanto, ele foi o primeiro a descobrir um potencial inerentemente terapêutico na contratransferência do analista. Seu discernimento em rastrear a dimensão arquetípica dos fenômenos da transferência contribuiu profundamente para a compreensão deles. Até hoje, porém, a forma "clássica" da análise junguiana concentra-se de modo quase exclusivo nos conteúdos do inconsciente tal como se manifestam em sonhos e fantasias, ou seja, no diálogo intrapsíquico entre o eu e o inconsciente. Isso inclui uma acurada observação do sentido dos sonhos para a atitude consciente do analisando. Todavia, os conteúdos do inconsciente podem também ser influenciados pela atmosfera do "campo terapêutico" e pelas manifestações transferenciais/contratransferenciais. Os junguianos "clássicos" prestam pouca atenção a esse campo da experiência analítica, e o que está acontecendo no nível interpessoal permanece intacto com demasiada frequência, para não dizer inobservado. Isso apesar de Jung, às vezes, ter comparado a intensidade da transferência a uma reação química e ter dito: "Quando duas substâncias químicas se ligam, ambas se alteram" (OC 16/2, § 358).

Há muitos analistas junguianos que tentam tornar-se mais sensíveis às implicações clínicas dos fenômenos da transferência/contratransferência. Essa tendência refletiu-se em várias publicações (p. ex., Asper, 1987; Dieckmann, 1971, 1973; Fordham, 1957, 1960; Jacoby, 1984; Schwartz-Salant, 1982; Schwartz-Salant & Stein, 1984). Minha própria tentativa abaixo, ao relacionar formas narcisísticas de transferência com a abordagem junguiana, representa um esforço para refinar nossas "ferramentas" analíticas em benefício de nossos clientes[17].

Antes de continuar, gostaria de voltar a algumas ideias de Jung que podem ser relevantes para o tratamento de transtornos narcíseos. Nessa conexão, é interessante que Jung tenha escrito acerca da situação de transferência no caso de pessoas que, em suas palavras (ou antes, nas da psicologia do indivíduo de Adler), sofrem de "complexo de inferioridade acompanhado de uma necessidade com-

---

17. Os leitores interessados em informar-se acerca das tendências na psicologia analítica, cf. Samuels (1985) e Stein (1982).

pensatória de autoafirmação". Em tais casos, pensava ele, a transferência será ou negativa ou inexistente, porque há demasiado pouco relacionamento com o "tu". Em uma nota de rodapé, no entanto, Jung tenta relativizar sua afirmação:

> Isso não significa que em tais casos jamais se estabeleça uma transferência. O modo negativo da transferência, sob a forma de resistência, antipatia e ódio, confere de imediato uma importância considerável – ainda que negativa – ao tu, e esforça-se de todas as maneiras por colocar entraves ao caminho da transferência positiva (OC 16/2, p. 47).

Curiosamente, a princípio, os analistas também presumiam que, em casos de transtorno narcisístico, a transferência não pode desenrolar-se, porque a libido do cliente investiu sua própria pessoa. Visto que a interpretação e o lidar com a transferência representam o alfa e o ômega do método psicanalítico, costumava-se considerar tais casos como não analisáveis.

Às vezes, de fato parece que, na análise de determinadas personalidades narcisísticas, não se desenvolveria absolutamente nenhuma transferência, já que o cliente quase não presta atenção ao analista como pessoa; o analista, por sua vez, amiúde se sente depreciado[18]. Kohut, no entanto, descobriu

---

18. Inclino-me a concordar com Kernberg quando escreve que a depreciação do analista é uma defesa contra o risco de tornar-se dependente. Tornar-se dependente dos outros é, de fato, o maior

que a transferência está acontecendo mesmo assim, embora não seja direcionada ao analista como pessoa, mas antes à função nele que o analisando exige o mais urgentemente possível para a manutenção de seu equilíbrio narcísico ou, no fim de contas, para a maturação de seu si-mesmo.

Em grande parte, foi graças a Kohut que as formas de transferência narcisística foram descobertas, tornando possível aos psicanalistas tratarem os distúrbios narcisísticos da personalidade de maneira eficaz. Ele ressaltou duas formas principais de transferência que encontrou quando lidou com transtornos narcísicos da personalidade: "a transferência especular" e a "transferência idealizadora". Em seu livro (Kohut, 1984, p. 192ss.), ele também discute uma terceira forma de transferência do "si-mesmo-objeto", a saber, a "transferência gêmea". Ele já a mencionara em 1971, considerando então que era apenas um subtipo da transferência especular.

Em todo caso, pessoalmente creio que as transferências do si-mesmo-objeto descritas por Kohut são muito importantes para o tratamento dos transtornos narcísicos da personalidade. No que se segue, gostaria de tentar mostrar essa relevância apresentando exemplos de minha própria ex-

---

receio de pessoas que sofrem de transtornos narcísicos da personalidade; essa opinião corresponde parcialmente à de Jung (Kernberg, 1975).

periência terapêutica e comparar a abordagem de Kohut com a de Jung.

Transferência especular

Conforme já expusemos, Winnicott, Kohut, Neumann e outros observaram que o espelhamento do bebê pela mãe deve ser visto como a constituir a base sobre a qual repousarão os sentimentos de identidade e autovalor do adulto. Winnicott escreve:

> O que o bebê vê quando olha para o rosto da mãe? Estou sugerindo que, normalmente, o que o bebê vê é a si mesmo. Por outros termos, a mãe está olhando para o bebê, e sua aparência está ligada ao que ele vê ali (Winnicott, 1971, p. 112).

Pessoas com problemas narcisísticos costumam ter uma "imagem especular" mais ou menos distorcida. É como se sua verdadeira pessoa não fosse jamais refletida de modo adequado pelo ambiente. Esse reflexo distorcido foi formado na primeira infância e influencia inconscientemente a maneira pela qual elas se sentem em relação a si mesmas. Assim, é tarefa do analista compreender aos poucos, mediante a empatia, a ferida específica no cliente, pelo que sonhos podem fornecer dicas importantes a respeito do pano de fundo inconsciente. Como reação à atitude empática do analista, o cliente frequentemente forma a assim chamada "transferência especular". É como se a necessidade básica do bebê de ser espelhado pelo "brilho nos olhos da mãe" fosse reativada e transferida para o analista.

O conceito de transferência especular de Kohut não deveria ser confundido com a famosa comparação com o espelho de Freud, usada ao dar conselho ao analista: "O médico deve ser opaco para o analisando, e, tal como um espelho, não mostrar senão o que lhe é mostrado" (Freud, 1912b, p. 118, trad. bras.: p. 119). Conforme já mencionado, o próprio Freud não seguiu com tanto rigor essa norma, e a ideia do analista agindo puramente como um espelho desde então tem-se demonstrado ilusória. A presença humana do analista é suscetível de influenciar o cliente, e suas interpretações sempre contêm parte de sua própria personalidade.

Kohut cunhou a expressão "transferência especular" para representar sua observação de que, às vezes, determinados clientes experimentam o analista como se fosse nada mais que um espelho de seu próprio si-mesmo. Eles repetem, em relação ao analista, experiências que remontam à primeira infância, quando a mãe e sua função ainda não eram sentidas como separadas do próprio si-mesmo deles. É óbvio que, em um nível puramente cognitivo, todo cliente será capaz de perceber o analista como outra pessoa. Contudo, em um nível emocional e em vários graus de intensidade, isso não o impedirá de experimentar o terapeuta como nada mais que uma parte de seu próprio mundo de fantasias e necessidades. Em minha experiência, determinados clientes adotam – a princípio, de maneira muito inconsciente – uma atitude de expectativa que pode, com bastante razão, ser caracterizada como transferência especular. Sendo uma transferência especular, o cliente contará com ressonância empática da parte de seu analista ao mais leve de seus enunciados. Quer ser ouvido, visto, compreendido e, talvez, até mesmo admirado. Mas também espera, na verdade, que o analista esteja "ali" apenas e exclusivamente para ele e para ninguém mais. Fora do relacionamento deles, o analista praticamente não deveria existir.

Podemos lembrar que Winnicott descreveu fenômenos muito semelhantes sob o termo "sustentação". Ele observou que, para clientes com ferida tão precoce, o estabelecimento de um ambiente analítico é mais importante do que qualquer interpretação (Winnicott, 1955, p. 297). O comportamento do analista deveria *ser suficientemente bom para adaptar-se às necessidades do cliente* – de maneira análoga ao que a mãe teve de fazer em sua infância. Isso permite ao cliente perceber a presença do terapeuta "como algo que desperta uma esperança de que o verdadeiro si-mesmo possa, enfim, ser capaz de assumir os riscos envolvidos no momento em que começa a experimentar viver" (Winnicott, 1955, p. 297). De maneira bastante compreensível, Winnicott também escreve que esse trabalho é muito exigente, "parcialmente porque o analista deve ter sensibilidade para as necessidades do cliente e um desejo de oferecer um ambiente que satisfaça tais necessidades" (Winnicott, 1955, p. 297). Kohut formula conselho semelhante a respeito do trato com clientes que têm formada uma transferência especular, quando enfatiza a necessidade de uma reação empática sem nenhum matiz de moralização.

Parece-me que Kohut tem razão em advertir da adoção de postura moralizante, na medida em que instintivamente podemos querer fixar limites às indefinidas exigências que emergem por meio da transferência especular. O analista pode ter dificuldades em resistir a ficar aborrecido com um cliente que se comporta como se fosse a única pessoa no mundo – apenas suas necessidades importam, nada mais existe fora de si mesmo. Tanto egoísmo e egocentrismo estão, claro, em discórdia com nossa visão "cristã" geral, que atribui grande valor a uma atitude de responsabilidade social e de respeito pelas necessidades dos demais – pelo menos em teoria. A maioria dos clientes internalizou também esse sistema de valores e, assim, principalmente no começo da análise, irá defender-se contra suas imensas demandas, às vezes chegando ao ponto de negar a própria existência delas. Um cliente, então, sentirá que não tem, em absoluto, nenhum direito de fazer quaisquer exigências. Pelo contrário, sentirá que deveria ser grato ao analista por, em todo caso, dar-se ao trabalho de ocupar-se com ele. Contudo, no fundo de sua mente, muitas vezes abriga a fantasia de que não é preciso expressar seus desejos, esperanças ou preocupações, porque o analista adivinhará tudo e miraculosamente compensará suas deficiências. Existe, portanto, uma demanda excessiva por reação empática, às vezes em nível pré-verbal – uma fantasia, por exemplo, de que o cliente forma um só "corpo e uma só alma" com o analista. Tal expectativa, em geral, deve-se ao fato de que houve sérias insuficiências na primeira infância, uma falta grave de "ajuste" entre as necessidades simbióticas básicas da criança e a reação da mãe. Tais necessidades, então, sobrevivem de forma demasiado enfatizada em segundo plano – e estão, naturalmente, ligadas a uma vulnerabilidade hipersensível. O cliente pode, assim, sentir-se magoado só por precisar esperar cinco minutos, por ouvir o terapeuta rindo com outro psicanalisando, pelo analista parecer não estar ouvindo com bastante atenção e esquecer-se de um detalhe do que o cliente já lhe disse antes etc.

O analista deve ter em mente que esses pequenos inconvenientes podem desencadear no cliente dores de grande intensidade. A necessidade do analisando de ressonância empática, portanto, deve ser levada em conta com seriedade, porque, do contrário, ele pode ser invadido, de imediato, por paralisantes dúvidas sobre si mesmo. Ademais, o "clima" da análise terá influência terminante sobre se o cliente será, pouco a pouco, capaz de expressar, em alguma medida, a mágoa causada, por assim dizer, por questões aparentemente tão triviais. No começo, o cliente evitará de modo mais ou menos consciente mencionar esse tipo de questão por receio de perder a atenção do analista. Com muita frequência, a mágoa não terá nem sequer permissão para alcançar a consciência do cliente e só se expressará indiretamente, ou seja, por meio de um repentino acesso de mau humor ou de um aumento dos sentimentos de inferioridade, vergonha e isolação. É, pois, tanto mais importante que o analista facilite, por meio de cuidadosas dicas interpretativas, a capacidade do cliente de entrar emocionalmente em contato com sua mágoa e reviver o incidente que provavelmente a provocara. Tal percepção pode vir como um alívio, mas ao mesmo tempo levará muitos clientes a sentirem-se envergonhados de forma dolorosa, uma vez que consideram tal vulnerabilidade "ridículo" sinal de fraqueza pessoal. Para ajudar os clientes a aceitarem sua vulnerabilidade vigente, às vezes uso a seguinte comparação: "Por mais que apreciemos que nossa pele seja acariciada, a mesma carícia causará dor tão logo toque em um ferimento".

Podemos considerar que foi dado um passo positivo na terapia de distúrbios narcisísticos uma vez que a transferência especular tenha sido formada e as exigências e mágoas relacionadas aos primeiros ferimentos possam ser percebidas, experimentadas e expressas pelo cliente. Contudo, o próprio equilíbrio narcisístico do analista pode ser colocado à prova quando descobre que um de seus enunciados, determinado gesto, negligência de sua parte ou alguma outra questão banal provocou mágoa narcisística no cliente. Afinal, está dando o melhor de si, e seu melhor, mesmo baseado na empatia mais delicada, jamais parece ser bom o bastante! Contudo, o analista não deveria, se possível, tomar isso como mágoa narcisística pessoal. A compreensão empática das frustrações experimentadas pela criança carente no cliente pode ajudá-lo a lidar com seus próprios sentimentos de mágoa. Isso não significa, em minha opinião, que o analista deveria deixar-se tiranizar indefinidamente. Ele não pode restituir os cuidados maternais bons o suficiente de que careceu o cliente na infância. Ele não é a mãe, e o analisando não é um bebê. Em última instância, o analista não pode fazer nada mais do que tentar estimular a capacidade do cliente de ajudar a si mesmo. Embora se relacione de maneira empática tanto com a necessidade do cliente de espelhamento quanto com a mágoa e os desapontamentos resultantes dessa mesma necessidade, o analista na verdade exerce uma função de "sustentação" (cf. Winnicott). Ele intermedeia uma atitude de tolerância e de compreensão respeitante às manifestações espontâneas que normalmente não seriam aceitas pelo cliente, criando, assim, um "ambiente" analítico facilitador (cf. Winnicott) –, mas tudo isso está limitado a determinados períodos de tempo dentro da moldura terapêutica. Um desenvolvimento positivo dependerá de até que ponto o cliente é capaz de internalizar a atitude do analista de tolerância e gradualmente aprender a relacionar-se com seus próprios impulsos, necessidades e mágoas de maneira compreensiva – suportando o risco de ou separar-se deles ou realizá-los. Se isso acontecer, sua capacidade de lidar de modo consciente com seus problemas terá aumentado consideravelmente, e ele pode descobrir, com o tempo, a atitude que – conforme diz Jung – permite "a cooperação do inconsciente em vez de sua oposição" (OC 16/2, § 366).

Contudo, no exercício de sua profissão, o analista também encontra pessoas que têm um terror pânico de sua necessidade de serem espelhadas e que, portanto, opõem forte resistência a ela. Jamais admitirão ter sentido tal necessidade – para si mesmas ou para os outros. Sua experiência de dependência e de desamparo da primeira infância deve ter sido traumatizante a tal ponto que nada as apavora mais do que se tornar dependentes de novo. Na análise, tal atitude defensiva pode manifestar-se, por exemplo, quando clientes argumentam contra qualquer tentativa do analista de compreender sua situação interior. Basicamente rejeitam qualquer coisa que o analista diga, com toda uma escala de possíveis variações que vão do responder "Sim, mas" ao ignorar ou não ouvir o que está sendo dito, ou até repreender abertamente o analista por fazer interpretações tão incompetentes e inúteis. Em todo caso, o analista jamais pode fazer algo "certo". Jamais lhe é permitido oferecer espelhamento ou compreensão autêntica, porque isso implicaria proximidade, e tais pacientes, assim, correriam o risco de serem apanhados na armadilha das dependências. Por conseguinte, eles devem desvalorizar constantemente o analista e suas tentativas de compreendê-los de maneira empática[19]. Muitas vezes gosto de comparar tal comportamento ambivalente ao de certas princesas de contos de fadas que mantêm seus pretendentes a distância ao propor-lhes enigmas insolúveis e ameaçam matá-los caso sejam incapazes de resolvê-los (Jacoby et al., 1978/1980, p. 161ss.). Se, porém, um pretendente consegue miraculosamente resolver o enigma da princesa, ela se sente humilhada e insultada apesar de seu arraigado desejo de redenção mediante o amor. Ela, então, precisa inventar outras maquinações e estender armadilhas adicionais que

---

19. A tendência manifestada por pessoas que sofrem de narcisismo patológico a desvalorizar outras pessoas e, como seria natural, também seu analista foi descrita principalmente por Kernberg. Ele interpreta-a como defesa contra a inveja arcaica e contra o medo de tornar-se dependente.

deveriam trazer a morte para seu pretendente tão logo ele tentasse aproximar-se dela. Exige-se muito esforço da parte do pretendente antes que a princesa seja capaz de render-se a seus verdadeiros sentimentos – ao verdadeiro si-mesmo, por assim dizer. Isso implica que ela deve renunciar a seu orgulho e tornar-se um pouco compassiva. Por outras palavras, a identificação com o si-mesmo ostentoso precisa ser dissolvida. Isso é exemplificado pela analogia de um conto de fadas norueguês (*The Comrade* ["O Companheiro"]) no qual o pretendente decapita o espírito da montanha que se apossara da princesa até então. O "espírito de onipotência" ao qual ela estivera subjugada perde seu poder. Até aquele momento, o espírito havia-a convencido a crer que ela não precisava de cuidado e de espelhamento dos outros. Em minha experiência, esse tipo de problema é muito resistente à terapia, uma vez que toda tentativa de aproximar-se do cliente ou de compreendê-lo é "decapitada". Caberá, então, à intuição do analista resolver o enigma redentor. Em certos casos, um sonho pode levar o analista à trilha certa, desde que o cliente seja capaz de permitir que seu impacto seja experimentado. Na maioria dos casos, porém, o analista estará condenado a permanecer ineficaz – condenado a ser "decapitado".

Podemos lembrar aqui que, em geral, o sucesso ou o malogro da psicoterapia dependerá de o cliente estar ou não disposto a colaborar com o analista, e se é capaz de fazê-lo apesar de medos e resistências ocasionais. Obviamente, o analista tentará, até onde for possível, mediante sua atitude e sua interpretação, remover os obstáculos que possam impedir a colaboração. No entanto, qualquer tentação de abrigar fantasias de onipotência em questões de psicoterapia será refreada repetidas vezes pela própria realidade da resistência do cliente. Não temos escolha senão reconhecer esses limites de nossa eficácia terapêutica.

A atitude empática em que Kohut, com muita razão, insiste jamais deveria assumir a forma de um preceito absoluto; se a empatia se torna um dever do analista, terá efeito contraproducente. Penso que é essencial que as ações genuínas e espontâneas do analista a seus clientes não sejam supressas, nem mesmo reprimidas, pela máxima de uma "atitude terapêutica continuamente empática" – a todo custo. Não deveríamos esquecer que muitos de nossos clientes foram ludibriados em idade precoce, com desculpas conscientes ou inconscientes e falsas consolações. É claro que pais que não conseguem estar em contato com sua própria "verdade interior" normalmente são incapazes de criar um verdadeiro relacionamento com o filho, não importa o quanto suas intenções sejam boas. Tais clientes foram, assim, arrastados para a rede da falsidade existencial que estava prendendo sua família. É, pois, da maior importância que, na análise, eles sejam capazes de apoiar-se na *autêntica natureza* do cuidado do terapeuta. Isso também significa que o analista não deveria substituir a verdadeira empatia por uma gentileza e simpatia rotineiras.

Pessoalmente, estabeleci mais ou menos como uma regra em meu trabalho não apresentar uma interpretação ou uma reação antes que eu mesmo experimente uma "reação instintiva" ao que o cliente disse. Do contrário, se uso apenas minha mente, corro o risco de fazer intervenções vazias e rotineiras. Contudo, às vezes isso causa dificuldades, particularmente nos casos de transferência especular. Lembro, por exemplo, de um cliente que estava falando a respeito de um assunto bastante delicado, e eu não conseguia descobrir, naquele exato momento, uma reação ou interpretação conveniente ou adequada – então tive de esperar e deixar que o que ele dissera calasse profundamente em mim. Ao mesmo tempo, porém, fiquei perturbado pela crescente consciência de que algum tipo de reação, uma "ressonância empática" era necessária ali e naquele momento, do contrário o paciente se retiraria à sua carapaça. No entanto, nada me veio, e ficamos em silêncio por um momento. Àquela altura, já havíamos tratado de modo bastante adequado seus medos de provocar minha rejeição sempre que ele fazia observações críticas. Assim, agora ele era capaz de observar timidamente que, de repente, sentia como se estivesse falando a uma parede de tijolos. A isso, pude replicar que seu sentimento correspondia ao meu próprio desconforto por não ter à mão uma resposta adequada, não obstante minha consciência de que ele precisava urgentemente de uma. Disse-lhe que eu precisava deixar penetrar fundo o que ele dissera antes de ser capaz de dar-lhe uma interpretação baseada em compreensão autêntica. O entreato também trouxe um ganho terapêutico, uma vez que ele teve de reconhecer uma parte de minha própria autonomia pessoal – isso é um passo importante na transformação gradual de uma transferência especular.

Gostaria de comentar um pouco mais a respeito dos fenômenos ligados à transferência especular dando outro exemplo do exercício de minha profissão. Já mencionei (p. 264s.) o caso do jovem pintor que era atormentado, algumas vezes, por fantasias inflacionárias e por raiva narcisística. No começo da análise, ele parecia uma flor delicada que murcharia ao mais leve toque. Falava com uma voz quase inaudível, e lembro-me de como, em reação a ele, minha própria voz também assumiu um tom mais baixo e suave à medida que eu estava formulando cuidadosamente algumas interpretações provisórias. Essa era uma reação empática que surgiu em completa espontaneidade – algo que muitas vezes acontece se tentamos chegar ao mundo do cliente. Isso não obstante, ou talvez precisamente por essa razão, meu cliente logo teve o seguinte sonho:

> *Eu estava sentado na sala de meu analista (Sr. J.). Ele estava sentado perto de mim, usando um lápis vermelho para traçar linhas no caderno que usa para fazer anotações a meu respeito. Estava desenhando as linhas começando de baixo para cima da página, em*

seguida, de cima para baixo, acrescentando-
-lhes várias flechas. Fazia isso porque queria
organizar meus sonhos e declarações em torno de um centro: em torno de minha pessoa.
"Ele está me prendendo em uma armadilha",
pensei, "está me definindo, me limitando,
visto que todas as pessoas se movem dentro
de um círculo do qual não conseguem escapar; ninguém pode ir além do que é". E as
linhas desenhadas por meu analista de fato
estavam se tornando cada vez mais como um
círculo, que finalmente se fechou. O Sr. J.
usara meus sonhos para forçar-me a entrar
em um círculo: problemas sexuais, além de
problemas religiosos, inteligência correspondente etc. – esse sou eu.

Mas de repente, o círculo transformou-se
em um rosto magro, pálido – em meu próprio rosto. No começo não havia muita seme-
lhança, mas em seguida tornou-se cada vez
mais parecido comigo. Meu analista enfim
perguntou-me se alguma vez eu já percebe-
ra que minha têmpora esquerda é consideravelmente mais curta do que a direita. Digo
que sim, mas lhe conto ao mesmo tempo que,
quando estou falando com alguém, prefiro
virar o lado direito de meu rosto para essa
pessoa, porque parece mais bonito e mais
masculino do que o esquerdo. Digo que meu
rosto era casualmente irregular, e, embora eu
pareça bastante atraente do lado direito, sou
feio quando visto do lado esquerdo. Também
prefiro ver o lado direito de meu próprio rosto
no espelho etc. Essa é a razão provável por
que minha têmpora esquerda agora tornou-se
demasiado curta.

Esse sonho fornece evidências dos sentimentos de transferência ambivalentes do analisando. De um lado, sente que está sendo "preso em uma armadilha" por mim, delimitado e despojado de sua independência. De outro, porém, estou sentado perto dele, o que não corresponde ao nosso cenário real, face a face; os sonhos mostram esse tipo de variação, que é muitas vezes de sentido específico. De acordo com seu sonho, meu cliente inconsciente parece sentir que ainda estou "ao seu lado". A imagem que desenho também parece corresponder sempre mais à autoimagem que ele vê no espelho. Ele parece aceitar que eu seja capaz de "compreendê-lo", que possa até mesmo ver seu lado esquerdo, "feio", e me dirija a este. Isso permite o desenvolver-se de uma "aliança terapêutica", no sentido de que podemos discutir seus problemas abertamente. Ele é capaz de expressar o descontentamento que experimenta pela assimetria em sua imagem especular. De fato, o analisando tinha sempre medo de mostrar o lado "esquerdo" de seu rosto, ou seja, de perder seu prestígio ao comportar-se de modo desastrado e, assim, sentir-se terrivelmente envergonhado de si mesmo. Ele crê que, se não se manifestar apenas do lado "direito", e talvez até mesmo adotar uma atitude "direita", ele parecerá inumano e será rejeitado, em especial por mulheres. Em razão de sua têmpora mais curta, ele é demasiado fraco para "arrostar" as coisas e deve sentir-se pequeno e feio. Seu sonho pode ser compreendido mais ou menos nessas linhas. O elemento mais importante, porém, é sua confiança em que o analista possa eventualmente reconhecê-lo e compreendê-lo.

A paz entre nós durou até que, na próxima fase, sua raiva narcisística começasse a inflamar-se. Com cada vez mais frequência, era dominado por explosões de raiva pelo fato de sua vida não passar de uma merda. Costumava enraivecer-se pelo fato de seus brilhantes talentos artísticos não serem reconhecidos o bastante e estava cheio de amarga inveja daqueles que haviam "conseguido", embora, em sua opinião, fossem muito menos talentosos do que ele. Foram bem-sucedidos somente por causa do dinheiro ou de seus pais influentes. Ele via em tudo isso uma prova da corrupção de nossa sociedade, contra a qual ele estava cheio de rancor. Basicamente, ficava enfurecido porque o mundo não era do jeito que ele o imaginava ser e não satisfazia suas necessidades. Acusava o destino, sentindo que este não o favoreceu bastante, rejeitou-o, de fato, não obstante sua unicidade pessoal. Tudo isso significava um terrível golpe em sua visão narcisística do mundo.

Não me foi fácil suportar constantemente suas tiradas, ainda que não fossem direcionadas contra mim. Sendo sincero, eu tinha a sensação de ter sido reduzido a um tipo de caixa de ressonância que estava ali por uma única razão: amplificar e ecoar sua raivosa retidão. Quando tentei empatizar-me com sua situação, pude entender que, em termos terapêuticos, provavelmente era-lhe bom desopilar. No entanto, para mim era difícil ter paciência com sua agressão infrutífera, e não conseguia evitar sentir certa raiva. Mas, acima de tudo, sentia-me frustrado porque ele agora estava a fazer ouvidos mou-

cos a qualquer interpretação; o mais leve questionamento apenas aumentava sua raiva. Ele construíra uma resistência extremamente agressiva contra qualquer tentativa de favorecer ou diferenciar seu ponto de vista consciente. Um mundo asqueroso estava sendo responsabilizado por toda a sua miséria, e eu estava sempre correndo o risco de ser identificado com o inimigo lá fora tão logo não assentisse a tudo o que ele dissesse. Como é lógico, eu não podia fazer isso e costumava oferecer-lhe interpretações tais como: "Eu realmente compreendo por que você está tão zangado: você voltou à 'zona envenenada'". Ele sabia a que a expressão "zona envenenada" estava se referindo, de modo preciso, a uma fase em sua infância na qual ele sofreu de problemas alimentares em decorrência de seu medo de que sua mãe o quisesse envenenar. Isso o aliviou por um momento, mas realmente não o proveu de uma perspectiva mais ampla em relação à sua raiva. Permanecia sempre o risco de que ele interromperia a análise tão logo eu me tornasse parte do mundo inimigo. No entanto, com toda a honestidade, eu não podia negar – pelo menos para mim mesmo – meu real desejo de que ele deixasse de vir, visto que me sentia distanciado dele e absolutamente impossibilitado de qualquer solução. Seu comportamento agressivo também criava dificuldades para sua carreira profissional, o que apenas alimentava sua raiva, dado que ele queria ser amado pelos outros apesar de seu ódio. Chegou um ponto em que me senti quase disposto a desistir de minha "atitude empática" analítica; eu deveria entender que ele estava sofrendo de intensas tensões narcisísticas e que, naquele momento, precisava da raiva como um escape. Ponderei se não seria melhor para ambos os parceiros pôr fim a uma análise que se tornara estéril. Um dia, porém, ele veio a uma sessão com o seguinte sonho: ele estava em um deserto, como o Saara. De repente, a areia tornou-se macia, e ele afundou cada vez mais profundamente nela até que, enfim, mesmo sua cabeça estava coberta pela areia, ficando apenas os dois braços estendidos, acenando por ajuda. Acordou com um medo intenso disso.

Achei o sonho bastante alarmante, mas ao mesmo tempo senti-me quase contente por ele ter sido forçado a experimentar o medo e a compreender que ele não era imortal – posto que seu si-mesmo ostentoso negasse suas limitações. Entretanto, o principal impulso que experimentei foi o de pegar essas mãos, por assim dizer, e tentar puxá-lo para fora da areia que o estava abismando. Senti que agora precisava "lidar" com seu problema de maneira absolutamente ativa. Dado que ele estava assustado com esse sonho, enfim pôde dar-me uma oportunidade de ser ouvido. Consegui mostrar-lhe como ele estava afundando cada vez mais profundamente em suas ilusões acerca da vida e a respeito de seus talentos extraordinários, colocando "areia nos olhos" a um grau perigoso. Disse-lhe também como me sentira manipulado para o papel de ouvinte impotente. Claro, acrescentei que eu podia empatizar com essas defesas e compreendê-las, pois podem ter sido necessárias desde sua infância. Agora, porém, como mostrou o sonho, elas se tornaram destrutivas. Contei-lhe a respeito de minha convicção de que, se ele pudesse abandonar as ilusões que estavam lhe desencadeando tanta raiva, descobriria em si mesmo talentos genuínos e valores reais. Mencionei em detalhes precisos alguns dos potenciais que verdadeiramente sentia que ele possuía.

O paciente deixou a sessão completamente destroçado e voltou na próxima vez dizendo que muito duvidava se voltaria ver-me, mas depois de algum tempo achou que seria a sessão mais decisiva. Por fim, disse ele, tivera de compreender que sua situação era tal qual como eu a interpretara. Por muito tempo depois disso, vez ou outra ele aludia ao fato de que aquela sessão significara realmente uma ruptura decisiva em sua vida ou, antes, fora o começo de uma nova fase.

Com muita razão, ele também me perguntou, de modo um tanto reprovador, por que não lhe dissera mais cedo como eu me sentia a respeito dele e de seu comportamento. Admiti meu crescente desassossego e até mesmo meus sentimentos de culpa por decepcioná-lo. (É importante não comportar-se de maneira justa em relação ao si-mesmo ostentoso. Em minha opinião, deve-se reconhecer os pontos nos quais o psicanalisando está com razão, pelo menos em parte, e confirmar sua opinião.) Pudemos, então, discutir suas defesas contra qualquer intervenção de minha parte. Finalmente, ambos tivemos um sentimento de gratidão para com seus próprios recursos inconscientes que forneceram aquele sonho como um ponto cristalizador para uma mudança em nossa atitude.

Esse acontecimento, é óbvio, não eliminou completamente sua raiva – é difícil isso ser possível em tal caso. Contudo, pouco a pouco ele foi descobrindo sua capacidade de deixar que boa parte da agressividade fosse expressa na arte e tornou-se cada vez mais bem-sucedido como artista. Naturalmente ele ainda se sentira frustrado com frequência. Seu sucesso jamais poderia satisfazê--lo o bastante e nunca era tão espetacular quanto gostaria. Apesar disso, um processo havia começado no qual as tensões entre suas expectativas ostentosas e a assim chamada realidade estavam diminuindo. Entretanto, elas permaneciam até certo ponto – o que, neste caso, pode até mesmo ter sido frutífero, visto que todas as suas atividades artísticas eram alimentadas por tais tensões.

Em resumo, podemos dizer que a assim chamada transferência especular implica um potencial terapêutico na medida em que pode produzir certa transformação na autopercepção e na autovalorização do cliente. Pela primeira vez, muitos dos impulsos espontâneos – que até então tinham sido tabuizados ou rejeitados – podem encontrar reconhecimento por um "si-mesmo-objeto" (o analista) e pode, assim, aos poucos, serem aceitos pelo cliente. Em última instância, tudo é questão de conseguir uma sintonia com a verdadeira natureza do próprio ser único em suas limitações específicas. Tal meta apenas pode ser alcançada de maneira aproximada e, de modo especial, para pessoas narcisisticamente perturbadas, tudo depende de até que ponto elas terão a oportunidade e a capacidade de experimentar, primeiramente, um pouco de compreensão empática, espelhamento e reconhecimento de seu analista. A fim de aprofundar e diferenciar sua empatia, o analista também precisa de uma compreensão bastante boa da linguagem onírica, visto que os sonhos refletem o mundo interior e a dinâmica inconsciente de uma pessoa. Os analistas junguianos, porém, que desenvolveram habilidades especiais para interpretar sonhos, deveriam levar em conta o fato de que, sempre que a transferência especular se situa no primeiro plano, o "como" da interpretação deles é de importância terminante. Dito com outras palavras, é terapeuticamente contraproducente lançar à cara do cliente, por assim dizer, a "verdade" expressa por um sonho (pelo menos na opinião do analista), sem ponderar cuidadosamente sua vulnerabilidade. Em geral, a maneira de lidar com sonhos – cuja mensagem simbólica é, por natureza, sempre múltipla – exige muita sutileza. No caso da transferência especular, também se exige grande sensibilidade ao avaliar quanto o cliente é capaz de tolerar.

Transferência idealizadora e fantasia arquetípica

De acordo com Kohut, a forma de transferência que ele chama de "idealizadora" está baseada no fato de que, para a formação de um si-mesmo nucleal, o bebê precisa não somente do espelhamento adequado de sua existência pelo si-mesmo-objeto (pai ou mãe), mas também precisa experimentar os pais como todo-poderosos e oniscientes. Contudo, visto que nessa fase as figuras parentais dificilmente são distinguíveis do próprio si-mesmo do bebê, a perfeição deles também significa sua própria perfeição, e o bebê está fundido com a "onipotência dos pais". Nos escritos de Kohut (1971, 1977), a diferenciação entre a transferência especular e a idealizadora parece bastante clara. Enunciando-o de modo simples, poderíamos dizer que a transferência especular encontra-se sob a seguinte máxima: eu existo como o centro do mundo, e você é meu espelho a confirmar e refletir minha existência; você está aqui apenas e exclusivamente para mim e é, assim, parte de mim mesmo. Em contrapartida, a máxima subjacente à transferência idealizadora seria: você é o centro (perfeito?) do mundo e eu existo na medida em que sou uma parte de você. Ambas as formas de transferência têm sua fonte na experiência da realidade unitária do bebê, da fusão entre o si-mesmo e o objeto; no adulto, porém, cada uma compensa, a seu próprio modo, a percepção predominante que alguém tem do seu si-mesmo.

Acredito, porém, que se podem observar fenômenos de transferência nos quais a diferenciação entre as duas formas não parece tão clara. Podemos pensar, por exemplo, em clientes que contam com a confirmação da parte do analista para todas as suas ações, na verdade, para quase todo pensamento. Parecem ter urgente necessidade dele como um espelho no qual possam perceber e experimentar a si mesmos como reais e tendo o direito de viver. Também exigem que legitime suas ações e ideias – experimentadas como parte do seu si-mesmo – para confirmar que estão certos e não errados, que são aceitáveis e não ridículos, bons e não maus. Vem-me à mente a rainha do conto de fadas *Branca de Neve*, que depende de seu espelho da mesma maneira e, apesar de sua ostentosa arrogância, tem de reconhecer que é seu "espelho, espelho meu" que parece ser onisciente, e não ela própria. Podemos, assim, perguntar-nos se não deveríamos também olhar, em determinados casos, para o *elemento idealizador* dentro da transferência especular. Sempre que se atribui ao analista uma função especular, ele pode tornar-se o critério pelo qual a verdade é medida. Em sua "infalibilidade", ele é revestido do poder de dar valor à existência do cliente, mas também de retirá-lo. Qualidades tais como infalibilidade, onipotência ou perfeição são noções ou ideias que se originam em nosso potencial arquetípico para a fantasia criativa; caso contrário, não se manifestariam na criança que, de modo inconsciente, enriquece a realidade de seus pais com essa fantasia. O adulto, porém, geralmente confere tais atributos a uma divindade – pelo menos em nível consciente. Na medida em que se atribui a muitos deuses uma forma humana, eles também simbolizam a experiência que a criança fez do si-mesmo-objeto onipotente, concebido como uma mistura entre fantasia e percepção da realidade.

Sempre que qualidades divinas estão sendo atribuídas ao analista, podemos certamente falar de uma transferência idealizadora ou, por outras palavras, de uma projeção de fantasias arquetípicas. Todavia, tal idealização ainda está sob a regra característica para a transferência especular: você, em sua onisciência, está aqui somente para mim, como meu espelho infalível, cujo reflexo me mostra que eu existo e indica-me quem sou e o que sou. O analista, então, existe apenas na medida em que sua "divina onisciência" é capaz de espelhar o mundo do cliente. Podemos, portanto, falar igualmente de uma idealização de sua função de espelhamento.

Ao apresentar um exemplo de minha própria experiência como profissional, gostaria de mostrar diversas facetas de uma transferência idealizadora na qual, porém, a idealização ficou confinada à minha função de espelhamento. Em terminologia junguiana, gostaria de dizer que as imagens arquetípicas estavam sendo projetadas sobre mim, o que me revestia de poder sobre-humano; mas sua raison d'être *["razão de ser"] era, ao que parecia, afetar meu cliente de várias maneiras. O analisando era um jovem que sofria de uma grave forma de agorafobia, juntamente com muitas dores psicosso-*

máticas não específicas. No começo da terapia, ele não me permitia estar "ali" como uma pessoa humana que estava tentando mitigar suas dores com intervenções possivelmente úteis. Tão logo eu tentava abrir a boca, ele levantava a mão em um gesto defensivo, e eu podia ler o pânico em seus olhos. Ele jamais interrompia o fluxo de suas queixas, e eu tinha de resignar-me à função de um tipo de muro das lamentações. Em contraste com o cliente antes mencionado, ele não me dava a sensação de que eu lhe era inútil. Ao contrário, eu sentia, de preferência, que ele me experimentava de maneira ameaçadora, como sendo alguém incrivelmente forte e onipotente. Às vezes era como se esperasse de mim o pronunciamento de sua sentença de morte – algo que poderia acontecer a qualquer dia. Por conseguinte, ele devia impedir-me de dizer absolutamente qualquer coisa. Um dia, assim do nada, ele gritou para mim: "O que quer que o sr. vá fazer comigo, uma coisa jamais lhe permitirei – tirar minha fé em Deus!"

De onde vieram esses temores, levando-se em conta que o cliente não podia ser diagnosticado como paranoico em sentido psicótico? Ele era o filho indesejado de uma mãe solteira e só foi capaz de experimentar o espelhamento de sua mãe em uma terrível distorção. Era como se o direito de viver não lhe tivesse sido concedido, e, no entanto, agarrava-se à vida com medo desesperado. Sempre ansiou por aconchego e abrigo, e depois esperou encontrá-los entrando em uma fraternidade religiosa. Também ali suas expectativas tinham sido desiludidas de maneira traumática. Quando começou a padecer de agorafobia e de outros sintomas, os irmãos interpretaram sua doença como castigo de Deus por não ter fé suficientemente forte em Cristo. Quando ele quis consultar um terapeuta, disseram-lhe que apenas Cristo poderia curá-lo e que todos os psicoterapeutas eram apenas pecadores mundanos interessados apenas em sexo e em outros assuntos sujos. Seus sintomas pioraram, e ele teve de abandonar a fraternidade e mudar-se para outra cidade. Armou-se de toda a coragem para consultar um terapeuta, apesar do veredicto da fraternidade.

Destarte, ele não podia ter certeza de que eu não fosse, afinal, um "pecador mundano", e muitas vezes sentia-se culpado por ter vindo consultar comigo. Ao mesmo tempo, eu parecia-lhe fascinante como um "pecador mundano" que deve estar ligado a mulheres e sexo. De forma gradual, ele ousou desconfiar de que as opiniões dos irmãos podem ter sido demasiado tacanhas de espírito. Como é compreensível, seus sentimentos de transferência eram tormentosamente ambivalentes.

Logo se tornou claro que, em sua fantasia, eu já havia passado de um pecador mundano para o Anticristo em pessoa, por assim dizer. Ele experimentava-me como fascinante e onipotente; ao mesmo tempo, porém, tinha pavor de mim, uma vez que, em sua opinião, eu estava estimulando e encorajando todas as tentações do inferno. Assim, ele me via como a personificação de seu próprio mundo instintivo e projetava sua sombra sobre mim; essa sombra tornara-se muito onipotente e arquetipica-

mente demoníaca, porque teve de ser separada em sua vida em momento muito precoce. Como uma criança indesejada, desde cedo ele nutriu a ilusória fantasia de que apenas sendo absolutamente "bom" (o que quer que isso significasse) é que ele seria aceito e amado. Tal perfeição é humanamente impossível; no entanto, tinha-lhe sido necessário ao extremo manter-se em sua fantasia, a fim de não ser condenado pelo "julgamento final" (ou seja, não ser abandonado por sua mãe e deixado desamparado em seu próprio inferno).

Havia, então, projetado uma fantasia arquetípica sobre mim, pelo que, em tal caso, o terapeuta pode esperar que parte da projeção será finalmente "retirada", ou seja, experimentada pelo cliente como parte de sua própria psique. De modo bastante surpreendente, aos poucos ele se tornou capaz de retirar parte de sua projeção, um processo que caminhou de mãos dadas com sua consecução de um pouco mais de tolerância em relação a suas fantasias e seus atos sexuais. Desse modo, paulatinamente fiquei menos exposto a carregar a projeção do mal encarnado. Ele começou a expressar sua crítica da tacanhice de espírito da fraternidade com mais convicção, apesar de ainda sentir que pensamentos críticos poderiam ser inspirados pelo diabo, tentando-o a duvidar da existência de Deus. À medida que ele começou a aceitar melhor seus próprios aspectos sombrios, tornei-me um pouco mais "humanizado". No entanto, esse desdobramento positivo só se tornou possível porque, no profundo de seu inconsciente, outros conteúdos transferenciais tinham sido ativados. Isso mostra mais uma vez que os processos psíquicos são demasiado complexos para serem descritos adequadamente em apenas um nível de interpretação.

Independentemente dos aspectos ligados ao tema do "anticristo" fascinante e aterrador, tornou-se uma experiência decisiva para esse cliente encontrar-me "ali", confiável, mesmo em minha função de "muro das lamentações". Até então, não tinha havido nenhuma "condenação" pronunciada sobre ele. Seu temor de condenação colocava-o em um tipo de impasse: se confiasse em mim, desistiria de sua necessidade de fusão, e isso, para ele, era o mesmo que desistir de seus impulsos pecaminosos instintivos. Ao mesmo tempo, ele tinha medo de que eu fosse condená-lo e rejeitá-lo, porque seu desejo de fusão estava associado às memórias mais dolorosas da infância de ter sido rejeitado e até mesmo perseguido. Qualquer que fosse a atitude assumida por ele, haveria rejeição e condenação, seja da parte de Deus, seja da parte da "mãe analista". Ambos os aspectos caminham juntos e são consequência de um grave transtorno no relacionamento primordial. Assim, para meu cliente, a questão era até que ponto ele podia confiar em mim, e tive de dar-lhe muito tempo para lidar com a dolorosa ambivalência e todas as tendências e emoções conflitivas que se manifestavam na transferência.

Nesse ínterim, estando de licença da fraternidade, ele estava morando em uma residência com uma administração religiosa. Também ali se sentia preso em uma armadilha, mas não conseguia sair de casa sem ser toma-

do por graves ataques de ansiedade, ou seja, por intensa agorafobia. Se a psicoterapia devesse tornar-se possível, afinal, eu devia dar um passo que, de um ponto de vista analítico, é bastante heterodoxo. Dado que as sessões só podiam acontecer na casa em que ele morava, concretamente eu tinha de seguir na mesma direção que ele, visitá-lo em sua casa e adaptar-me a suas circunstâncias. Isso permitiu-lhe a experiência terapêutica de ter alguém ali que era confiável o bastante e que prestava uma atenção empática a suas necessidades psíquicas – até certo ponto (uma medida que ele, compreensivelmente, sentia ser, antes, limitada demais). Mas, como consequência, aos poucos ele ousou prestar atenção a algumas de minhas observações e descobriu que não estavam a condená-lo, mas sim, ao contrário, exprimiam compreensão pelos seus medos e conflitos.

Quando fazia bom tempo, costumávamos fazer nossas sessões ao ar livre, visto que, após alguma hesitação, ele encontrou coragem para sair de casa quando podia contar com minha companhia. Chegou até mesmo o tempo em que foi capaz de sair sozinho para passeios, contanto que pudesse ter certeza de que seria capaz de contatar-me por telefone logo que tivesse chegado a seu destino. Em pouco tempo conseguiu até mesmo visitar-me em minha clínica e, como um passo adicional, ousou fazer viagens de trem. Telefonava-me, então, em várias estações ao longo do caminho, a fim de certificar-se de que eu ainda estava "ali" para ele. Parecia que, a fim de andar de um lado para outro de maneira independente, precisava de um espelho que devia refletir com constância o fato de que ele realmente existia como pessoa, que suas pernas podiam sustentá-lo, que não deixaria de respirar, que estava ileso e inteiro. Por fim, chegou a uma fase em que se lhe tornou menos necessário queixar-se acerca de sintomas psicossomáticos inespecíficos. Claro, ele ainda queria e precisava ser admirado por sua coragem. Entrementes, meu paciente havia se encontrado com várias garotas – mediante propagandas em uma revista. Chegou até mesmo a envolver-se em uma aventura sexual, mas sua ambivalência tornava qualquer relacionamento muito difícil. Ele queria ser espelhado, mimado e plenamente compreendido; ao mesmo tempo, porém, qualquer proximidade fazia-o sentir-se encurralado e sufocado, em especial quando a jovem tomava a iniciativa. Com efeito, ele estava em busca de um si-mesmo-objeto que estivesse "ali" de maneira inteiramente satisfatória, tal como ele precisava. Contudo, tão logo sua parceira tinha emoções e necessidades próprias, independentes dele, ele se sentia frustrado, assustado e zangado ao extremo.

O episódio seguinte mostra que, nesse ínterim, o conteúdo das fantasias arquetípicas que ele projetava em mim havia mudado. Um dia ele veio a uma sessão com muita raiva. Estava zangado comigo porque a garota a quem amava à sua própria maneira ambivalente rompera com ele dois dias antes. Estava, portanto, zangado comigo, o analista. Progressivamente ele descobriu que sua raiva camuflava uma fantasia com o seguinte conteúdo: o destino tinha sido maldoso com ele porque eu o inveja-

va em sua sorte no amor. Claro, ele sabia perfeitamente bem que eu não era responsável de maneira direta pelo relacionamento desfeito com a garota. No entanto, uma raiva irracional contra mim ainda o inundava, porque eu não me disfarcei de Vênus – ou pelo menos de seu filho, Cupido – para lançar flechas amorosas e, no último instante, forçar a garota a apaixonar-se por ele. Em sua mente, eu seria capaz de fazer tudo isso, teria esse tipo de poder se apenas quisesse, poderia dar-lhe seu amor. Em vez disso, eu estava sendo mau, e, portanto, o destino estava contra ele.

O cliente tinha dificuldade em reconhecer conscientemente essa fantasia, muito mais ainda em contar-me a respeito – em parte devido à sua absurdidade. Ele não era psicótico e sabia que eu nada tinha a ver com o que o contrariava. Estava também consciente de que eu estava apenas tentando ajudá-lo a compreender por que as garotas sempre punham fim às relações amorosas com ele. Contudo, ainda estava cheio de raiva e lutava comigo como alguém lutaria com o destino. Sua raiva pode ser vista, portanto, como tendo uma forma tipicamente narcisística.

Tudo isso aconteceu em um período de sua análise durante o qual ele se tornara tão dependente de mim que não confiava em si mesmo para fazer nada sem minha bênção, ou pelo menos sem minha absolvição posterior. Ele também expressava a convicção de que eu sabia de antemão tudo o que iria acontecer-lhe no futuro. Eu era mau e cruel, pois não lhe contaria a respeito, deixando-o enfrentar seus medos implícitos em arriscar a vida.

Tudo isso faz sentido: na medida em que eu era o mestre de seu destino, devia saber tudo antecipadamente. Eu era, assim, onipotente e onisciente; em outros termos, incorporava o si-mesmo no sentido de Jung.

Embora possamos ter razão em chamar essas fantasias transferenciais de idealizadoras, temos de considerar que minha "onipotência" só existia a fim de ajudar o cliente a satisfazer todas as suas necessidades; quando isso não surtia efeito, ele costumava enraivecer-se de maneira tipicamente narcisística. Em contrapartida, a transferência idealizadora, tal como descrita por Kohut, é caracterizada precisamente pelo fato de que as experiências do cliente precisam tornar-se parte da "perfeição" do analista e dissolvem-se em uma fusão com ele. Esse fenômeno muitas vezes desempenha papel importante nas transferências amorosas, por exemplo, em determinadas fantasias de analisandas, segundo as quais casar-se com o analista lhes permitiria ficar "unidas" com ele por toda a eternidade. Sonhos típicos frequentemente aparecem nessa constelação, nos quais o cliente vive na casa do analista, a qual normalmente é "especial" ou, seja como for, maior e mais bonita do que na realidade. De repente, a vida do analista torna-se terrivelmente interessante ou fascinante. O analisando fantasia muito a respeito de sua personalidade, seus pensamentos, sua experiência de vida, sua filosofia; tudo isso é visto sob uma luz radiante e exerce enorme atração, mas, ao mesmo tempo, intenso sofrimento pode ser causado pela consciência de que esse anseio talvez não possa ser realizado. Essa necessidade de fundir-se com o "si-mesmo-objeto idealizado" (Kohut) não é necessariamente expressa em fantasias eróticas ou sexuais. É uma constelação que desempenha um papel sempre que o psicanalista se torna um modelo ideal para o psicanalisando – independentemente do sexo das pessoas envolvidas. Jung chamou essa forma de idealização de "fantasias do discípulo" (OC 7/2, § 263). É uma observação frequente que, em muitas "análises didáticas", por exemplo, o candidato transforma em um ideal tanto a pessoa quanto as opiniões do analista e modela sua própria atitude em conformidade. Podem dar-se identificações ou até mesmo imitações, e, às vezes, pode-se adivinhar com bastante facilidade quem é o analista idealizado de um candidato específico, visto que, para citar Schiller (1798) mui livremente, "você imita bem o modo como ele gagueja e cospe" (Wallenstein).

Como fase transicional, esse tipo de idealização eventualmente tem uma função importante no processo de individuação. Está bastante claro que, em uma perspectiva junguiana, ela envolve um analista que encarna os mais elevados valores pessoais do analisando, ou seja, carregando a projeção do si-mesmo. Isso permite que o analisando experimente sua própria integridade potencial. Há, porém, certo risco envolvido: o de permanecer em um estado de fixação na imagem do analista, a qual, por sua vez, está fundida com o si-mesmo do cliente. "Torne-se o que você é" pode, então, inconscientemente ser interpretado como "torne-se o que seu analista é, então você será quem você é". Um processo durante o qual as projeções idealizadas são retiradas até certo ponto é, assim, importante ao extremo. Em geral, ocorre de forma bastante natural, quando cedo ou tarde o cliente começa a perceber que o analista não corresponde totalmente ao ideal projetado nele. É possível que apareçam dolorosos sentimentos de desencantamento que, basicamente, podem ser um auxílio para estimular o processo de separação. Acho a palavra "desencantamento" muito apropriada, na medida em que a fase anterior era, claro, de "encantamento".

Estou de acordo com a atitude de Kohut quando escreve que o analista jamais deveria rejeitar abruptamente idealizações. Deve, porém, permitir que os clientes se sintam frustrados e desapontados sempre que não corresponde às expectativas deles, porque estas são precisamente as frustrações que contêm o potencial de "transmutar" estruturas interiores. Esses processos analíticos correm muito em paralelo ao desenvolvimento de um si-mesmo coerente na primeira infância. Em terminologia junguiana, a "retirada de projeções" implica que o analisando comece a tornar-se consciente dos próprios conteúdos psíquicos e "possuí-los", os mesmos que ele tinha estado a projetar no analista. Tal descoberta da própria vida interior pode ser uma experiência importante; significa um crescimento da consciência e, em última instância, representa o potencial terapêutico oculto em uma transferência idealizadora[20]. É óbvio que o analista enfrentará seus próprios problemas em reação a essas diferentes formas de transferência. Uma discussão à parte será dedicada a esses problemas e às reações contratransferenciais na próxima seção deste capítulo.

Tanto a transferência idealizadora quanto a transferência especular ocorrem em certo grau em muitas análises. Há muitas vezes um movimento de vaivém de uma para outra, mas elas também podem aparecer simultaneamente. No que se segue, gostaria de dar um exemplo detalhado de como essas duas configurações de transferência podem alternar-se quase imperceptivelmente.

Durante três sessões consecutivas com uma psicanalisanda, uma mulher de cerca de 40 anos, senti-me tão cansado que tive de lutar contra o sono. O "analista

---

20. Não mencionei a possibilidade de que a idealização também pode aparecer como uma defesa contra o ódio, a inveja, os impulsos sexuais ou a necessidade de depreciar etc. É óbvio que, se o analista está sendo colocado "nas alturas", ele estará em uma zona relativamente intocável. O cliente, assim, evita o risco de estar em contato íntimo, seja com o analista, seja consigo mesmo.

ideal" em mim não gostou de maneira nenhuma desse tipo de reação, mas o fato de que tenha acontecido três vezes fez-me compreender que provavelmente era uma reação de contratransferência sintônica[21]*. Mas o que ela significava? O problema não podia ser o assunto sobre o qual minha cliente estava falando, pois os tópicos eram bastante interessantes, posto que fossem apresentados com um pouco de excesso nos detalhes.*

Àquela época, a mulher tinha estado em análise comigo havia quatro anos. Ela viera porque sempre tinha medo de enrubescer. Isso a fazia sentir-se terrivelmente vulnerável e inundada de vergonha, de modo que tendia a evitar sempre mais estar com outras pessoas. Para ela, expor-se e, assim, ser vista estava cada vez mais ligado ao medo e a sentimentos de vergonha.

No entanto, minha cliente tinha um grande dom de ouvir e de compreender os outros, ou seja, sua empatia estava bem desenvolvida, e isso, de acordo com Kohut, é precisamente o que, em geral, falta às pessoas que sofrem de transtornos narcísicos da personalidade. Esse dom deve ter sido incrementado pelo fato de que, desde sua primeira infância, fora forçada a desenvolver extrema sensibilidade para adaptar-se às constantes expectativas de sua mãe; essa foi a única maneira pela qual conseguiu pelo menos um mínimo da atenção vitalmente necessitada da parte daquela mulher obviamente com distúrbios narcísicos. Mais tarde na vida, ela continuou a dar priorida-

---

[21]. A transferência sintônica (Fordham) será discutida adiante neste capítulo.

de às necessidades das outras pessoas em detrimento das próprias; sempre que não podia satisfazer às expectativas de alguém, ficava atormentada por intensos sentimentos de culpa. Quando considerei de modo mais acurado seu caso, tive de perguntar a mim mesmo se sua atitude empática não tendia a ser influenciada por projeções.

Na análise, ela também tentou adaptar-se a minhas "expectativas" e elaborou uma grande idealização do meu lado "espiritual". Para ela, essa idealização significava ter de prover-me de sonhos importantes e de assuntos interessantes. Sempre que ela não conseguia fazê-lo, sentia-se assustada, envergonhada e inferior e internamente tinha uma sensação de vazio. Em tais momentos, era claro que a fusão com o si-mesmo-objeto idealizado – isto é, com o "princípio espiritual" altamente idealizado – falhara uma vez mais. No geral, ela mostrava vívido interesse na análise, cooperava bem, era inteligente e tinha uma sensibilidade bastante diferenciada para conexões psicológicas. Dado que era uma pessoa tão cheia de tato, sua admiração por mim não parecia demasiado incômoda. A ênfase dada ao espiritual não era de maneira excessivamente óbvia uma mera defesa contra o componente erótico, mas parecia corresponder a uma autêntica necessidade nela. E assim, na contratransferência até esse ponto, em geral sentia-me animado por sua presença e cheio de ideias para possíveis interpretações. Vez ou outra, vi-me dando explicações longas e muito eruditas, mas minha analisanda parecia sentir-se enriquecida e nutrida por tais discussões – embora, às vezes, ela temesse que, ao voltar para casa, esquecesse todas as coisas interessantes que aprendera. Seus sintomas melhoraram gradativamente, mas ambos estávamos conscientes do fato de que sua contínua tendência a sentir-se magoada e incomodada com facilidade impedia-a de ser espontânea de verdade. De modo típico, agora ela já não hesitava em expor-se a um grande grupo profissional ou até mesmo a seus superiores, sempre que sentia dever erguer-se e lutar por uma causa importante, ou seja, corrigir um erro ou algo parecido. Nessas ocasiões, tinha a sensação de que era sustentada por alguma ideia transpessoal e espiritual. No entanto, ir a um restaurante ou beber uma xícara de café com as mesmas pessoas ainda lhe custava enorme esforço na tentativa de superar seus medos de expor-se.

Não pude escapar de sua transferência idealizadora e interpretá-la como "mera compensação", pois era assunto demasiado vital para ela. Conforme já mencionei, o desapontamento do analisando com o fato de o analista não corresponder à figura fantasiosa ideal ocorre gradualmente nos melhores casos. Minha analisanda também começou a expressar, às vezes, algumas críticas a mim, e, do ponto de vista da terapia, acolhi com prazer essa nova coragem.

Mas o que significavam meus repetidos ataques de sonolência? Na terceira vez em que isso aconteceu, decidi discutir minha reação contratransferencial com minha analisanda, em vez de lutar contra ela. Tendo em conta sua vulnerabilidade, é óbvio que eu não podia referir o problema diretamente e dizer-lhe que, de maneira evidente, ela me aborrecia a ponto de adormecer-me. Isso também não teria sido a verdade. O que fiz foi perguntar-lhe se naquele momento ela podia ter a sensação de estar distante, até mesmo isolada de mim. E, de fato, ela então pôde dizer-me que tinha a sensação de estar tagarelando a propósito de coisas completamente desinteressantes, pelas quais, por causa disso, não podia esperar que eu estivesse interessado e, assim, sentia-se cada vez mais insegura de si mesma. O que ela quis dizer, em outras palavras, é que, quando não tinha minha ressonância empática, sentia-se rejeitada e sem valor. O aprofundamento da análise de nossa situação mostrou que ela se via constantemente tendo de esquivar-se da necessidade cada vez mais crescente do espelhamento de um si-mesmo-objeto. Essa necessidade havia recebido um sepultamento profundo e agora estava vagarosamente vindo à luz. Era uma necessidade de ser vista e admirada e de experimentar o "brilho nos olhos da mãe". Contudo, dado que sua necessidade estava ligada a memórias iniciais traumáticas de frustração, estava conjugada com o medo e devia ser reprimida. Nessa fase da análise, tudo o que ela podia experimentar conscientemente eram intensificados medos de entediar-me com tópicos desinteressantes. Conforme indicava minha sonolência, ela realmente conseguiu entediar-me e transformar-me na figura materna não empática e repudiante, embora ainda fosse incapaz de dar-me a mínima indicação de sua real necessidade de espelhamento. Nossos esforços na interpretação da transferência especular emergente ajudaram-na a expressar-se mais livremente sempre que sentia que eu a havia compreendido mal, magoado ou rejeitado. Esse foi o começo de um progresso posterior em seu caminho rumo à autoafirmação e à cura de seus sintomas.

Empatia, contratransferência e problemas narcíseos no analista

Nesta fase, podemos precisar refletir sobre duas questões: (i) como é possível ao analista reconciliar seu investimento terapêutico de empatia e introspecção com seus sentimentos de contratransferência?; (ii) como ele consegue não permitir que suas próprias necessidades e frustrações narcisísticas interfiram na interação terapêutica? Quando formulo as perguntas dessa maneira, parece que estou visando a algo semelhante a uma capacidade integrativa ideal; obviamente, nenhum analista pode corresponder a isso na realidade cotidiana. Caso devesse esforçar-se demasiado para conformar-se a tal ideal, correria o risco de perder muito de sua flexibilidade e sua espontaneidade. Assim, precisamos aceitar o fato de que os analistas, uma e outra vez, terão de conformar-se com muitas contradições inerentes à sua atividade profissional. Acredito ser esse aspecto bastante positivo, pois força o terapeuta a ficar em contato com o fluxo da vida e permanecer humano.

A seguir, gostaria de discutir alguns dos problemas específicos inerentes à profissão do analista, conservando-me o mais próximo possível da experiência cotidiana. Começarei, portanto, referindo-me aos três ataques consecutivos de sonolência de que fui vítima (cf. p. 421ss.). Claro, qualquer pessoa pode encontrar-se na situação de sentir-se muito sonolento em hora inapropriada. É bastante embaraçoso, e instintivamente tenta-se resistir à sonolência. Tentei fazer isso, já que, a princípio, parecia-me imperdoável que não conseguisse permanecer atento à minha analisanda e a suas preocupações. Minha empatia com sua situação deixou-me muito claro (e causando-me culpa!) que vir a uma sessão analítica envolvia muito esforço da parte dela, dado o fato de que ela vivia bastante longe de Zurique, perto da fronteira alemã. Além de investir muito de sua energia e seu tempo, ela também tinha de fazer sacrifícios financeiros. E ainda mais: eu estava consciente de sua vulnerabilidade e sabia que estava sujeita a experimentar minha sonolência como rejeição e desvalorização. Mas a questão era se minha reação inapropriada podia realmente permanecer oculta à sua hipersensível percepção. Assim, comecei a perguntar-me que tipos de opções eu teria para lidar com essa situação. Tentarei agora formular de modo mais preciso a rápida sucessão de pensamentos frenéticos que estavam passando por minha mente. É provável que o melhor seria dizer-lhe, de forma honesta, que estava me sentindo muito cansado – estaria, assim, seguindo a ideia de Jung do "médico prestando contas de si mesmo". Como a conheço, ela entenderia e seria menos provável atribuir minha sonolência ao seu próprio aborrecimento; ao contrário, ela iria querer imediatamente fazer concessões ao meu problema. Mas então, considerando que ela me crê cansado e exaurido devido ao excesso de trabalho, ela se sentiria hesitante em "sobrecarregar-me" com seus próprios problemas naquela sessão, dado que um de seus piores medos é ser um fardo para outras pessoas e perder seu amor. Em todo caso, ela não se sentiria livre para "usar-me" como terapeuta consoante às suas necessidades. Como resultado, regressaria a seus antigos padrões de interação, que têm sua fonte na primeira infância: sua mãe narcisisticamente transtornada jamais pôde estar "ali" o suficiente para ela e, em vez disso, esperava que a criança prestasse atenção às suas próprias necessidades. Em todo caso, e qualquer que seja o modo pelo qual reflito sobre a situação, se tento vê-la do ponto de vista dela, parece melhor evitar minha sonolência e ocultá-la tanto quanto possível. Foi o que fiz durante duas sessões, mas também não achava "correto": de qualquer maneira, todo analisando sensível normalmente percebe tal manobra, e, enquanto eu estava ocupado a lutar contra minha sonolência, não consegui prestar plena atenção à minha cliente de maneira empática. Sem dúvida, analistas são também seres humanos com suas fraquezas e limitações. Para alguns clientes, pode ser benéfico reconhecer esse aspecto, pois força-os a retirar parte de suas projeções idealizadoras. No que diz respeito ao analista, essa simples consciência de suas limitações humanas pode ajudá-lo a lidar melhor com seu ideal profissional, às vezes rígido, de estar sempre "ali", de maneira ideal para o melhor de seus clientes. É também importante levar em conta o fato de que desejos de onipotência, originários do si-mesmo ostentoso, podem ocultar-se em tal ideal. Está claro, por outro lado, que o analista não deveria (ab)usar (de) essa intuição como desculpa para quando simplesmente lhe estão faltando confiabilidade e consideração em relação a um cliente.

Conforme eu disse antes, na situação concreta com minha cliente, finalmente tratei meus ataques de sonolência como um fenômeno dentro de minha contratransferência. Pareceu-me a única saída do dilema no qual me encontrava; mas como findou por revelar-se, era também muito mais do que apenas uma saída. Era mais um exemplo da experiência analítica geral segundo a qual uma sensibilidade intensificada para suas reações contratransferenciais pode ajudar o analista a perceber processos mais profundos no analisando. Assim, tive de deixar de lutar diretamente contra minha sonolência e vi-a em conexão com as "vibrações no ar" entre mim e ela. De fato, houvera uma ligeira interrupção de nossa conexão mútua, e isso provocou minha reação. Era como se determinadas "vibrações" oriundas do seu inconsciente não conseguissem alcançar-me. Contudo, estando atento ao evidente envolvimento de minha analisanda, não consegui registrar conscientemente essa mudança sutil. Entretanto, minha sonolência repentina, algo que ocorreu em completa oposição à minha atitude consciente, permitiu-me perceber parte da situação interior da cliente e registrar seu medo meio consciente de que ela pudesse aborrecer-me de morte com sua "esterilidade vazia", sua razão para retirar-se para dentro de si mesma. Ao levar a sério minha própria reação psíquica, fui capaz de compreender melhor o que estava acontecendo nela e, por assim dizer, conquistar empatia em um nível mais profundo.

Estamos lidando aqui com os fenômenos ligados à assim chamada contratransferência; eles levantaram problemas bastante difíceis para os pioneiros da psicanálise. Podemos lembrar que Breuer, primeiro colaborador de Freud, ficou tão horrorizado com a intensidade emocional que se desenvolvera entre a famosa Anna O. e ele próprio durante o tratamento dela, que ele levou sua esposa para uma segunda lua de mel em Veneza (Jones, 1953). Sabemos que Freud, posteriormente, advertiu os analistas de colocarem de lado todos os seus sentimentos e até mesmo sua simpatia humana (Freud, 1912b, p. 115). Embora Freud tivesse a intenção de que essa recomendação fosse apenas uma orientação, nos primórdios da análise, os sentimentos de contratransferência eram considerados nocivos ao tratamento. Esperava-se que os sentimentos do analista para com seu cliente fossem deixados de lado, tanto quanto possível, com a ajuda da autoanálise.

Muito cedo Jung discordou dessa opinião sobre a situação analítica porque, em sua experiência, "nenhum artifício evitará que o tratamento seja o produto de uma interação entre o paciente e o médico, como seres inteiros" (OC 16/1, § 163). Assim, em sua visão, o analista não é absolutamente capaz de conservar distância segura do que desperta as emoções do cliente. Ademais, e em contraste com a psicanálise dos primeiros dias, isso não deveria sequer ser desejado. Jung escreve:

> Poderíamos dizer, sem grande exagero, que mais ou menos metade de cada tratamento em profundidade consiste no autoexame do médico, porque ele só consegue pôr em ordem no paciente aquilo que está resolvido dentro de si mesmo. Não é um engano quando se sente afetado e atingido pelo paciente: ele só vai curar na medida do seu próprio ferimento. Qual é o significado do mitologema grego do médico ferido, se não justamente isso? (OC 16/1, § 239).

Voltaremos mais tarde à imagem do "médico ferido". No estágio atual, é digno de menção que clientes com muita frequência têm um talento instintivo para descobrir o ferimento específico do analista. Eles podem ou evitar aproximar-se dele – muitíssimo em prejuízo da terapia – ou, ao contrário, podem usar tal conhecimento para provocar o terapeuta. Em qualquer caso, o analista também tenderá a projetar seus conteúdos inconscientes em determinados analisandos tanto quanto em qualquer outro lugar. Um analista, por exemplo, que não está consciente o bastante de sua própria necessidade de poder, inconscientemente pode sentir prazer na dependência de determinados clientes; pode, então, de maneira engenhosa, interromper-lhes as tentativas de tornarem-se mais independentes ou pode sentir-se magoado se eles conseguem crescer em autonomia. O analista pode também racionalizar tal comportamento possessivo dizendo que ele está agindo assim em prol da terapia. Pode também usar o jargão profissional (p. ex., atuação, resistência ao inconsciente etc.) a fim de esconder o fato de que ele está inconscientemente tentando satisfazer suas próprias necessidades. Sempre que, devido a seus próprios temores e necessidades não reconhecidos, o analista força inconscientemente o cliente a um papel que restringe ou distorce sua realidade, a contratransferência representa o maior obstáculo para uma análise fecunda. Para limitar tal risco tanto quanto possível, uma análise completa do analista é, assim, indispensável.

Grosso modo, a assim chamada análise didática visa ao seguinte: o futuro analista deve experimentar e, até onde for possível, admitir sua própria psicopatologia. As pessoas que não experimentaram em si mesmas a intensidade de, pelo menos, fenômenos neuróticos e que não tentaram lidar com eles são malqualificadas para a prática da terapia analítica. Se quero usar empatia de maneira autêntica e diferenciada, preciso ter aprendido, no mínimo, até certo ponto, quanto machuca o sofrimento psíquico. Nesse aspecto, a imagem do "médico ferido" é muitíssimo apropriada. Também parece importante que o futuro analista deva saber, a partir de sua própria experiência de vida, que se tornar consciente das próprias dificuldades ou complexos e enfrentá-los pode conduzir a um desenvolvimento positivo da personalidade. Ele precisa de conhecimento a respeito da eficácia potencial da psicoterapia analítica para ser capaz de suportar seus próprios períodos de desespero, quando deve lidar com casos aparentemente sem esperança. Uma análise didática deveria, além disso, prover o candidato de uma percepção consciente de sua "equação pessoal", de seus próprios pontos fracos e das raízes emocionais subjacentes à sua cosmovisão. Deveria também torná-lo mais consciente – e isso, em minha opinião, é essencial – de que ele está sendo, de modo constante, exposto ao risco de permitir que uma contratransferência ilusória interfira em uma percepção empática adequada da realidade do paciente. Como consequência, ele precisa seriamente de uma disposição interior para questionar repetidas vezes sua percepção do cliente e dos procedimentos que usa, sem sentir-se demasiado inseguro a respeito de sua identidade profissional ou até mesmo pessoal, visto que isso teria uma influência negativa na análise. Eu realmente acredito que a eficácia de uma terapia depende em grande parte de se o analista transmite uma sensação de segurança autêntica, e essa segurança deveria, ao mesmo tempo, dar espaço às dúvidas que, tanto para o cliente quanto para ele mesmo, inevitavelmente pertencem aos processos psíquicos.

Embora uma consciência ideal de seus próprios motivos e complexos inconscientes não possa impedir totalmente o analista de projeções flagrantes, pode no mínimo mitigar seus efeitos. Jung, no entanto, tem razão em enfatizar que o cliente e o analista sempre se influenciam mutuamente. Na década de 1950, isso levou alguns psicólogos analíticos a compreender que a contratransferência poderia ser usada em benefício da análise (Fordham, 1957), uma vez que é sempre uma interação com a transferência do cliente. O próprio fato de que tal influência recíproca (em geral completamente inconsciente) ocorra torna possível ao terapeuta obter informação acerca de processos mais profundos em um cliente ao tornar-se consciente de algumas de suas próprias reações emocionais e fantasias inconscientes – algo que tentei mostrar em meu exemplo anterior. Como o analista percebe a si mesmo e que tipo de sentimentos, pensamentos, medos ou tensões podem espontaneamente brotar em um ponto ou outro – tudo isso pode muito bem estar ligado ao que está acontecendo no cliente. Fordham chamou esse fenômeno de "contratransferência sintônica", em contraste com a "contratransferência ilusória" (Fordham, 1957, p. 136ss.)[22]. Podemos acrescentar que, desde a década de 1950, alguns psicanalistas freudianos têm considerado a aplicabilidade terapêutica da contratransferência e têm feito pesquisa nesse campo (Heimann, 1950; Racker, 1968; Reich, 1951). Heimann formulou a hipótese básica de que "o inconsciente do analista compreende o inconsciente do analisando. Essa relação direta nas camadas mais profundas da psique manifesta-se, na superfície, em sentimentos que o analista percebe em reação a seu cliente, em sua contratransferência" (Heimann, 1950). Em todo caso, o analista precisa desenvolver uma habilidade perspicaz para diferençar entre seus próprios medos e necessidades e

---

22. Alguns junguianos, trabalhando em Berlin, estudaram empiricamente, durante um período de vários anos, a constelação dessa contratransferência sintônica; seus resultados mostram correlações significativas (Blomeyer, 1971; Dieckmann, 1971).

a parte de sua percepção interior que provém do inconsciente do cliente. O que podemos chamar de diferenciação entre uma contratransferência ilusória e uma sintônica depende de um elevado nível de consciência e de honestidade pessoal. Mas a disposição do analista em deixar-se influenciar pelo inconsciente é também um pré-requisito para seu trabalho, e é difícil imaginar que uma pessoa criteriosa o faria sem primeiramente submeter-se a uma aprofundada análise pessoal.

A tarefa do analista, então, é obviamente muito intrincada. De um lado, seu trabalho implica uma capacidade excelente de empatizar com os vários "mundos" que seus clientes lhe trazem, e isso pressupõe que ele tenha lidado suficientemente com seus problemas narcisísticos. Dado que a empatia é a capacidade de colocar-se imaginativamente no lugar da outra pessoa, o analista deve ser capaz de distanciar-se por um tempo de seu egocentrismo. De um lado, ele precisa estar em constante contato com suas próprias reações subjetivas a fim de manter seu próprio equilíbrio psíquico, e também em benefício da terapia. Ele pode, por exemplo, sentir-se cansado ou tenso, pode estar zangado ou magoado, pode ter pensamentos, ideias ou imagens espontâneos, ou sentir-se muito próximo do cliente – todas essas reações contratransferenciais podem ser ou ilusórias ou sintônicas, ou até mesmo ambas simultaneamente[23]. Como, então, nos é possível, seja como for, colocar-nos de maneira imaginativa e com sensibilidade no lugar de outra pessoa enquanto, ao mesmo tempo, permanecemos em contato com o que está acontecendo em nós mesmos? Claro que isso é possível até certo ponto e faz parte integrante da arte do analista, que provavelmente consiste em oscilações quase imperceptíveis dentro do campo terapêutico partilhado.

Exemplificando o que acabo de dizer, gostaria de voltar à analisanda que mencionei antes (p. 423ss.) e cuja transferência idealizadora me havia afetado de maneira bastante agradável. Descrevi seu vívido interesse pela psicologia junguiana, um mundo que lhe era novo e fascinante. Mencionei também que me senti inspirado por sua presença a salientar interconexões psíquicas que eu normalmente exemplificava ou enriquecia com muitos paralelos tirados da mitologia, dos contos de fadas, da literatura etc. No geral, eu falava bastante e podia justificar meu comportamento dizendo a mim mesmo que eu estava fazendo com ela realmente uma análise junguiana clássica, *lege artis* ["de acordo com as regras da lei"]. Eu havia conquistado uma ouvinte agradecida, e ela parecia sentir-se "espiritualmente nutrida" por nossas sessões. Quando menos foi

---

23. Podemos acrescentar aqui que a diferença entre percepções contratransferenciais ilusórias e percepções contratransferenciais sintônicas não é inequivocamente clara de forma alguma. Na prática, a diferenciação cria, assim, grandes dificuldades.

assim que ela disse, e eu não tinha nenhum motivo para duvidar de que falasse a sério. Ela realmente parecia precisar de algum estímulo, e meus longos comentários, inspirados principalmente por seus sonhos ou perguntas que ela costumava fazer, não pareciam perder tanto o foco. Nesse nível, minha empatia parecia ser adequada. Contudo, também me tornei cada vez mais consciente de quanto eu próprio estava enamorado por todas as interpretações que vinham à minha mente e quanto prazer experimentava em comunicá-las a ela. De fato, não sou uma pessoa ascética e não penso ter uma atitude demasiado puritana em relação às minhas próprias necessidades narcisísticas. Se, às vezes, nossa árdua profissão de fato produz alguns momentos prazerosos, isso não deve necessariamente ter uma influência negativa sobre o diálogo analítico – às vezes é bem o contrário. Pode dar-se o caso que, com alguns pacientes, o "brilho nos olhos da mãe" por que tanto anseiam torna-se mais confiável se eles se sentem capazes de prover seu analista de algum prazer e satisfação verdadeiros. O único problema é que, daí em diante, o cliente normalmente tem uma ideia muito boa de como agradar seu analista. Por conseguinte, tentará comportar-se em conformidade a fim de assegurar o amor do analista – e a situação analítica apenas repetirá um padrão de sua infância. O desejo de agradar é típico de pessoas que, na infância, precisaram comprar o cuidado dos pais adaptando-se às necessidades narcisísticas deles. Destarte, não me oponho a que o analista receba prazer e alegria (de natureza sublimada, é claro) de seu psicanalisando, desde que ele não (ab)use inconscientemente do cliente para sua própria gratificação. No entanto, sempre que, de modo inconsciente, suas próprias necessidades pessoais começam a predominar – com frequência sob o disfarce de procedimentos virtualmente terapêuticos –, sua capacidade de empatizar com o mundo interior do cliente estará seriamente prejudicada.

Voltando ao meu exemplo: a analisanda estava, naquele momento, idealizando o "princípio espiritual" que eu parecia incorporar para ela e estava cheia de "admiração pelo meu conhecimento e por meu brilhantismo profissional". Tal admiração facilmente constela-se com o si-mesmo ostentoso do analista que, então, tem um dia de verdadeira festa. Uma contratransferência ilusória que se alimenta das necessidades narcísicas do analista se desenvolverá tão logo eu, inconscientemente, veja em um cliente um espelho que reflete minhas necessidades "narcisísticas-exibicionistas" de maneira idealizadora. Na situação com minha cliente, definitivamente percebi em mim algumas tendências nessa direção; foi, no entanto, um fator salutar o fato de ter-me conscientizado delas.

Em uma psicoterapia, minha consciência do fato de que me sinto extraordinariamente "inspirado" na presença da analisanda deveria me levar a perguntar-me sobre o que isso poderia significar do ponto de vista da cliente. Desse modo, mais uma vez estou usando minha empatia para colocar minha percepção subjetiva em relação com a realidade interior da cliente, para inquirir, com outras palavras, a respeito dos conteúdos "sintônicos" de minha contratransferência. Manifestamente parece que minha cliente precisa colocar-me em um pedestal e fazer eu me sentir animado. Tentar perceber as necessidades dela de maneira diferenciada permite-me observar os conteúdos específicos que ela está projetando em mim. Também posso ter uma ideia do propósito a que tal figura projetada deve servir em sua psique. Então poderei compreender melhor determinados aspectos de seu mundo interior.

Analiticamente, como irei usar a percepção que alcancei mediante a consciência de minha contratransferência sintônica? Pode ser que eu precise continuar a encarnar a figura idealizada, arquetípica, na maioria dos casos, enquanto o cliente precisar, embora evitando cair na contratransferência ilusória identificando-me com tal figura. Em geral, as interpretações contribuem muito pouco para a retirada paulatina de uma transferência idealizadora, porque quanto mais pertinentes, tanto mais o cliente idealizará o analista e o admirará por "saber tudo". E mostrar ao analisando em que medida ele sobrestima o terapeuta, na melhor das hipóteses, alimentará essa idealização, visto que, agora, a "grande modéstia" do analista torna-o ainda mais digno de admiração. O cliente pode, no entanto – e aí jaz o perigo –, ser levado a sentir-se inseguro e rejeitado por tais interpretações. Ele pode começar a ter dúvidas a respeito de se tais sentimentos seriam reais e autênticos ou se eram ridiculamente desproporcionais e, assim, não deveriam "existir". Lidar com a transferência idealizadora de um cliente é assunto delicado e exige muita sensibilidade da parte do analista.

Com isso, encontramo-nos realmente no meio de nosso tema central: o narcisismo no analista. A transferência idealizadora inevitavelmente toca seu equilíbrio narcisístico. Minha própria satisfação narcisística, da qual falei antes, foi capaz de permanecer "intacta" por algum tempo porque minha analisanda era uma pessoa tão sensível e diplomática que sua admiração por mim não parecia demasiado intrusiva. Entretanto, muitos analistas tendem a sentir-se um tanto perturbados pela transferência idealizadora, em especial se ela se expressa de modo muito direto na forma de uma admiração ilimitada ou de um desejo francamente erótico de fusão.

Por outro lado, nem sempre é fácil para o terapeuta aceitar a perda gradual de admiração, amor e importância, uma vez que a inevitável frustração encorajou o cliente a retirar lentamente suas projeções; podemos até mesmo dizer que isso pode ser um considerável desafio para seu equilíbrio narcisístico. Essas fases são caracterizadas por observações críticas ou repreensões inesperadas para as quais o analista pode não estar preparado. Algumas das qualidades que o analisando apreciara tanto de repente são criticadas, e, a depender do cliente, isso pode ser dito em voz alta ou baixa, direta ou indiretamente. Por exemplo, o analista cujo brilhantismo intelectual tinha sido até então admirado, de repente, está sendo criticado por seu "intelectualismo gratuito", sua cordialidade de sentimento pode ser chamada de "simples sentimentalidade", e sua confiabilidade pode ser atribuída ao "ambiente burguês entediante". Suas interpretações são demasiado junguianas ou não suficientemente junguianas. Em resumo, em algumas partes de sua pessoa, já nada mais parece certo.

Tal mudança de atitude no cliente pode ser um tanto dolorosa para o analista. Ele pode até mesmo sentir vontade de defender-se e de esclarecer o assunto – o que, claro, seria um grande erro, visto que as reprimendas não lhe são endereçadas pessoalmente, mas sim à figura idealizada que tem de incorporar. Como é óbvio, o analista jamais deve excluir a possibilidade de ter contribuído com sua própria parte para a crítica do analisando, e seria muito prudente levar isso em consideração. Penso, no entanto, que é importante usar reações contratransferenciais de maneira sintônica, de modo a compreender melhor em que ponto o cliente está. Alguns clientes ficam, eles mesmos, chocados com seus próprios impulsos hostis, e, na maioria dos casos, o analisando quer que seu relacionamento com o analista sobreviva aos ataques provocados por sua idealização frustrada: normalmente ele ainda precisa de que ele esteja "ali".

Pode haver uma opção de várias reações ao comportamento do cliente. Sendo terapeuta, posso, por exemplo, deixar de lado sentimentos de mágoa e tentar concentrar-me no que motivou sua crítica negativa (p. ex., desapontamento). Assim, não fico com os conteúdos manifestos das repreensões do cliente, mas antes tento comunicar-lhe o que compreendo acerca do pano de fundo inconsciente delas. Isso corresponderia a uma interpretação baseada em uma compreensão empática dos sentimentos do cliente – conforme recomendado principalmente por Kohut. É também semelhante ao que Racker chama "identificação concordante" (Racker, 1968, p. 134). Em oposição a tal abordagem, posso usar também minha reação espontânea aos ataques do paciente a fim de ter uma ideia do que sou em sua fantasia e do papel que ele inconscientemente atribuiu a mim. Na medida em que o cliente formou uma transferência, seu comportamento não é endereçado ao analista como pessoa, mas a figuras psíquicas interiores específicas, projetadas nele, acima de tudo aos "objetos interiores" de sua infância (cf. Lambert, 1981, p. 88ss.) que ele tem de confrontar na análise. Nesse sentido, qualquer observação ou interpretação que eu transmita ao cliente com base em minhas reações emocionais pode ajudá-lo a obter uma compreensão mais diferenciada do modo pelo qual ele está envolvido com aquelas "figuras" dentro de si mesmo. Esse tipo de interpretação tem sido usado e recomendado, entre outros, por Kernberg para casos de "narcisismo patológico" (Kernberg, 1975, p. 246-247, 297-305). Ou seja, o analista não se identifica tanto com o cliente e sua experiência, mas antes com aquelas figuras no mundo interior do cliente que estão sendo projetadas inconscientemente nele. Ao estar em contato com reações baseadas em contratransferência complementar, ele pode, assim, conseguir algum discernimento em relação aos conflitos básicos do analisando. Contudo, se ele quiser comunicar tais intuições ao cliente, novamente deve usar sua capacidade empática com toda sensibilidade possível, pois deveria evitar magoá-lo de um modo que não é nem necessário, nem produtivo.

Este é um exemplo de interações terapêuticas que ocorreram com base em minha contratransferência "complementar". Um jovem diz-me, no começo de uma sessão, o quanto está fascinado por um dos livros de Freud que ele está lendo no momento. Acrescenta em tom de voz um pouco agressivo que é principalmente a descoberta de Freud a respeito da sexualidade que ele acha tão convincente e iluminadora. Enquanto ele continua a falar de maneira animada, torno-me consciente de duas reações emocionais opostas em mim mesmo. De um lado, sinto-me bastante contente com ver esse jovem começando a permitir-se algum entusiasmo. De outro, vou ficando um pouco irritado. Naturalmente, pergunto-me se é o assunto sobre o qual ele está falando que está me irritando, mas não é o caso. O fato de eu ser um analista junguiano não me impede absolutamente de apreciar o talento especial de Freud. Contudo, algo me está agastando, e compreendo que estou me sentindo um tanto atacado e desvalorizado por meu analisando. Então lhe digo que compreendo seu apreço por Freud e que concordo com ele em muitos pontos, acrescentando, porém: "Posso estar errado, mas parece-me, ao mesmo tempo, que você está tentando me dizer que Freud o compreende melhor do que eu. Poderia ser?" Ele reage observando que seu sentimento cálido em relação a Freud podia muito bem ser acrítico e parcial. Respondo-lhe que a pergunta não pretende, de forma alguma, desmerecer seus sentimentos, pelo contrário. No entanto, parece-me, por enquanto, que lhe é menos ameaçador sentir-se compreendido por Freud do que por pessoas em seu ambiente atual. Com isso, estou me referindo a um de seus conflitos básicos, a saber, o conflito entre sua necessidade de "fusão com o si-mesmo-objeto idealizado" (em sua versão: se quando menos houvesse alguém cuja sabedoria pudesse dar-me segurança e orientação nas situações difíceis da vida) e seu medo de toda proximidade, o que o faz manter uma distância crítica. Para ele, proximidade significa submissão às expectativas de outras pessoas e perda de autonomia. Com isso, ele está constantemente se defendendo contra ela. Por outras palavras, e vendo-se de um ponto de vista arquetípico, poderíamos dizer que é a "Mãe Devoradora" e o "Pai Esquivo" que estão sendo constelados na base de seu padrão de experiência da infância. Depois de minha intervenção, ele pôde contar-me que, às vezes, tem imensas dificuldades em "permanecer ele mesmo" enquanto está em minha presença. Fica repetidamente perturbado por um sentimento de ter de submeter-se a minhas expectativas (nessas ocasiões, sua fantasia transferencial obviamente me vê como a "Mãe Devoradora"). Assim, parece claro: quando ele ousa mostrar entusiasmo por Freud e por sua teoria sexual, ele pode ter certeza de fazer frente às "minhas expectativas". Dado que sou junguiano, de qualquer maneira não estou interessado tanto em sexo e não posso mostrar compreensão genuína de seus problemas sexuais! Mencionar Freud e a sexualidade é, portanto, um tipo de provocação, e, no entanto, ao mesmo tempo, o jovem teme que eu possa ficar zangado com ele e retirar meu amor. Ele agora compreende como está projetando sua mãe e suas expectativas em mim; vendo por meio de sua projeção, ele também se torna mais consciente de até que ponto internalizou atitude negativa dela em relação à sexualidade. Brotam memórias de sua mãe a criticá-lo em um tom de voz irri-

tado sempre que seu comportamento manifestava a mais tênue discrepância em relação às suas expectativas, ao passo que seu pai não parecia interessado nele de maneira nenhuma. O que quer que o pai dissesse, seria imediatamente desvalorizado pela mãe, porque, aos olhos dela, ele era um grande "ignorante".

Na situação analítica, o cliente ansiava por encontrar um pai "instruído", que se interessasse por ele e a quem pudesse idealizar. Esse era um traço significativo de sua transferência e também tornou mais compreensível a irritação que senti no começo da sessão. Obviamente era uma repetição inconsciente de suas interações com sua mãe. Por meio de minha própria irritação, eu havia, portanto, retomado a figura materna irritável, proibitiva que ainda atuava nele. Esse seria um exemplo de uma reação contratransferencial complementar. Ao mesmo tempo, eu também havia percebido seu desejo de ser plenamente compreendido e aceito – até mesmo em seu apreço por Freud. Desse modo, pude entrar novamente em contato com uma forma de contratransferência concordante.

Em minha opinião, ambos os tipos de interpretação, baseados em compreensão empática (Kohut) e/ou em reações contratransferenciais (Kernberg), têm suas vantagens e desvantagens. Ao adotar uma atitude empática, o analista pode afastar com mais facilidade incidentes nos quais ele se sente magoado ou emocionalmente atingido. Pode, assim, ocultar-se por trás de sua empatia com o cliente; muitas vezes, isso não é nem realmente genuíno, nem honesto. Por outro lado, interpretações baseadas em contratransferência complementar (Kernberg) podem ser falsificadas pelos complexos pessoais do analista. Assim, elas são tudo, menos inócuas – e podem até mesmo ser nocivas à terapia.

Dado o fato de que alguns aspectos da transferência especular são, às vezes, difíceis de suportar, pode-se fazer a seguinte pergunta: deveria o analista ouvir pacientemente seu analisando, compreender empaticamente suas exigências e sua tendência a depreciar os outros, ou até mesmo negar a autonomia do analista? Ou não seria melhor – e pelo menos mais genuíno e honesto – tentar mostrar ao cliente o que ele está "fazendo" inconscientemente com o analista e que papel ele está tentando impor-lhe? Não há, claro, nenhuma resposta global a essa pergunta. O que importa, em última instância, é que a abordagem do terapeuta não se oriente por uma teoria, mas antes pelo que cada cliente necessita.

Essa visão está muito de acordo com as ideias de Jung. Conforme mencionamos, ele escreveu que os meios e o método de tratamento são determinados primariamente pela natureza do caso (OC 17, § 203). Contudo, isso não impediu o estabelecimento de uma "escola de análise junguiana". De acordo com sua tradição, o diálogo analítico concentra-se nos sonhos. A transferência pode ou não ser reconhecida, mas recebe muito pouca interpretação. Na verdade, isso parece encorajar o desenvolvimento de uma interpretação idealizadora, baseada na projeção de conteúdos arquetípicos sobre o analista. Contudo, visto que, no caso de uma transferência idealizadora, interpretações constantes e contínuas não são indicadas, o ambiente da análise junguiana "clássica" pode ter um efeito terapêutico benéfico – desde que o analista seja capaz, posteriormente, de permitir uma retirada gradual das projeções idealizadoras. No entanto, em casos em que se formou uma transferência especular, o analista junguiano pode ser tentado a atender às demandas narcisísticas do cliente com uma atitude moralizante ou didática. O próprio Jung mostrou uma atitude bastante negativa, ou mesmo moralista, em relação às necessidades narcisísticas, conforme pode ser visto, por exemplo, na seguinte citação:

> Entretanto, quanto mais conscientes nos tornamos de nós mesmos através do autoconhecimento, atuando consequentemente, tanto mais se reduzirá a camada do inconsciente pessoal que recobre o inconsciente coletivo. Desta forma, vai emergindo uma consciência livre do mundo mesquinho, susceptível e pessoal do eu, aberta para a livre-participação de um mundo mais amplo de interesses objetivos. Essa consciência ampliada não é mais aquele novelo egoísta de desejos, temores, esperanças e ambições de caráter pessoal, que sempre deve ser compensado ou corrigido por contratendências inconscientes; tornar-se-á uma fun-

ção de relação com o mundo de objetos, colocando o indivíduo numa comunhão incondicional, obrigatória e indissolúvel com o mundo (OC 7/2, § 275).

Um dos ideais da análise junguiana é, portanto, superar e abandonar esse "mundo do eu" pessoal e sensível o mais rápido possível a fim de entrar nas dimensões reais, profundas e numinosas do si-mesmo dentro do inconsciente coletivo. Os analistas – e os clientes que leram Jung – muitas vezes trabalham com esse ideal em mente. Consideram menos importante analisar os conteúdos que parecem pertencer "apenas" ao inconsciente pessoal e aparentemente ignoram o perigo inerente: o de que tais conteúdos na verdade permanecem inconscientes e que apenas intensificam a sombra. Em todo caso, é impressionante ver como muitas vezes as pessoas podem permanecer tão sensíveis e narcisisticamente vulneráveis como nunca depois de longo e intenso esforço a confrontar a profundidade do inconsciente coletivo. Isso mostra que cuidar dos ferimentos narcisísticos na análise de nossos analisandos não é, de forma alguma, supérfluo.

Gostaria de acrescentar alguns comentários à questão de como o analista consegue lidar completamente com, em seu trabalho profissional, ser espelhado com tanta frequência de maneira distorcida e raramente ser visto como de fato é pelos analisandos. A resposta imediata que me vem à mente é que o analista não pode, de maneira nenhuma, permitir que seu senso de autoestima dependa do espelhamento que ele recebe de seus clientes. Se o fizesse, seu próprio equilíbrio narcíseo estaria em risco; seria, portanto, prejudicial à sua eficácia terapêutica, já que, devido a suas próprias necessidades narcisísticas, ele poderia ser impedido de oferecer ao analisando a autonomia necessária e a liberdade para desenvolver-se à sua própria maneira. Os analistas, por vezes, tendem a defender-se contra esses riscos pulando para o extremo oposto e envidam esforços hercúleos para conservar seus clientes a distância. Mas, então, serão capazes de se colocarem imaginativamente no lugar de seu analisando? Aprendemos a arte da interpretação; é uma arte útil, mas também perigosa (Guggenbühl-Craig, 1971), que pode ser usada para conservar muitas coisas o mais distante possível. Como analistas, precisamos justamente de nossa capacidade de estarmos abertos a qualquer influência que surja do inconsciente do cliente e de sermos sensivelmente perspicazes quanto ao modo como ressoa em nós mesmos, porque essa é a verdadeira base sobre a qual repousará toda compreensão autêntica e toda interpretação com valor deveras terapêutico.

Entretanto, franqueza apenas não é suficiente; pode também conter o risco de estar inundada de conteúdos do inconsciente. Por conseguinte, precisamos de uma capacidade bem desenvolvida o bastante para processar o que espontaneamente emerge, e isso se baseia em funções do eu. É óbvio que as reações do analista não podem ser absolutamente espontâneas e francas; do contrário, por exemplo, ele buscaria de imediato retaliação sempre que se sentisse magoado por um cliente. Haveria, então, litígios e discussões, e, na maioria dos casos, isso resultaria na atuação de antigos padrões de comportamento. A análise, porém, concentra-se na compreensão e no alargamento da consciência, e o analista, portanto, tem de lidar com a questão de como os impulsos espontâneos, as fantasias e as ideias que percebe em si mesmo podem tornar-se fecundos para esse propósito. Uma vez mais, gostaria de enfatizar como é essencial para um analista estar honestamente em contato com quaisquer impulsos que queiram emergir, por mais desagradáveis que possam ser; mas isso certamente não significa que ele deva lançar sem cuidado tais impulsos no rosto do analisando. Sabemos, porém, que os conteúdos inconscientes que não conseguimos aceitar conscientemente serão reprimidos. À guisa de exemplo, suponhamos o seguinte: meu "analista ideal" interior impede-me de admitir a mim mesmo que um cliente conseguiu realmente magoar-me e, assim, despertou em mim um desejo de retaliação, a fim de que eu recupere meu equilíbrio narcisístico. Essa "instância ideal" interior está, de fato, agarrando-se ao princípio que decreta que a autoestima de um analista não deveria depender de nenhum espelhamento que recebe de seus clientes. Como resultado, vive sob a ilusão de ser invulnerável, visto que meus sentimentos de mágoa e meus impulsos retaliatórios foram imediatamente reprimidos. Contudo, eles estão sujeitos a reaparecer mais uma vez, muitas vezes em detrimento da terapia. Não é tão difícil para o analista formular interpretações que solapam a autoestima do cliente. Curiosamente, ele pode fazer isso com as melhores intenções, "em nome da verdade" ou "pelo bem do cliente", enquanto sua reação está, de fato, sendo provocada por uma necessidade inconsciente de retaliação. Essa é a razão pela qual um analista não deveria enganar-se a respeito de seus verdadeiros sentimentos e impulsos. Tornar-se consciente deles pode, quando mais não seja, permitir-lhe lidar com sua contratransferência de maneira relativamente controlada.

Resta a questão de saber como um analista é capaz de manter uma imagem um pouco realista de si mesmo. Devido à sua profissão, ele está muito exposto a problemas ligados ao si-mesmo ostentoso, isto é, com aquela parte em nós onde o eu e o si-mesmo (em sentido junguiano) não estão suficientemente separados. Não é necessariamente fácil para um analista lidar com a ilimitada admiração que recebe nas transferências idealizadoras. Estas podem ter um efeito muito sedutor e tendem a envaidecê-lo a acreditar que é realmente tão notável. Em todo caso, elas tendem a constelar seus medos de ser inundado de modo embaraçoso por suas próprias fantasias latentes de onipotência. Ao mesmo tempo, ele pode sentir-se sob a grande pressão de não desapontar as expectativas idealizadoras do cliente. Desse modo, surge o risco – que já mencionamos – de que o analista, por sua vez, inconscientemente experimente seu cliente como um "si-mesmo-objeto" de cuja admiração idealizadora precisa intensamente para conservar seu próprio equilíbrio narcíseo. Além disso, pode ser embaraçoso ao extremo para o analista ter de perceber o enorme prazer que ele sente ao ser visto como pessoa tão admirada e idealizada. Isso não significa que ele não possa, ao mesmo tempo, ficar narcisisticamente magoado quando as desilusões do cliente pouco a pouco levam à retirada dessas projeções e podem, às vezes, dar lugar até mesmo a uma atitude depreciativa em relação a ele. Com clientes que tendem a desvalorizar tudo o que o analista diz e constantemente precisam minar o propósito de todo o empreendimento terapêutico, seu si-mesmo ostentoso pode manifestar-se infernizando-o, torturando-o com desespero e com a convicção de que ele é absolutamente inútil como terapeuta.

Essa pode ser a razão por que os analistas em treinamento são tão frequentemente relutantes acerca de até mesmo tocar no assunto da transferência com seus clientes. Eles têm medo de que possam achá-los presumidos e narcisistas; inconscientemente, muitas vezes confundem sua *possível importância como figura transferencial* com sua *importância pessoal* – uma questão decisiva para todo analista, a respeito da qual gostaria de fazer algumas observações em um parágrafo posterior.

Não se pode negar o quanto é importante para um analista reconciliar-se com suas próprias necessidades e fantasias narcisísticas, sob pena de se tornarem contraproducentes para seus clientes. Na tentativa de encontrar um *modus vivendi* com o próprio si-mesmo ostentoso, creio que princípios moralistas são de pouca utilidade, mas posso recomendar outra das sugestões de Kohut, a saber, o desenvolvimento do senso de humor. Eu verdadeiramente acredito que o humor tolerante é o melhor jeito de lidar com as exigências impulsivas do si-mesmo ostentoso. Se posso aceitar com boa dose de humor o lado em mim que gostaria tanto de ser onisciente, onipotente, mundialmente célebre e amado por todos, então grande parte do embaraço inibidor e carregado de complexos pode ser superada. Nesse caso, reconheço a existência de tais fantasias e, até certo ponto, permito-lhes terem o que lhes cabe; ao mesmo tempo, porém, posso considerá-las com certa medida de desprendimento humorístico.

Muitas vezes ficamos impressionados com a facilidade com que os terapeutas, no exercício de sua profissão com grande paixão, podem cair na insalubre "síndrome do ajudante", provocada, em essência, pelas necessidades narcisísticas inconscientes (cf. tb. Schmidbauer, 1977). A máxima deles é: eu, o terapeuta, preciso urgentemente de você, o cliente, para sentir-me necessário. Por outro lado, podemos duvidar de que alguém que realmente não gosta de ajudar outras pessoas possa estar genuinamente motivado ao exercício dessa profissão. Aqui, mais uma vez, a questão é não ficar "atolado" em uma identificação com o "ajudante", em especial se lembrarmos que, por trás de tais atividades, está operando a imagem arquetípica do "curador divino". Qualquer identificação do eu com um arquétipo corresponde a um estado de perigosa inflação.

Outra dificuldade pode aparecer nos casos em que a autoestima pessoal do analista precisa demasiadamente ser alimentada em razão de seu conhecimento psicológico ou por suas habilidades terapêuticas, de modo que o bom êxito ou o malogro tornam-se o critério de sua competência. Tal atitude abre com facilidade a porta a uma inflação do si-mesmo ostentoso e pode até mesmo impedir aquilo por que o terapeuta ansiosamente se esforça, ou seja, o verdadeiro bom êxito terapêutico. Com frequência, é tal esforço por sucesso que interfere no tempo e no espaço de que um cliente possa precisar para descobrir aonde sua própria vereda quer conduzi-lo. Sempre que o analista atribuir o sucesso terapêutico a seus próprios méritos e habilidades, estará mais ou menos identificado com o si-mesmo ostentoso, e o mesmo é válido caso o malogro terapêutico leve sua autoestima a ficar excessivamente abalada e magoada. Não é preciso dizer que ele deve, de fato, dar o melhor de si para o trabalho com o analisando, dentro de sua própria responsabilidade. Entretanto, em última instância, tudo o que ele pode fazer é assegurar-se de deixar espaço para que o processo desenvolva-se e ser suficientemente habilidoso e compreensivo para estimular e não impedir tal desdobramento.

O leitor pode ter percebido com que frequência, no último capítulo, a palavra "eu" foi usada e o quanto escrevi sobre mim mesmo, minhas intervenções, minhas reações, minhas interpretações etc. Naturalmente, é bem possível que meu próprio narcisismo estivesse, em segredo, fazendo a festa e soltando os foguetes! Todavia, também muito consciente de que o "eu" da situação analítica não é somente o meu próprio, mas antes também uma parte das fantasias de cada cliente. Nesse sentido, é um instrumento de que o inconsciente do cliente precisa. O problema para o analista, portanto, é que, embora seja desafiado em sua humanidade individual, ele é também uma "ferramenta", de certa forma, impessoal em um processo que ele não pode nem dirigir nem controlar completamente. A dura realidade cotidiana de sua profissão com certeza lhe mostrará que ele jamais é senhor do poder que rege o desfraldar-se dos acontecimentos e processos psíquicos, não importa o quanto seja habilidoso em aplicar toda a gama de seus meios terapêuticos. Jung estava absolutamente certo quando escreveu que trabalhar com a psique exige uma atitude religiosa em seu mais amplo sentido; aprazia-lhe mencionar a ideia dos alquimistas de que o trabalho só pode ser bem-sucedido *deo concedente* – "com o auxílio de Deus".

O "procedimento dialético" de Jung e a análise da infância

Intencionalmente optei por colocar a subsequente comparação entre o "procedimento dialético" de Jung e a assim chamada análise "redutivo-causal" da infância bem no fim deste livro, porque ela lida com os possíveis escopos e metas de uma análise, incluindo-se suas limitações. Ao refletir sobre as metas de uma análise, em primeiro lugar quero chamar a atenção para as ideias de Kohut. Em seu livro, ele definiu três critérios que podem ser usados para avaliar o sucesso terapêutico na análise de transtornos narcísicos da personalidade (sendo esses critérios mais gerais, que podem ser aplicados a casos diferentes dos transtornos narcísicos da personalidade).

Conforme Kohut, o efeito terapêutico da psicanálise inclui o seguinte: primeiro, "a capacidade do analisando de fazer uso eficaz de si-mesmos-objetos será incrementada" (cf. tb. nossa discussão sobre "si-mesmo e objetos", p. 276ss.); segundo, o si-mesmo bipolar e suas estruturas psíquicas deverão madurecer, pelo que "pelo menos um setor do si-mesmo, do polo das ambições ao polo dos ideais (ou seja, pelo menos a "estrutura compensatória") seja capaz de funcionar eficazmente"; e terceiro, uma análise bem-sucedida colocará o analisando "em uma posição de dedicar-se à realização do programa nucleal estabelecido no centro de seu si-mesmo" (Kohut, 1984, p. 152).

As opiniões de Kohut a respeito de uma análise bem-sucedida são muito mais amplas do que a ideia original de Freud, segundo a qual o tratamento deveria visar tornar o cliente, tanto quanto possível, eficiente e capaz de gozo[24]. Mais especificamente, ele acrescenta a noção do si-mesmo esforçando-se para realizar o programa estabelecido por seu núcleo. Na experiência de Kohut, no final

---

24. Vale a pena mencionar aqui que, em 1923, Freud combinou essa ideia com a de uma "psicologia do eu", visando fortalecer o eu ele escreve mais tarde que "Onde era Id, há de ser Eu" (Freud, 1932, p. 80), pelo que a seguinte citação também inclui a noção de autorrealização – uma ocorrência rara nos escritos de Freud: "Pode-se estabelecer que o objetivo do tratamento é remover as resistências do paciente e passar em revista suas repressões, ocasionando assim a unificação e o fortalecimento de mais longo alcance de seu eu, capacitando-o a poupar a energia mental que está dispendendo em conflitos internos, obtendo do paciente o melhor que suas capacidades herdadas permitam, e tornando-o assim tanto eficiente e capaz de gozo quanto é possível" (Freud, 1923b, p. 251).

de um tratamento analítico bem-sucedido, o cliente conscientemente adere a essa tendência rumo à autorrealização. A análise, assim, não é o processo de autorrealização em si, mas, se for bem-sucedida, permite que esse empreendimento de toda a vida aconteça sob melhores condições.

Kohut é bastante modesto para ver os limites do que a análise pode alcançar e declara-se satisfeito se as "estruturas compensatórias" do cliente melhorarem, embora a deficiência primária no si-mesmo possa muitas vezes não ser curada – ou quando menos não totalmente. Ele introduziu o conceito de estruturas compensatórias em 1977, distinguindo-as das "estruturas defensivas". De acordo com Kohut, a estrutura deve ser chamada defensiva sempre que sua única e predominante função for a cobertura da deficiência primária no si-mesmo. Em contrapartida, a estrutura é compensatória

> quando, em vez de simplesmente cobrir uma deficiência no si-mesmo, ela compensa tal defeito. Depois de passar por um desenvolvimento próprio, provoca uma reabilitação funcional do si-mesmo compensando a fraqueza em um dos polos do si-mesmo mediante o fortalecimento do outro polo. Na maioria das vezes, uma fraqueza na esfera do exibicionismo e das ambições é compensada pela autoestima proporcionada pela busca de ideais; mas o contrário também pode acontecer (Kohut, 1977, p. 3-4).

Essa opinião deriva da observação de Kohut de que, em muitos casos, o analista não pode alcançar suficientemente a deficiência primária para poder perfazer um melhoramento. No entanto, em vez disso, na fase final da análise, atividades criativas ou novos ideais de vida podem manifestar-se, os quais proporcionam ao paciente certa porção de satisfação interior. Kohut sustenta que essas não são manobras defensivas, mas antes uma "indicação de que esses psicanalisandos determinaram, pelo menos preliminarmente, o modo pelo qual o si-mesmo, de agora em diante, tentará assegurar sua coesão, conservar seu equilíbrio e alcançar sua realização" (Kohut, 1977, p. 38).

Em seu livro de 1984, Kohut dá um passo adiante, conforme mostra a seguinte citação:

> Com base em impressões colhidas da observação de pessoas que, creio, são (ou eram) capazes de viver especialmente vidas significativas e criativas, cheguei a presumir que um si-mesmo caracterizado pela predominância de estruturas compensatórias constitui a matriz mais frequente da capacidade para essa consecução. Expondo em termos diferentes, tenho a impressão de que as vidas mais produtivas e criativas são vividas por aqueles que, *a despeito de altos graus de traumatização* na infância, são capazes de adquirir novas estruturas pela descoberta de novos caminhos rumo à completude interior (Kohut, 1984, p. 44).

Amparado por essa convicção, Kohut chega até mesmo a expressar suas dúvidas quanto a se a tentativa do analista de atingir e influenciar a deficiência primária é de todo necessária. Pode ser, por vezes, até mesmo contraproducente. De acordo com ele, não é necessariamente um sinal de patologia, mas antes de saúde, se a transferência descobre um si-mesmo que, no início de seu desenvolvimento, virou as costas a frustrações irremediáveis (ou pelo menos fez movimentos parcialmente bem-sucedidos em uma nova direção). Qualquer tentativa da parte do analista de reviver uma fase da qual o cliente teve grande dificuldade de desvencilhar-se no começo da vida estaria não somente fadada ao malogro, como também demonstraria grosseira incompreensão do cliente. Em outras palavras,

> ao insistir que a doença de seu analisando se conforme ao molde específico que ele considera universal e ao instar, ademais, que o analisando se submeta ao procustiano processo terapêutico particular que o analista considera o *sine qua non* da verdadeira análise – seja a resolução do complexo de Édipo, seja o reviver das emoções da situação paranoico-depressiva, seja a ab-reação do trauma do nascimento, seja o experimentar novamente uma mágoa inicial ao si-mesmo, seja qualquer outra panaceia limitada pela teoria –, o analista que faz tal tentativa coloca obstáculos no caminho do cliente para a recuperação (Kohut, 1984, p. 45-46).

Então,
> não é possível reativar situações traumáticas da primeira infância e da infância às quais o si-mesmo reagiu construtivamente por conta própria em seu desenvolvimento inicial. Mesmo se o ressurgimento de tais situações fosse factível, além disso, não serviria a nenhum bom propósito se, de fato, pudéssemos provocá-lo (Kohut, 1984, p. 43).

A abordagem de Kohut está, efetivamente, apoiada em uma profunda convicção de que o si-mesmo é dotado de um conhecimento instintivo e encontrará o caminho rumo à própria cura se a análise conseguir apoiar essa tendência ou remover alguns dos obstáculos que se interpõem. Essa opinião está claramente exposta no que se segue:

> Por outras palavras, não podemos abandonar nossa convicção de que o si-mesmo e a sobrevivência de seu programa nucleal é que são a força básica na personalidade de todas as pessoas e que, no último recurso e no nível mais profundo, todo analista, em definitivo, se encontrará face a face com essas forças motivacionais básicas no cliente (Kohut, 1984, p. 147).

O parentesco entre as opiniões de Kohut e a perspectiva de Jung não poderia ser demonstrado de maneira mais impressiva. Onde Kohut escreve a respeito de estruturas compensatórias no si-mesmo, Jung enfatiza a função compensatória do inconsciente e a vê como a base para as tendências de autocura na psique. Já referimos que, em sua opinião, a tarefa da análise é entrar em contato com os conteúdos inconscientes, compreendê-los como compensatórios para a atitude consciente e interpretá-los no contexto do processo de individuação que é estimulado e organizado pelo si-mesmo. Essa abordagem foi chamada de "prospectivo-construtiva" (Frey-Rohn, 1974, p. 195ss.). Já em 1914, Jung havia criticado a psicanálise freudiana por sua "compreensão retrospectiva", ou seja, por seu "causalismo redutivo", e defendeu uma "forma prospectiva de compreensão" (OC 3, § 397-399).

> Uma pessoa só foi compreendida pela metade, quando se sabe a proveniência de tudo o que aconteceu com ela. [...] Como ser vivo, ela não foi compreendida, porque a vida não é só ontem nem fica explicada quando se reduz o hoje ao ontem. A vida também é amanhã; só compreendemos o hoje se pudermos acrescentá-lo àquilo que foi ontem e ao começo daquilo que será amanhã (OC 7/1, § 67).

Para Jung, as questões de significado e propósito são, assim, mais importantes do que a busca pelas causas. A questão essencial é "para quê". Como descobrira o si-mesmo e suas tendências de desenvolvimento, manifestando-se na forma de sonhos e também de sintomas e de complexos, Jung sentiu que essa era uma questão apropriada.

No entendimento de Jung, o impulso rumo à individuação que emerge do si-mesmo é a motivação de toda existência humana, pelo que a análise, obviamente, não pode visar a nada semelhante a uma "individuação perfeita" ou a uma completa autorrealização. Conforme escreve Jung: "Em psicoterapia, considero até aconselhável que o médico não tenha objetivos demasiado precisos" (OC 16/1, § 81). E mais adiante:

> ele vai saber mais do que a própria natureza ou a vontade de viver do paciente. As grandes decisões da vida humana estão, em regra, muito mais sujeitas aos instintos e a outros misteriosos fatores inconscientes do que à vontade consciente, ao bom-senso, por mais bem-intencionados que sejam. [...] Se assim não for, a terapia não terá outro recurso a não ser orientar-se pelos dados irracionais do doente. Neste caso, a natureza nos servirá de guia, e a função do médico será muito mais desenvolver os germes criativos existentes dentro do paciente do que propriamente tratá-lo (OC 16/1, § 81-82).

Essas citações falam por si mesmas. Foram extraídas de um artigo a respeito das metas da psicoterapia no qual Jung faz uma distinção entre "tratamento" e "desenvolvimento": "O que tenho a dizer começa no ponto em que o tratamento termina, e onde começa a evolução" (OC 16/1, § 83). Em sua opinião, o tratamento pode ser alcançado dentro de uma abordagem freudiana ou adleriana e consiste na "normalização" e na "racionalização". A terapia pode ser bem-sucedida no caso em que, por exemplo, sintomas neuróticos podem desaparecer ou, pelo menos, melhorar. Muitas pessoas, no entanto, estão buscando mais do que um melhoramento de suas neuroses: em tais casos, o si-mesmo está agindo, impulsionando-as no caminho rumo à individuação.

Creio que a distinção que Jung faz entre as várias formas de procedimentos terapêuticos é demasiado artificial, e penso que dificilmente analistas junguianos contemporâneos trabalhem com base nela. Precisamos também levar em conta que, dentro da abordagem freudiana, o "tratamento", se for bem-sucedido, sempre envolve "desenvolvimento". Na maioria dos casos, visa desfazer desajustes neuróticos, permitindo, assim, que um desenvolvimento normal aconteça. Jung, por outro lado, acredita que, como resultado do "desenvolvimento" (seguindo-se o confronto dialético com o inconsciente), o cliente pode ser libertado da "dependência doentia". Isso lhe concede mais estabilidade interior e uma nova confiança em si mesmo, permitindo-lhe levar uma existência social melhor. "Pois uma pessoa interiormente segura e autoconfiante está mais bem preparada para suas funções sociais do que alguém que não está bem com o seu inconsciente" (OC 16/1, § 110). Por outras palavras, visa-se a um aumento da autoconfiança o qual poderia – conforme vimos – ser igualmente alcançado por métodos que Jung atribui ao "tratamento". Isso mostra o quanto são fluidas as fronteiras entre as duas abordagens.

O escopo de uma análise junguiana é, em todo caso, levar o analisando a aprender a "ficar em boas relações" com o inconsciente; para expressar em outras palavras – conforme já mencionamos mais de uma vez –, ele deveria "assumir uma atitude consciente que permita a cooperação do inconsciente em vez de sua oposição" (OC 16/2, § 366). Uma análise, portanto, alcançou um resultado muito importante se proveu o analisando da habilidade de entabular um diálogo com o inconsciente por conta própria, a saber, "reconciliar-se consigo mesmo" no verdadeiro sentido da expressão. Isso deveria incluir um melhoramento em sua capacidade de aceitar seu próprio verdadeiro ser e alcançar uma autoavaliação realista o bastante. Há também algo como uma "sensação de estar psiquicamente vivo", e isso parece ser o resultado mais importante alcançado pela análise, posto que implique estar mais em contato com os próprios sofrimentos, conflitos e tensões. Se, porém, tais sentimentos negativos podem ser aceitos como parte do estar vivo, o analisando pode (como o restante de nós) finalmente ser capaz de lidar com eles de maneira mais fecunda.

Apesar de muitas semelhanças em suas opiniões e ideias, Jung e Kohut também divergem. Ambos estão convencidos de que, na análise, é preciso descobrir e, em seguida, seguir a vereda que é tomada pelo si-mesmo do analisando a fim de superar o transtorno[25]. Jung, porém, molda sua abordagem terapêutica no que o inconsciente e o si-mesmo estão tentado "comunicar" mediante sonhos e fantasias. Kohut, em contrapartida, tenta perceber empaticamente como o si-mesmo do paciente "usa" o analista na contratransferência para tornar-se mais coerente e maduro. Esses são pontos de vista divergentes – e, no entanto, não tão diferentes que não possam ser compatíveis. Os sentimentos e as fantasias do psicanalisando a respeito do analista são expressas em sonhos também, e, inversamente, as projeções formadas dentro do processo transferencial dão informações quanto a quais conteúdos inconscientes estão sendo constelados no analisando. Em última instância, depende de qual modo de interpretação pode ter melhor efeito terapêutico no tocante a um cliente particular. Sempre que "lidar com a transferência" é visto como a ferramenta terapêutica principal, os conteúdos oníricos serão interpretados como se estivessem relacionados exclusivamente com o analista e com a situação analítica. Esse tipo de interpretação muitas vezes

---

25. Acerca das diferentes concepções do si-mesmo em Jung e Kohut, cf. o terceiro capítulo.

soa bastante artificial e não demasiado convincente em sua exclusividade. Por outro lado, porém, mesmo quando o analista interpreta os sonhos principalmente em um nível subjetivo, é valioso em termos terapêuticos que ele considere a possibilidade de figuras oníricas interiores também terem uma influência no aqui e agora da análise. Esse é o motivo por que, pessoalmente, considero todo sonho (não somente, mas também) uma possível referência ao campo terapêutico (Jacoby, 1984). Creio que é possível e terapeuticamente válido que tanto um exame acurado dos conteúdos oníricos quanto uma percepção empática da transferência/contratransferência sejam usados na situação analítica, uma vez que ambos os aspectos complementam-se reciprocamente. É claro que, a depender do caso, a ênfase colocada em um ou outro pode variar.

Contudo, devo acrescentar aqui que, em minha experiência, as pessoas que sofrem de distúrbio narcísico da personalidade muitas vezes simplesmente não conseguem encontrar auxílio real em sonhos. Elas têm dificuldades em experimentá-los de maneira verdadeiramente simbólica devido à sua incapacidade de estabelecer limites claros o suficiente entre o eu e o inconsciente.

Assim, frequentemente atribuem um efeito mágico aos sonhos. Têm medo, por exemplo, de sonhos "maus", porque estes podem tornar-se verdadeiros em um nível bem concreto. Sonhos "bons" podem estimular o si-mesmo ostentoso e levar a inflações irrealistas. Vez ou outra, os sonhos são também compreendidos como uma condenação irrevogável pronunciada por um poder superior. Dada essa "incerteza acerca dos limites", elas não podem apoiar-se com bastante confiança em uma realidade interior relativamente discreta. O analista, portanto, torna-se tanto mais importante, seja como um espelho da realidade do cliente, seja como a figura onisciente que fornece sustentação e orientação. O foco, portanto, deve permanecer, durante muito tempo, sobre o manejo empático da situação de transferência/contratransferência.

Retornando à questão da diferenciação entre uma abordagem prospectivo-construtiva e uma análise "redutiva", ou seja, a análise da infância, pode-se dizer o seguinte: o que essencialmente importa é compreender em que modo particular a situação psíquica atual do cliente é o resultado de algumas experiências passadas específicas e como isso, por sua vez, está influenciando o que pode se tornar o futuro. Jung tem razão quando menciona que, especialmente no começo de uma análise, os sonhos tendem a apontar para o passado, trazendo à tona o que havia sido esquecido ou perdido. "Em muitos desses casos, sucede que as oportunidades de um desenvolvimento da personalidade, diverso do que se deu na realidade, ficaram soterradas num ponto qualquer do passado e ninguém sabe disso, nem o próprio paciente. O sonho, porém, pode levantar pistas" (OC 16/1, § 87). O próximo passo na terapia é, então, entrar conscientemente em contato com essas potencialidades. É improvável que um sonho desvele possibilidades não desenvolvidas no passado se estas não forem elementos importantes na psique do sonhador que carecem de integração. Consequentemente, pode dar-se, pois, um ulterior desenvolvimento da personalidade. Passado e futuro, abordagem "redutiva" e "prospectiva", portanto, convergem.

Aqui é onde entra Kohut, já que – seguindo a tradição psicanalítica – ele acredita que o processo de transferência lhe permitirá compreender e, se possível, explicar quais experiências na história de vida do cliente podem estar ocultas em seus sintomas. Para nossa discussão presente, é de interesse que Kohut espera regressar pelo menos até o ponto em que, durante a infância do cliente, o si-mesmo desenvolveu os rudimentos de uma estrutura compensatória. Mas, então, ele tenta, mediante o uso de uma atitude empática que permite uma "frustração ideal" estimular o processo maturacional natural do si-mesmo. Em outras palavras, a busca pelas raízes do transtorno atual na infância ainda é importante analiticamente, mas a real maturação do si-mesmo acontece mediante um processo com determinado propósito, do qual o analista participa no "aqui e agora" da transferência. Certas fases maturacionais que não puderam ser completadas na infância estão sendo em parte recuperadas no processo analítico (Kohut, 1984, p. 186). Embora, em muitos casos, apenas a "estrutura compensatória" possa ser alcançada pela análise, esta, no entanto, provê o si-mesmo da possibilidade de realizar seu programa interior e, assim, permitir que o cliente viva uma vida mais significativa. Essa perspectiva é suficientemente modesta para levar em consideração o fato de que uma análise, na maioria dos casos, jamais pode ser "completa".

É notável que Kohut não tenha como certo que resultados terapêuticos surjam da revelação de causas traumáticas na primeira infância, mas antes dos processos maturacionais estimulados e acompanhados pela presença do analista. Isso, uma vez mais, aproxima a abordagem de Kohut do método "prospectivo-construtivo" de Jung. E isso significa que não podemos distinguir tão nitidamente a abordagem causal-redutiva e a prospectivo-construtiva. A diferença principal deve ser vista no fato de que o procedimento dialético de Jung, fomentando o processo de individuação, começa num estágio posterior do amadurecimento psíquico, uma fase que as pessoas que sofrem de "transtorno narcísico da personalidade" ainda não alcançaram. Ela pressupõe que a consciência do eu tenha desenvolvido fronteiras firmes o bastante para diferenciar-se do si-mesmo e de suas manifestações no inconsciente.

Jung advertia de um uso indiscriminado do procedimento dialético, escrevendo o seguinte:

> As neuroses mais difíceis precisam, em geral, de uma análise redutiva dos seus sintomas e dos seus estados. Nestes casos, não se deveria aplicar indistintamente um ou outro método, mas, dependendo do tipo do problema, a análise deve seguir de preferência os princípios de Freud ou os de Adler (OC 16/1, § 24).

Desde então, os analistas junguianos têm elaborado sua própria psicologia do desenvolvimento, baseada nos princípios junguianos (Fordham, 1969, 1976; Neumann, 1949; cf. tb. o terceiro capítulo, p. 110-122, deste livro). Como consequência, os clientes que sofrem de neuroses graves – enquanto estão ainda na "primeira parte da vida" ou mesmo na infância – não precisam ser necessariamente tratados de acordo com "os princípios de Freud ou de Adler". Foi Fordham, em particular, e a escola de psicologia analítica de Londres que deram uma importante contribuição para os métodos analíticos de tratamento (Fordham et al., 1974). Contudo, eles incluem tantas ideias obtidas de M. Klein, Winnicott e de outras teorias psicanalíticas sobre relações objetais, que junguianos rígidos hesitam em aceitar a abordagem deles como parte da psicologia junguiana. Pessoalmente, não partilho de todo dessa opinião e acho que as contribuições teóricas, e ainda mais as contribuições clínicas da escola de psicologia analítica de Londres, são muito valiosas.

No entanto, o que torna a psicologia do si-mesmo de Kohut tão relevante nesse contexto é o fato de que, até onde me é dado saber, nenhum outro psicanalista baseou sua perspectiva terapêutica em uma visão da natureza humana tão próxima das ideias de Jung. Parece, portanto, que – especialmente no tratamento dos transtornos narcísicos da personalidade (tão comuns) – as sutis contribuições de Kohut também podem ser de grande ajuda no refinamento da variedade psicoterapêutica disponível ao analista junguiano.

CONCLUSÃO

Isso nos leva ao fim de nosso estudo comparativo da psicologia do si-mesmo de Jung e de Kohut. Tomamos como ponto de partida as várias versões do mito de Narciso e suas interpretações no curso da história. Em seguida, tentamos interpretar esse mito dentro da moldura da psicologia analítica de Jung, tratando breve e intuitivamente de alguns temas básicos importantes para o narcisismo e para os distúrbios narcíseos. Para mim, um ponto essencial foi a investigação dos conceitos de Freud do narcisismo e a comparação desses com a posição de Jung naquela época. Várias ideias foram, então, apresentadas, ligadas à discussão de Balint (1937) sobre se o estado psíquico do bebê deveria ser atribuído ao narcisismo primário ou, de preferência, ser visto como amor primário. A isso se seguiu uma comparação das diferentes teorias do eu e do si-mesmo na psicologia analítica de Jung e na psicanálise. O capítulo subsequente foi dedicado a uma tentativa de diferençar as intrincadas questões que o conceito de narcisismo encerra. Depois, comparamos a posição de Jung a respeito de questões relevantes para o processo de individuação com a maturação do si-mesmo e suas metas, segundo Kohut – enquanto, ao mesmo tempo, referimo-nos a outros autores, tais como Winnicott, Kernberg etc.) Os últimos capítulos foram dedicados a questões concernentes ao pano de fundo psicológico dos distúrbios narcisísticos da personalidade e ao seu tratamento analítico baseado na psicologia analítica de Jung, na psicologia do si-mesmo de Kohut ou em comparação com alguns aspectos da teoria da relação objetal de Kernberg.

Quis ficar o mais próximo possível da experiência real do que é chamado si-mesmo, processo de individuação, narcisismo e transtornos narcísicos da personalidade, bem como próximo à questão de "qual é a sensação?" As diversas "escolas" de psicologia têm seu próprio modo de conceituar e interpretar tais manifestações e seu pano de fundo inconsciente; eu, em contrapartida, estava interessado principalmente em enfatizar suas semelhanças e os pontos nos quais elas parecem estar de acordo. Contudo, simultaneamente tentei apresentar um quadro justo da abordagem característica de cada escola. Mas concentrei-me mais nas similaridades do que nas diferenças; por conseguinte, não lidei com a contribuição específica de Jung para a psicologia da religião, por exemplo, nem com seus tipos psicológicos, com seus vastos estudos no campo da alquimia ou com o problema muito interessante da sincronicidade (Jung, 1952b; Von Franz, 1970, 1980), visto que nesses campos teria sido difícil encontrar pontos comuns com respeito a teorias psicanalíticas. No que diz respeito a Kohut, não pude detalhar todos os elementos sutis de sua confrontação com a teoria pulsional psicanalítica clássica.

Minha tentativa de sinopse não será bem-vinda em toda parte. Não sei, por exemplo, até que ponto os seguidores de Kohut apreciarão minha ideia de que sua psicologia do si-mesmo esteja tão próxima dos conceitos de Jung. Tanto mais que, depois de 1971, os escritos de Kohut nem sempre encontraram aprovação dentro da psicanálise, mas foram também cada vez mais rejeitados e criticados, a ponto de a originalidade de sua contribuição ser colocada em dúvida (Cremerius, 1981). Seus críticos podem sentir-se corroborados em suas opiniões se consegui demonstrar de maneira um tanto convincente sua proximidade em relação à posição de Jung. Essa não foi de forma alguma minha intenção. Por outro lado, os analistas junguianos podem não gostar de pensar que a abordagem de Kohut possa ter algo a oferecer a ponto de até mesmo ser aplicável à sua tentativa de estimular o processo de individuação. Preciso acrescentar aqui, no entanto, que a psicologia analítica sempre teve certa abertura a vários outros métodos, desde que respeitem a vida interior de uma pessoa e não interfiram no essencial do processo de individuação.

A fim de fazer justiça à complexidade da psique e acompanhar nossos analisandos pelos meândricos caminhos de suas almas, precisamos tanto de uma capacidade empática altamente diferenciada quanto de uma gama de ideias e concepções o mais ampla possível da psicologia humana; estas devem ser aplicadas de maneira flexível e pessoal, de acordo com o que quer que a situação analítica exija. Qualquer dogmatismo em conexão com teoria e métodos implica o risco de perder nosso foco sobre o analisando e sobre a maneira pela qual ele possa precisar "usar-nos" em prol de seu processo de cura. Essa é precisamente a razão por que nossa capacidade de assimilar determinadas visões e procedimentos de outras escolas pode contribuir grandemente para nossa flexibilidade ao lidar com conceitos e métodos de nossa própria escola. Nenhum método tem valor universal – não há nada parecido com uma panaceia. Contudo, é essencial que o terapeuta encontre "seu método", ou seja, o método com o qual ele se sinta o mais confortável possível e que se ajuste de forma natural à sua maneira de exercer sua profissão, embora permanecendo livremente adaptável às circunstâncias e à personalidade do cliente.

Qualquer discussão acerca de escolas, teorias e técnicas deve, em definitivo, trazer à mente a sabedoria de um antigo dito chinês que – como o demonstra a pesquisa moderna no campo da psicoterapia (Kind, 1982, p. 17) – permanece verdadeiro até hoje: "Se o homem errado usar o meio correto, o meio correto atuará de modo errado" (Tchang Scheng Shu) (OC 13, § 4).

REFERÊNCIAS

Adler, A. (1920). *Praxis and theory of individual psychology*. Routledge & Kegan Paul.

Asper, K. (1987). *Verlassenheit und Selbstentfremdung*. Walter.

Balint, M. (1937). Developmental states of the ego. Primary object-love'. In *Primary love and psychoanalytic technique*. Tavistock.

Barz, H. (1981). *Stichwort: Selbstverwirklichung*. Kreuz.

Basch, M. F. (1981, 3 out.). Selbstobjekte und Selbstübertragungen. Theoretische Implikationen [Conferência]. Congress on Self Psychology, Berkeley, CA.

Battegay, R. (1979). *Narzissmus und Objektbeziehungen*. (2. ed.). Huber.

Bel, E. F. (1975). *On the archetype of the hunter* [Tese, C. G. Jung Institute].

Berne, E. (1964). *Games people play*. Grove.

Berry, P. (1980). *Echo and beauty*. Spring.

Blomeyer, R. (1971). Die Konstellierung der Gegenübertragung beim Auftreten archetypischer Träume. In H. Dieckmann (ed.). *Uebertragung und Gegenübertragung in der analytischen Psychologie* (p. 103-113). Gerstenberg.

Bowlby, J. (1969). *Attachment and loss*. Hogarth.

Cremerius, J. (1981). Kohuts Behandlungstechnik; eine kritische Analyse. In Psychoanalytisches Seminar Zürich (ed.). *Die neuen Narzissmustheorien* (p. 75-117). Syndikat.

Cremerius, J. (1982). Psychoanalyse – jenseits von Orthodoxie und Dissidenz. *Psyche, 36*(6), 481-514.

Creuzer, F. (1810/1812). *Symbolik und Mythologie der alten Völker, besonders der Griechen.* Leske.

Davis, M., & Wallbridge, D. (1981). *Boundary and space.* Brunner/Macel.

Dieckmann, H. (1971). The constellation of the countertransference. In G. Adler (ed.). *Success and Failure in Analysis.* Putnam.

Dieckmann, H. (ed.). (1973). Uebertragung-Gegenübertragung Beziehung. In *Uebertragung und Gegenübeitragung in der analytischen Psychologie* (p. 114-126). Gerstenberg.

Dieckmann, H. (1979). *Methoden der analytischen Psychologie.* Walter.

Ellenberger, H. (1970). *The discovery of the unconscious.* Basic Books.

Ellis, H. (1928). *Studies in the psychology of sex.* Davis.

Emrich, W. (1964). Wertung und Rangordnung literarischer Werke. *Sprache im technischen Zeitalter, 12.*

Erikson, E. H. (1950/1963). *Childhood and society.* Norton.

Fenichel, O. (1945). *The psychoanalytic theory of neurosis.* Norton.

Fordham, M. (1957). Notes on transference. In *Technique in Jungian analysis* (p. 111-151; *Library of Analytical Psychology*, vol. 2). Heinemann.

Fordham, M. (1960). Counter-transference. In *Technique in Jungian analysis* (p. 240ss.; *Library of Analytical Psychology*, vol. 2). Heinemann.

Fordham, M. (1963). The Empirical Foundation and Theories of the Self in Jung's Works. In *Analytical psychology: A modern science* (p. 12-38; *Library of Analytical Psychology*, vol. 1). Heinemann.

Fordham, M. (1969). *Children as individuals.* Hodder & Stoughton.

Fordham, M., Gordon, R., Hubback, J., & Lambert, K. (1974). *Technique in Jungian analysis*. Heinemann.

Fordham, M. (1976). *The Self and autism*. Heinemann.

Fordham, M. (1986). *Explorations into the Self*. Karnac Books.

Frenzel, E. (1970). *Stoffe der Weltliteratur*. Kröner.

Freud, A. (1973). *The Ego and the mechanisms of defense*. Hogarth Press.

Freud, S. *The Standard Edition of the Complete Psychological Works of Sigmund Freud*. Hogarth Press.

Freud, S. (1904). *Freud's psychoanalytic procedure, CW*, vol. VII.

Freud, S. (1905/1915). *Three essays on the theory of sexuality, CW*, vol. VII.

Freud, S. (1912a). *Totem and taboo, CW*, vol. XIII.

Freud, S. (1912b). *Recommendations to physicians practising psychoanalysis, CW*, vol. XII

Freud, S. (1914a). *On narcissism. An introduction, CW*, Vol. XIV.

Freud, S. (1914b). *On the history of the psychoanalytic movement, CW*, vol. XIV.

Freud, S. (1915). *Observations on transference-love. CW*, vol. XII.

Freud, S. (1917). *Introductory lectures on psychoanalysis (Part III), CW*, vol. XVI.

Freud, S. (1921). *Group psychology and the analysis of the ego. CW*, vol. XVIII.

Freud, S. (1923a). *The Ego and the Id, CW*, vol. XIX.

Freud, S. (1923b). *Psychoanalysis and libido theory* (two encyclopaedia articles), *CW*, vol. XVIII.

Freud, S. (1930). *Civilization and its discontents, CW*, vol. XXI.

Freud, S. (1931). *Female sexuality, CW*, vol. XXI.

Freud, S. (1932). *New introductory lectures on psychoanalysis*, CW, vol. XXII.

Freud, S. (1938). *An outline of psychoanalysis*, CW, vol. XXIII.

Freud, S., & Jung, C. G. (1974). *The Freud/Jung letters*. Princeton University Press.

Frey-Rohn, L. (1974). *From Freud to Jung*. Putnam.

Gehlen, A. (1955). *Der Mensch*. Athenum Verlag.

Gide, A. (1981). *Le Traité du Narcisse*. Publicação privada.

Goethe, J. W. von (1808). *Faust 1. Teil*.

Gordon, R. (1978). *Dying and creating: A search for meaning*. Society of Analytical Psychology & London Academic Press.

Gordon, R. (1980). Narcissism and the self: Who am I that I love? *Journal of Analytical Psychology*, 25(3), 247-264.

Guggenbühl-Craig, A. (1971). *Power in the helping professions*. Spring.

Hartmann, H. (1950). Psychoanalysis and developmental psychology. In *Essays on Ego psychology* (p. 99-141). International Universities Press.

Hartmann, H. (1956). The development of the ego concept in Freud's work. In *Essays on Ego psychology* (p. 268-296). International Universities Press.

Hartmann, H. (1964). *Essays on Ego psychology*. International Universities Press.

Heimann, P. (1950). On counter-transference. *International Journal for Psychoanalysis*, 31, 81-84.

Heimann, P. (1978). Ueber die Notwendigkeit für den Analytiker, mit seinen Patienten natürlich zu sein. In S. Drews (ed.). *Alexander Mitscherlich zu ehren* (p. 215-230). Suhrkamp.

Heisenberg, W. (1958). *Physicist's conception of nature*. Hutchinson.

Hesse, H. (1930). *Narziss und Goldmund*. S. Fischer.

Homans, P. (1979). *Jung in context*. University of Chicago Press.

Innes, M. M. (1955). *Metamorphoses of Ovid*. Penguin Books.

Jackson, M. (1961). Chair, couch and counter-transference. *Journal of Analytical Psychology*, *6*(1), 35-48.

Jacobi, J. (1959). *Complex/archetype/symbol in the psychology of C. G. Jung*. Pantheon Books.

Jacobi, J. (1969). *Vom Bilderreich der Seele*. Walter.

Jacobson, E. (1964). *The Self and the object world*. International Universities Press.

Jacoby, M. (1973a). Zum Berufsbild des Jungschen Analytikers. *Zeitschr. für analytische Psychologie*, *4*, 282-292.

Jacoby, M. (1973b). Zur Unterscheidung von Beziehung und Uebertragung in der analytischen Situation. In H. Dieckmann (ed.). *Uebertragung und Gegenübertragung in der analytischen Psychologie* (p. 204-216). Gerstenberg.

Jacoby, M. (1984). *The analytic encounter: Transference and human relationships*. Inner City Books.

Jacoby, M. (1985). *The longing for paradise*. Sigo.

Jacoby, M., Kast, V., & Riedel, I. (1978/1980). *Das Böse im Märchen* (2. ed.). Bonz.

Jaffé, A. (1968). *Jung and National Socialism in Jung's last years*. Spring.

Jaffé, A. (1970). *The myth of meaning in the work of C. G. Jung*. Hodder & Stoughton.

Jones, E. (1953). *Sigmund Freud, life and work, vol. 1: The formative years and the great discoveries, 1856-1900*. Hogarth.

Jones, E. (1958) *Sigmund Freud, life and work, vol. 2: Years of Maturity 1901-1919*. Hogarth Press.

Jung, C. G. (2012). *Obra Completa*. 20 vols. Vozes.

Jung, C. G. (1943). Letter to A. Künzli. In *Letters, vol. 1*. Routledge & Kegan Paul.

Jung, C. G., & Jaffé, A. (1963). *Memories, DREAMS, REflECTIONS*. Collins & Routledge & Kegan Paul.

Jung, C. G., & Kerényi, K. (1951). *Introduction to a science of mythology*. Routledge & Kegan Paul.

Jung, E. (1969). *Animus and anima*. Spring.

Kalsched, D. (1980). Narcissism and the search for interiority. *Quadrant, 13*(2), 46-74.

Kast, V. (1974). *Kreativität in der Psychologie von C. G. Jung*. Juris Verlag.

Kast, V. (1980). Das Assoziationsexperiment in der therapeutischen Praxis. *Therapeutische Konzepte in der analytischen Psychologie C. G. Jung, 5*.

Kernberg, O. F. (1975). *Borderline conditions and pathological Narcissism*. Aronson.

Khan, M. M. R. (1974). *The privacy of the Self*. International Universities Press.

Kind, H. (1982). *Psychotherapie und Psychotherapeuten*. Thieme.

Klauber, J. (1980). *Schwierigkeiten in der analytischen Begegnung*. Suhrkamp.

Kleine, P. der (1979). *Lexikon der Antike*. DTV.

Köhler, L. (1978). Theorie und Therapie narzisstischer Persönlichkeitsstörungen. *Psyche, 32*(11), 1.001-1.058.

Kohut, H. (1957, nov.). Introspection, empathy and psychoanalysis. In P. H. Ornstein (ed.). *The Search for the Self, vol. 1* (p. 205-232). International Universities Press.

Kohut, H. (1966). Forms and transformations of narcissism. In P. H. Ornstein (ed.). *The search for the Self, vol. 1*. International Universities Press.

Kohut, H. (1971). *The analysis of the self,* International Universities Press.

Kohut, H. (1972). Narcissistic rage. In P. H. Ornstein (ed.). *The search for the Self, vol. 2*. International Universities Press.

Kohut, H. (1977). *The restoration of the Self*. International Universities Press.

Kohut, H. (1984). *How does analysis cure?* University of Chicago Press.

Kohut, H. (1988). *Análise do Self: Uma abordagem sistemática do tratamento psicanalítico dos distúrbios narcísicos da personalidade*. Imago.

Kranz, W. (1955). *Die Griechische Philosophie* (3. ed.). Schünemann.

Lambert, K. (1981) *Analysis, repair and individuation*. London Academic Press.

Lasch, C. (1979). *The culture of Narcissism: American life in an age of diminishing expectations*. Norton.

Lexikon der Alten Welt (1975). Artemis.

Little, M. "R". (1957). The analyst's total response to his patient's needs. *Int. Journal of Psychoanalysis*, *38*, p. 3-4.

Loch, W. (1965). *Voraussetzungen, Mechanismen und Grenzen des psychoanalytischen Prozesses*. Huber.

McCullers, C. (1946). *The heart is a lonely hunter*. Penguin.

Mahler, M. S., Pine, F., & Bergman, A. (1975). *The Psychological Birth of the Human Infant*. Basic Books [trad. bras.: *O nascimento psicológico da criança: simbiose e individuação*. Artes Médicas, 1993].

Mattern-Ames, E. (1987). *Falling: notes on early damage and regression* [Tese, C. G. Jung Institute].

Miller, A. (1979). *The drama of the gifted child and the search for the Self*. Faber & Faber.

Miller, A. (1980). *For your own good*. Farrar, Straus, Giroux.

Mitscherlich, A. (1963). *Society without the father*. Tavistock

Mitscherlich, A. (1974). Besprechung des Briefwechsels S. Freud mit C. G. Jung aus den Jahren 1909-1913. *FAZ*, 25 May.

Neumann, E. (1949). *Origins and history of consciousness*. Harper and Brothers.

Neumann, E. (1954). *Art and the creative unconscious*. Routledge & Kegan Paul.

Neumann, E. (1956). *The great mother*. Pantheon.

Neumann, E. (1966). *Narcissism, normal self-formation and the primary relation to the mother*. Analytical Psychology Club.

Neumann, E. (1973). *The child*. Putnam.

Neumann, E. (1979). *Creative man*. Princeton University Press.

Otto, R. (1936). *The idea of the holy*. Oxford University Press.

Passett, P. (1981). Gedanken zur Narzissmuskritik. In *Die neuen Narzissmustheorien* (p. 157-87). Syndikat.

Peters, H. F. (1962). *My sister, my spouse*. Norton.

Portmann, A. (1958). *Zoologie und das neue Bild des Menschen*. Rowohlt.

Psychoanalytisches Seminar Zurich (1981). *Die neuen Narzissmustheorien: Zurück ins Parodies?* Syndikat.

Pulver, S. E. (1970). Narcissism: the term and the concept. *Journal of the American Psychoanalytic Assoc., 18*, 319-341.

Racker, H. (1968). *Transference and countertransference*. Hogarth.

Rank, O. (1911). Ein Beitrag zum Narzissmus. *Jahrbuch für psychoanalytische und psychopathologische Forschungen, 3*, 401-426.

Redfearn, J. W. T. (1985). *My Self, my many selves*. London Academic Press.

Reich, A. (1951). On countertransference. *International Journal of Psychoanalysis, 32*, 25-31.

Riezler, W. (1944). *Beethoven*. Atlantis Verlag.

Rilke, R. M. (1913). Narziss. In *Insel-Werkausgabe, vol. 3*. Insel.

Rothschild, B. (1981). Der neue Narzissmus – Theorie oder Ideologic? In Psychoanalytisches Seminar Zurich (ed.). *Die neuen Narussmustherorien* (p. 25-62). Syndikat.

Ryce-Menuhin, J. (1988). *The Self in early childhood*. Free Association Books.

Sadger, J. (1908). Psychiatrisch-Neurologisches in psychoanalytischer Beleuchtung. Zbl. *Gesamtgeb. Med. u. ihre Grenzgeb,* (7/8).

Samuels, A. (1985). *Jung and the post-Jungians*. Routledge & Kegan Paul.

Sartorius, B. (1981). Der Mythos von Narziss: Notwendigkeit und Grenzen der Reflexion. *Analyt. Psychologie, 12*(4), 286-297.

Satinover, J. (1980). Puer aeternus: the narcissistic relation to the Self. *Quadrant, 13*(2), 75-108.

Scheler, M. (1949). *Man's place in nature*. Noonday.

Schiller, J. C. F. von (1798). *Wallenstein's Lager* [Peça apresentada pela primeira vez em Weimar].

Schlieffen, H. G. von (1983). Psychoanalyse ohne Grundregel. *Psyche, 37*(6), 481-496.

Schlegel, A. W. (1798). *Fragmente*. Athenaeum.

Schmidbauer, W. (1977). *Die hilflosen Helfer*. Rowohlt.

Schwartz-Salant, N. (1978/1980). Narcissism and narcissistic character disorders: A Jungian view. *Quadrant, 12*(2), 48-84; *13*(2), 4-45.

Schwartz-Salant, N. (1982). *Narcissism and character transformation*. Inner City Books.

Schwartz-Salant, N., & Stein, M. (eds.) (1984). *Transference/countertransference*. Chiron.

Seidmann, P. (1978). Narziss: ein Mythos der Selbstliebe und der Grandiosität? *Zeitsckr.f. Analyt. Psychologie, 9*(3), 202-212.

Spitz, R. A. (1960). Discussion of Dr. John Bowlby's paper "Grief and mourning in early childhood. *The Psychoanalytic Study of the Child*, 15, 9-52.

Spitz, R. A. (1965). *The first year of life*. International Universities Press.

Stein, M. (1976). *Narcissus*. Spring.

Stein, M. (ed.). (1982). *Jungian analysis*. Open Court.

Stern, H. (1978). *The couch*. Human Sciences Press.

Thomä, H. (1981). *Schriften zur Praxis der Psychoanalyse: Vom spiegelnden zum aktiven Psychoanalytiker*. Suhrkamp.

Tinbergen, N. (1951). *The study of instinct*. Oxford University Press.

Valéry, P. (1926). Fragments du Narcisse [em alemão: Fragment um Narziss. *Das Insel Schiff*, 8(1)].

Vinge, L. (1967). *The Narcissus theme in western European literature up to the early 19th Century*. Gleerups.

Von Beit, H. (1956). Gegensatz und Erneuerung im Märchen. *Symbolik des Märchens*, 2.

Von Franz, M.-L. (1970). *Number and time*. Rider.

Von Franz, M.-L. (1972). *Patterns of creativity mirrored in creation myths*. Spring.

Von Franz, M.-L. (1975). *C. G. Jung – His myth in our time*. C. G. Jung Foundation.

Von Franz, M.-L. (1980). *Projection and re-collection in Jungian psychology: Reflections on the soul*. Open Court.

Wilde, O. (1890). *The picture of Dorian Gray*. Publicação particular.

Willeford, W. (1969). *The fool and his scepter*. Northwestern University Press.

Willi, J. (1975). *Couples in collusion*. Aronson.

Winnicott, D. W. (1945). Primitive emotional development. In *Through Paediatrics to Psychoanalysis*. Basic Books.

Winnicott, D. W. (1947). Hate in the countertransference. In *Through Paediatrics to Psychoanalysis*. Basic Books.

Winnicott, D. W. (1955). Clinical varieties of transference. In *Through Paediatrics to Psychoanalysis*. Basic Books.

Winnicott, D. W. (1960). Ego distortion in terms of true and false self. In *The maturational processes and the facilitating environment*. Hogarth.

Winnicott, D. W. (1965). *The maturational processes and the facilitating Environment*. Hogarth.

Winnicott, D. W. (1971). *Playing and reality*. Tavistock.

Wolf, E. S. (1983). Empathy and countertransference. In A. Goldberg (ed.). *The future of psychoanalysis*. International Universities Press.

Yandell, J. (1978). *The imitation of Jung*. Spring.

ÍNDICE DE NOMES E DE ASSUNTOS

abordagem analítica da psicoterapia 364-387
   comunicação não verbal 373
   divã ou poltronas 367, 374
   duração e frequência das sessões 366
   Freud 295, 378-380, 382, 430-431
   Jung 364-375, 381-382, 449,450, 463-465
   Kernberg 364-365, 444, 447-448
   Kohut 378-379, 458-463, 471-472
   livre-associação 381
   regra da abstinência 376, 379
   resistência 371-372
A cultura do narcisismo 22
Adler, A.
   crítica a Freud 28, 77-78
   psicologia do indivíduo 25, 166, 384
   complexos de inferioridade 258, 384
agressão 312-313, 348, 357-358
água, simbolização 57
alquimia 193, 195, 287n
amor
   escolha do parceiro amoroso 161-162
   leva ao autoconhecimento 54-56
amor objetal primário 90-100
análise didática 375
Análise do Self 14, 365
analistas
   adaptando-se às necessidades dos clientes 387-390

    análise didática 375, 433
    como "médicos feridos" 431-432, 433
    conselho de Freud 430-431
    contratransferência 426-448
    criticada por chafurdice narcisística 55
    empatia 377-378, 390-391, 393, 397-399, 426-428, 430, 433-434, 436, 438-440, 443-444, 447-448
    espelhamento distorcido 450-451, 453
    narcisismo 441-458
anima e *animus* 162
Anna O. 430
A psicologia da transferência 382
A restauração do Self 141
arquétipos 89, 105, 120-122, 144, 256-257, 262, 345-347, 349, 354
artistas 250-255, 314
a sombra 337-339
atores 174-175
autismo normal 97, 119-120
autoerotismo 91
automorfismo 275-276

Bacon, F. 42
Balint, M. 93-96, 99, 109, 475
Basch, M. F. 284
Battegay, R. 373
bebês
  amor objetal primário 93-100
  espelhamento 124, 136-137, 139
    Kohut a respeito do si-mesmo rudimentar dos bebês 134-135
  objetos transicionais 230, 237
    realidade unitária 97-98, 99-100, 109-110, 236, 334
  relacionamentos mãe-filho 94-98, 109-112, 115, 117-120, 227
  si-mesmo corporal 110-111, 147
  si-mesmo primário 115-122, 144

caçador, Narciso como um 48-49
Cânon 38
causas dos transtornos narcisísticos 340-363

Cefiso 33, 47
Clemente de Alexandria 40
complexo de Édipo 80
complexos, teoria dos 297, 345
   complexo maternal negativo 344-348
complexos de inferioridade 164, 167, 258, 384
compulsões orais 134
comunicação não verbal 373
conceito de "aparato psíquico" 86, 130, 218
Conferência introdutória 67
constância objetal 125-126
conto de Ovídio 33-38
contratransferência 426-444
   complementar 444, 447-448
   ilusória e sintônica 434-435, 436, 439-440
Cremerius, J. 130, 214, 380, 477
Creuzer, F. 43
criatividade 233-248
   arquetípica 346
   si-mesmo ostentoso e 88-89

dependência 315, 394-385
depressão 206, 208, 307-317, 348-349
desprendimento 270
Deus, ser humano à imagem de 61, 145, 177, 178-179, 222, 234, 263
diagnóstico dos transtornos narcisísticos 23-25, 292-304, 305-307

Eco, ninfa 33-34, 35, 37, 38, 43, 48, 53-54, 68
eu 127-129
   consciência do 147, 191, 247
   distinção entre o si-mesmo e o eu 23, 60-62, 145
   e libido objetal 72, 84, 92
   e objeto na fase pós-natal 96
   Freud a propósito do eu 72, 85, 127-128
   funções do eu 127-128, 192
   inflação do eu 169, 175-176, 178-180
   integral 112-113
   investimento libidinal do 72-73

visão de Jung sobre o si-mesmo e sobre o eu 55-56, 101-108, 144, 190
eixo eu-si-mesmo 109-115, 121, 240, 293
comparação entre o si-mesmo bipolar e o eu 147-153
Ellis, H. 45
empatia 130-131, 136, 138, 224-233
　críticas de Rothschild às opiniões de Kohut 218
　do analista 377, 391, 393, 395, 397-400, 434, 436, 438-440, 443-444, 447
　e contratransferência 426-447
　Jung 225-226, 228-229
　Kohut 218-219, 223, 224-225, 324-328
　transtornos de 229, 324-329
Emrich, W. 32
energia psíquica 78-79, 81
equação pessoal 184-186, 190, 287, 433
equilíbrio narcisístico 54, 140-141, 151, 317, 393, 441-442, 451-452, 454
Erikson, E. H. 115, 119
espelhamento 124, 136-139, 307-309, 316
esquizofrenia
　fantasias 88-89
　Freud a esse respeito 72, 77-78, 83
　Jung a esse respeito 72, 77-78, 83
　megalomania 77, 83, 87, 90, 178
estruturas compensatórias 459-461, 463, 471-472
estruturas defensivas 460

fantasias 359, 363
　arquetípicas 407-421
　arquetípicas e o entendimento de Jung do inconsciente 101-107, 366-372, 383, 468
　imagem maternal negativa expressa em 350-352
　paralelos entre mitos antigos e modernos 88
fantasias arquetípicas 407-421
fascismo 300
fase simbiótica 97, 119, 227
Fenichel, O. 124
Ferenczi, S. 28, 380

Fordham, M. 473
  contratransferência 435
  si-mesmo primário 115-122, 144
Freud, A. 128
Freud, S.
  a influência de Jung sobre 28
  analogia da ameba 91-92, 95, 164
  autoerótica 91
  autoestima e narcisismo 72-76, 165-166
  comparação com o espelho 388
  conceito de "aparato psíquico" 86, 130, 218
  Conferência introdutória 67
  conselhos aos analistas 430-431
  controvérsia com Jung sobre a introversão da libido 82-90
  controvérsias com Jung 76-91, 176, 431
  diagnóstico 295
  esquizofrenia 72, 77-78
  eu 72, 84-86, 127-129
  frequência das sessões de análise 366
  libido 72-74, 82-83, 84-86, 92, 219
  metas da análise 67
  narcisismo 26-29, 70-71, 76-77, 82, 84-85, 90-100, 163, 165
  narcisismo primário 90-100
  regra da abstinência 376
  Sobre o narcisismo: uma introdução 28, 70, 76, 81, 87, 90
  técnicas analíticas 295, 380, 432
  teoria dos instintos, diferenças em relação a Jung 76-82
  teoria dos instintos, reformulação 70-76
  Totem e tabu 90
Frey-Rohn, L. 78-79, 102, 464
frustração ideal 376, 378, 443

Gide, A. 44
Goethe, J. W. von 47, 230
Gordon, R. 123, 146, 156, 169, 180-181

Hartmann, H.
  conceito do si-mesmo 86, 96, 101, 123, 142
  funções do eu 127-128
  investimento libidinal do si-mesmo 101, 156

Heimann, P. 381, 435
Heisenberg, W.
Hesse, H. 44
hipocondria 72, 200, 301
Hohler, F. 250
humor 248-261, 455
  e sabedoria 261, 272

idealização 161, 355
identidade
  busca juvenil por 65
  e transtornos de empatia 324-328
  Kohut a propósito de 152-153
identificação 443, 456
inconsciente
  coletivo 59, 89, 120, 154, 176, 450
  confronto do eu e luta com o inconsciente coletivo 108
  e os objetos da memória 87, 88-89
  identidade 228
  sonhos, fantasias e 102-103, 105, 366-372, 383, 468
individualismo 22, 187, 280
infância
  criatividade 233-234, 237-238
  "procedimento dialético" e análise da 458-474
  relacionamentos mãe-filho 94-95, 109-111, 115, 117-120, 227, 341-344, 346, 344-354, 358
  relacionamentos pai-filho 341-342, 354
  cf. tb. bebês
inflação do eu 169, 173-180
introspecção 130, 232
introversão da libido 82-90
inveja 303

Jacobi, J. 164, 240, 347
Jacobson, E. 96, 124, 129, 142, 219
Jacoby, M. 32, 185, 269, 337, 347, 354, 384, 395, 469
  paraíso 58, 97, 99

Jaffé, A. 208, 212, 263, 281
  Memórias, sonhos, reflexões 59-60, 62-63, 187
Jones, E. 28, 74-76, 430
Jung, C. G.
  a propósito das teorias 30
  A psicologia da transferência 382
  a sombra 337-339
  abordagem analítica 364-375, 380, 448, 463-464
  análise do analista 375
  anima e *animus* 162
  arquétipos 89, 105
  autoestima 169, 173-181
  comparação entre o procedimento dialético e a análise
    causal-redutiva da infância segundo Kohut 458-474
  compreensão da esquizofrenia 77-78, 87, 176
  contratransferência 426
  controvérsias com Freud 76-90, 176, 431
  crítica da psicanálise 215-220
  crítica da psicanálise freudiana 464
  diagnóstico do transtorno narcisístico 294-297, 300
  empatia 223-228, 229
  energia psíquica 78-79, 81
  enfermidade criativa 102, 182, 239
  equação pessoal 184, 190, 287-288, 433
  frequência das sessões da análise 366
  função religiosa da alma 222
  identidade inconsciente 228
  inflação do eu e autoestima 169, 174-181
  influência sobre Freud 28
  introversão da libido 82-90
  libido, diferenças em relação a Freud a respeito da 77-82
  Memórias, sonhos, reflexões 59-60, 62-63, 187
  metas da psicanálise 458, 472
  mitos 88-89
  narcisismo, conceito de 163, 169
  neurose 79-80, 192, 208, 293, 295, 300, 367
  O eu e o inconsciente 104
  o infinito 61-64, 222, 264
  o si-mesmo e o eu 56, 61, 101-108, 144-146, 190
  objetividade 287-288
  os sonhos e o inconsciente 102-106, 366-372, 383, 468-473

personas 175
processo de individuação 20-22, 182-202
processo dialético 367, 466, 472
Psicologia e alquimia 202
relacionamentos amorosos, escolha dos 161
religião, psicologia da 106, 145, 154, 158
sabedoria 261-272
sentido, questão do 207-214
si-mesmo, comparação de conceitos 144-156
sonho do iogue 60-61, 64-65, 262, 266
teoria do instinto, diferenças em relação a Freud 76-82
teoria dos complexos 297, 345-348
transferência 381-387, 425
transtornos narcisísticos, atitudes que podem ajudar com os sintomas 62-63
"tratamento" e "desenvolvimento": distinção 465-467

Kalsched, D. 45, 68
Kast, V. 17, 243, 248, 297, 347
Kernberg, O. 30, 129, 193
  abordagem analítica 365, 443, 448
  narcisismo 167, 205, 302-305, 357, 364, 444
  si-mesmo ostentoso 360
Khan, M. R. 143-144
Kohut, H.
  a questão do sentido 207-213
  A restauração do Self 141, 365
  abordagem analítica 378-380, 458-465, 472
  Análise do Self 14, 365
  autorrealização 202-207
  avaliação do sucesso da psicanálise 458-465, 471
  comparação dos conceitos do si-mesmo 144-156
  comparação entre a análise causal-redutiva da infância com o procedimento dialético de Jung 458-474
  criatividade 238-243, 329
  critérios para avaliar o sucesso terapêutico 458
  crítica da psicanálise 214-220
  diagnóstico do transtorno narcisístico 297-303
  empatia 218, 223, 228, 326
  estruturas compensatórias e estruturas defensivas 458-465, 472
  humor 259-261

libido narcisística 63, 220, 224, 273-274
maturação da libido narcisística 219
metas da psicanálise 458, 472
narcisismo "cósmico" 154
"pensamento positivo" 216
raiva narcisística 322, 332-340
ressonância empática 289, 377
sabedoria 261, 267-270
si-mesmo 129-143, 147-148, 204-208, 209-210
si-mesmo bipolar e eixo eu-si-mesmo, comparação 147, 149, 153
si-mesmo ostentoso 167-168, 171-180, 202, 206, 329
si-mesmo-objeto 111, 136-141, 161, 282-290, 354
sintomas do transtorno narcisístico 297, 300-303, 321
transferência especular 387-392
transferência idealizadora 407-408, 410, 418, 421
visões sobre o narcisismo 202-207

Lasch, C. 22-23, 299
libido
  eu e objeto 73, 85, 87, 92
  Freud a propósito da libido 72-73, 82, 83, 84-85, 92, 219
  introversão da libido 82-90
  investimento narcisístico da libido 82-90
  Jung a respeito da libido como energia psíquica 78-79
  Kohut e a libido narcisística 63, 218, 223, 273-274
  libido infantil 96
  libido narcisística e libido objetal 72, 74, 92, 219, 275
  maturação da libido narcisística 193-202, 218-220
  redirecionamento da libido na esquizofrenia 83
livre-associação 365, 369, 376, 381
Liríope 33, 47, 51
louvor 318
Luciano 40
Mahler, M. 96, 97, 119, 124, 125, 142, 235
mandala 193, 271, 279
mecanismos de defesa 171
megalomania 77, 83, 87, 178
Memórias, sonhos, reflexões 59-60, 62-63, 187
mentira 304, 322

Metamorfose 33-38
metas da maturação narcisística 221-291
   criatividade 233-248
   empatia 223-233
   humor 248-261
   individuação e relacionamento-tu 276-291
   sabedoria 261-272
Miller, A. 336, 348
Milton, J. 42
mitos 31
   criação 99, 235-237, 239
   Jung a respeito dos mitos 88-89
   paraíso 58, 97, 99
   sonhos e fantasias modernos com paralelos nos mitos antigos 88-89
   cf. tb. o mito de Narciso
mitos da criação 99, 235
mito do Jardim do Éden 99
Mitscherlich, A. 217, 299
morte de Narciso 67
Mundo dos Mortos, Narciso no 68

narcisismo
   as opiniões de Kohut 202-207
   dos analistas 441-458
   como estágio do desenvolvimento 158-159
   como maneira da relação objetal 159-161
   como sinônimo de autoestima 163-181
   conceito 19, 23, 25-28, 45
   "cósmico" 154
   diferença entre individuação e narcisismo 52
   Freud a propósito do 26, 70-71, 77-78, 84-85, 90-100, 163
   Jung e o conceito de narcisismo 161, 169
   Kernberg a propósito do narcisismo 167, 205, 302-305, 359, 364, 444
   Lasch a respeito do narcisismo 22-23
   narcisismo saudável/patológico 166, 180-181, 205, 299, 357, 364
   primário 90-100, 158-159
   secundário 77, 91, 94, 165, 357
Narcisismo e transformação do caráter 46

narcisismo primário 90-100, 158-159
   fases de Mahler 96-97
Narciso e Goldmund 44
Narciso, mito 26, 31-69
   desenvolvimento 41-45
   Eco 33-34, 35, 37-38, 43, 48, 53-54, 68
   fase juvenil da vida e busca pela identidade 65
   interpretação a partir de uma perspectiva junguiana 45-69
   morte de Narciso 67
   Narciso como caçador 48-49
   Narciso no Mundo dos Mortos 68
   o si-mesmo e o eu 56, 61-62
   sonho do iogue de Jung 60-61, 64-65
   o tema da flor 67
   reflexo 54, 56-59
   senso de unicidade 52
   simbolização da água 57
   versões na Antiguidade 33-41
neoplatonismo 41-43
Neumann, E. 97-98, 144, 387, 473
   automorfismo 275-276
   comparação do eixo eu-si-mesmo com o si-mesmo bipolar de Kohut 147, 149, 153
   eixo eu-si-mesmo 109-115, 121, 240, 293
   Fordham a esse respeito 120-122
   realidade unitária 97-98, 99-100, 109-110, 236, 334
   relacionamento mãe-filho 348, 352-354
neurose, Jung e teorias da 76-82, 192, 208, 293, 295, 300, 367
normal
   autismo 97, 119-120
   simbiose 97

O eu e o inconsciente 104
o infinito 62-63, 64, 222, 264
O retrato de Dorian Gray 44
objetividade 287-288
objetos transicionais 230, 237
   abordagem analítica da psicoterapia 364-387
   comparação entre o "procedimento dialético" e a análise da infância no tratamento 458-474

transferência especular 387-407
 transferência idealizadora 407-426
 tratamento dos transtornos narcisísticos de personalidade:
    comportamentos do analista 426-458
orgulho 42, 171, 173, 396
Otto, R. 231

palhaços 254-256
paraíso 58, 97, 99-100
Paraíso perdido 42
Passett, P. 216
Pausânias 39
personalidade-mana 262, 268
persona 175
Plotino 41
processo de individuação
   a crise da meia-idade do 190-202, 204-206
   a definição de Jung 186-187, 201-202
   criatividade e 241
   e o relacionamento-tu 276-291
   e os símbolos do "valor mais elevado" 191-201
   Gordon a propósito do 180-181
   o propósito principal do 221
   e o sentido do 210, 212
   opiniões de Jung a respeito do 20-21, 182-202
processo dialético, análise como 366, 465, 467, 472
comparação com a análise causal-redutiva da infância segundo
   Kohut 458-479
Psicologia e alquimia 202
Pulver, S. E. 25, 157, 164, 165, 166, 167, 273

Racker, H. 435, 443
raiva, narcisística 322, 332-340 e a sombra 337-338
realidade unitária 97, 98-100, 109-110, 159, 236, 334
reconhecimento, necessidade da 314, 322
reflexo 54, 56-59
regra da abstinência 376, 379
rejeição 323, 343, 346, 414

relacionamentos mãe-filho 341-344, 346, 351-354, 358
  pós-uterinos 94, 97, 100, 109, 111, 115-122, 160
relacionamentos pai-filho 341-342, 354
relacionamento-tu e individuação 276-291
religião 20, 22, 177, 193
  função religiosa da alma 222
  Kohut e a religião 154
  psicologia da religião de Jung 106, 145, 154, 222
resistência em psicoterapia 371-372, 379
"ressonância empática" 69, 281, 285, 289, 314, 377, 379, 389, 391
Rilke, R. M. 44
Rothschild, B. 214, 215-216, 218

sabedoria 261-272
Sartorius, B. 45, 68
Schlegel, W. A. 43
Schwartz-Salant, N. 45-46, 47, 155, 384
Seidmann, P. 45
sentido, para Jung e Kohut 207-214
sentimento oceânico 93, 98
símbolo do espelho 43
si-mesmo
  amor-próprio 42, 54, 66, 97
  autoestima 138, 140, 150, 163-181
  autorrealização 20, 52, 202-207, 277, 280, 460
  autorrepresentação 122-129, 146-147
  autovalor 294, 309-310, 312
  bipolar e eixo eu-si-mesmo, comparação 147, 149, 153
  coerência do 139, 141, 291
  como imagem de Deus 61, 145, 177, 178-179, 222, 234, 263
  comparação dos conceitos do si-mesmo 142-156
  conhecimento 54-58
  distinção entre eu e si-mesmo 25, 145
  eixo eu-si-mesmo 109-115, 121, 146-149, 152-153, 240, 291
  falso si-mesmo 132, 143, 243
  fase juvenil da vida e busca pelo si-mesmo 65
  Kohut e a psicologia do si-mesmo 129-142, 147, 204-206, 207-209
  o conceito de Hartmann 86, 96, 101, 123, 142
  ostentoso cf. si-mesmo ostentoso

    si-mesmo corporal 110-111, 147
    si-mesmo do bebê pós-natal 96-97, 134-136
    si-mesmo e eu, uso dos termos por Freud 72, 84-85, 127
    si-mesmo primário 115-123, 144
    si-mesmo verdadeiro 132, 143, 189-190, 243
    si-mesmo-objeto 111, 136-141, 161, 282-291, 354
    visão de Winnicott do si-mesmo 131-132, 143
    visão de Jung do eu e do si-mesmo 55-56, 60-62, 101-108, 144-146, 190
si-mesmo bipolar, comparação entre o eixo eu-si-mesmo e o 147-153
si-mesmo ostentoso 167-169, 171, 173, 176-177, 202, 206, 256, 258-261
    diferenciação entre o si-mesmo junguiano e o 176
    e criatividade 329-332
    influências sobre os transtornos narcisísticos 317-324
    Kernberg a propósito do 359
    mágoa narcisística 315
si-mesmo primário 115-122, 144
si-mesmo corporal 110-111, 147
Silesius, A. 42
simbiose, normal 97
sintomas dos transtornos narcisísticos da personalidade 62-63, 66, 298, 301-307, 321, 322, 348
Sobre o narcisismo: uma introdução 28, 70, 76, 81, 87, 90
sonho
    caindo 349
    e a compreensão de Jung do inconsciente 101-107, 366-372, 383, 468-469
    e a transferência especular 398-399, 406-407, 408-410
    e paralelos entre mitos antigos 88
    imagem maternal negativa expressa em sonhos 350
    interpretação no tratamento 468-471
    o iogue de Jung 60-61, 64-65, 262, 266
suicídio 194, 208
supereu 140, 334

tema do artista como Narciso 43
teoria dos complexos 297, 345
    complexo materno negativo 345-348, 353

teoria dos instintos
   a reformulação de Freud 70-76
   diferenças entre Freud e Jung 76-82
teorias, o que diz Jung 30
Thomä, H. 379-381
Tirésias 33, 38, 42, 47, 51, 54, 59
tolos 257
Totem e tabu 90
transferência
   alternância entre transferência especular e transferência idealizadora 421-426
   diferença entre transferência especular e transferência idealizadora 407
   idealização 407-426, 437-443, 449, 453
   Jung a propósito 382-385, 428
   transferência especular 387-407
transferência especular 387, 407
   alternância e idealização da transferência especular 421-426
   diferença entre idealização e transferência especular 407
   e potencial terapêutico 406-407
   exemplos clínicos 398-406
   resistência à transferência especular 396-399
transferência idealizadora 407-426, 436-441, 449, 453
   alternância entre transferência especular e 421-426
   diferença entre transferência especular e 407
transformação 46, 48
transtornos narcisísticos 258, 292-363
   autoavaliação distorcida 178
   autorrepresentação distorcida 122-127
   causas e abordagem psicodinâmica dos transtornos narcisísticos 340-363
   complexo materno negativo 345-348, 353
   criatividade e si-mesmo ostentoso 329-332
   diagnóstico 292-305
   empatia e transtornos narcisísticos 324-329
   experiências subjetivas 305-340
   influências do si-mesmo ostentoso 317-324
   meia-idade 192-193
   relacionamentos mãe-filho 341-344, 346-354, 358
   relacionamentos pai-filho 341-342, 354

transtornos narcisísticos e contexto social 299
  transtornos narcisísticos e raiva narcisística 332-340
  transtornos narcisísticos ostentosos e depressivos 307-317, 348-349
transtornos narcisísticos da personalidade 23-25
  Balint a esse respeito 94-96
  diagnóstico 292-305
  sintomas 63, 295, 301, 321, 322, 348-349
  tratamento cf. tratamento dos transtornos narcisísticos da personalidade

unicidade, senso de 52

Valéry, P. 44
"valor mais elevado", símbolos do 193-195, 198
vanitas 40, 42
vingança, busca de 312-313, 336-337
Von Franz, M.-L. 55, 57-58, 162, 185, 288, 476
Von Schlieffen, H. 381-382
vulnerabilidade narcisística 167, 248, 256, 312-313

Wilde, O. 44
Willeford, W. 255
Willi, J. 344, 355
Winnicott, D. W. 56, 131-132, 237, 346, 381
  a respeito da criatividade 243-245
  espelhamento 387
  objetos transicionais 230, 237
  "sustentação" 143, 389
  visão do si-mesmo 132, 143
Wolf, E. S. 282, 286

Zimmer, H. 32

Conecte-se conosco:

 facebook.com/editoravozes

 @editoravozes

 @editora_vozes

 youtube.com/editoravozes

+55 24 2233-9033

www.vozes.com.br

Conheça nossas lojas:

www.livrariavozes.com.br

Belo Horizonte – Brasília – Campinas – Cuiabá – Curitiba
Fortaleza – Juiz de Fora – Petrópolis – Recife – São Paulo

EDITORA VOZES LTDA.
Rua Frei Luís, 100 – Centro – Cep 25689-900 – Petrópolis, RJ
Tel.: (24) 2233-9000 – E-mail: vendas@vozes.com.br